Ingemar Svantesson

Mind Mapping und Gedächtnistraining

Ingemar Svantesson

Mind Mapping und Gedächtnistraining

Titel der Originalausgabe:
MIND MAPPING AND MEMORY
First published by:
Swan Communications, New Zealand

Die Deutsche Bibliothek - CIP-Einheitsaufnahme

Svantesson, Ingemar:
Mind mapping und Gedächtnistraining : [Themen übersichtlich
strukturieren ; kreatives Arbeiten ; ein besseres Gedächtnis] /
Ingemar Svantesson. [Hrsg.: Gerhard Huhn. Aus dem
Amerikan. übers. von Ulrike Abel ...]. - 3. Aufl. - Offenbach :
GABAL, 1996
    Einheitssacht.: Mind mapping and memory ‹dt.›
    ISBN 3-923984-81-2

Aus dem Amerikanischen übersetzt von Ulrike Abel, Juliane Lindner und Heike Marschner

Cover: Axel Gross, Bremen
Titelphoto: Matthias Hinkelmann
Grafik: Susanne Meyer
Layout und DTP: Ulrike Abel und Juliane Lindner
Druck und Verarbeitung: rgg Druck- und Verlagshaus, Braunschweig

Verlagsinformationen:
Jünger Service, Schumannstr. 161, 63069 Offenbach
Tel.: 0 69/84 00 03-22 (0)   Fax: 0 69/84 00 03-33

Bei Interesse an Seminaren, Vorträgen und Kurzeinführungen zur Mind-Mapping-Methode
wenden Sie sich bitte an den Herausgeber:

Dr. Gerhard Huhn
Paul-Lincke-Ufer 42
10999 Berlin
Tel./Fax: 0 30/61 81 307

Dieses Buch ist meiner Frau Gunilla und meinen drei Kindern Torbjörn, Anna und Cecilia gewidmet, die mir all ihre Unterstützung und Zeit schenkten.

Danksagung

Viele Freunde und Kollegen leisteten ihren Beitrag zu diesem Buch. Besonderer Dank gilt Malcolm Dennis, Sarah Dinsdale, Niels Gottlieb, Åsa Lundqvist, Rosemary Palmer, Irene Pearson, Dougal und Louise Thompson, Dr. Ashley Wilson.

Über den Autor

Ingemar Svantesson wurde 1947 in Schweden geboren. Er erwarb das Masters Degree der Universität Lund, wo er nordische Sprachen und Englisch studierte. Er arbeitete als Lehrer in allen Bereichen des Schulsystems.

Seit 1983 leitete er mehr als 700 Seminare über die Theorie und die praktische Anwendung der Mind Map Methode. Sein erstes Buch auf diesem Gebiet wurde 1984 in Schweden veröffentlicht.

Er lebt mit seiner Familie in Jönköping in Schweden und arbeitet international als Trainer und Berater.

Inhalt

Hintergrund

Seit die ersten Einführungen in die Mind Map Methode veröffentlicht wurden, haben eine Vielzahl von Menschen Kurse und Seminare besucht, um diese faszinierende Technik zu erlernen.

Tony Buzan, der die Mind Map Methode entwickelte, veröffentlichte 1974 das Buch »Use Your Head«.

In den Vereinigten Staaten entwickelte sich parallel eine ähnliche Technik, die *clustering* genannt wird. Wir werden später auf die verschiedenen Modelle eingehen.

Das Ziel dieses Buches ist es, Sie schrittweise mit der Mind Map Methode vertraut zu machen und dabei intensiv Ihr Gedächtnis zu verbessern. Das Buch ist das Ergebnis von über 700 Kursen und Seminaren, die ich in Schweden, Norwegen, Finnland, den Niederlanden und Neuseeland leitete. Es basiert auch auf vier früheren Büchern, die ich über dieses Thema in Schweden veröffentlichte.

Ständig kommen neue Aspekte hinzu, und viele Menschen bringen brillante Ideen in die Seminare ein. Wenn solche neuen Ideen sich in der Praxis bewährt haben, habe ich sie nach gründlichen Tests in dieses Buch mit aufgenommen.

Arbeitsanleitung für dieses Buch

Dies ist ein Arbeitsbuch mit vielen praktischen Übungen. Nehmen Sie sich Zeit für die Aufgaben! Sie können keine neue Technik lernen, indem Sie nur über sie lesen, Sie müssen sie auch praktisch einsetzen.

Beginnen Sie, indem Sie es jetzt sofort erst einmal vollständig durchblättern. So verschaffen Sie sich schnell einen vollständigen Überblick und gewinnen einen Eindruck über den Inhalt des Buches und seine Struktur.

Für die Übungen brauchen Sie einen unlinierten A4- oder A3-Schreibblock sowie 5 bis 6 verschiedenfarbige Stifte und zwei bis drei Marker.

Um Ihre fertigen Mind Maps abzuheften, können Sie einen einfachen Schnellhefter benutzen. Natürlich passen sie auch in jeden Aktenordner, Ihre Hängehefter oder *Mappei* Mappen.

Was ist Mind Mapping?

Mind Mapping ist kurz gesagt *eine neue Methode, um sich Notizen zu machen.* Sie können diese Technik in verschiedenen Situationen anwenden:

• zur **Planung**: persönliche Planung, Projekte, im Verkauf ... oder jede andere Form von Planung, bei der es wichtig ist, den Überblick zu behalten

• zur **Problemlösung**

• wenn Sie **Zusammenfassungen** brauchen, z.B. von einem Buch, einem Seminar, einer Radio- oder TV-Sendung

• wenn Sie eine **Gliederung** brauchen

• zur **Kreativität** und **Ideenfindung**

• zum **Notieren**: Besprechungen, Lehrveranstaltungen, Diskussionen, Interviews und vieles mehr! Sie finden eine Menge Ideen und Beispiele in diesem Buch

... und warum Sie diese Methode benutzen sollen?

Sobald Sie begonnen haben, die Mind Map Technik anzuwenden, werden Sie sofort verschiedene positive Effekte bemerken:

– Wenn Sie es schwierig finden, das zu behalten, was Sie aufgeschrieben haben, z.B. während einer Besprechung oder Lehrveranstaltung, werden Sie sehr bald herausfinden, daß die Mind Map Methode **Ihr Gedächtnis verbessert.**

– Sich in der traditionellen, linearen Weise Notizen zu machen, braucht viel zu viel Zeit, da die meisten Menschen viel zu viele Wörter aufschreiben. Sie werden sofort merken, daß der Gebrauch von Mind Maps Zeit einspart. Sie brauchen sich nicht viele Wörter zu merken. Sie werden herausfinden, daß Sie durch den Gebrauch von weniger Wörtern mehr Zeit zum Zuhören, zum Teilnehmen an Diskussionen etc. haben werden. Da diese Methode Zeit spart, werden Sie mehr erledigen können!

– Viele Menschen haben Schwierigkeiten damit, Dinge an den richtigen Platz zu legen, um sie später wiederzufinden, wenn Sie sie brauchen. Dies gilt auch für Notizen. Da die Mind Map Methode Zeit und Platz einspart, **können Sie das, was Sie suchen, leicht wiederfinden.**

Mind Mapping ist eine effektive Methode, **um sich zu organisieren!**

– Auf den ersten Blick erscheint ein Mind Map unorganisiert oder sogar total unverständlich (siehe Abbildung). Wenn Sie jedoch selbst Mind Maps gemacht haben, werden Sie bemerken, daß ein Mind Map **gewöhnlich strukturierter und logischer aufgebaut ist** als lineare Notizen. Auch dies hilft Ihnen, das wiederzufinden, was Sie suchen.

– Sie werden von Ihrer **Kreativität** und **Vorstellungskraft** in vielerlei Hinsicht Gebrauch machen können.

– Mind Mapping macht **Spaß**! Notieren wird als eine ermüdende Beschäftigung betrachtet – Mind Mapping nicht!

Dies sind nur einige der Vorteile und Erleichterungen beim Gebrauch der Mind Map Methode. Sie werden beim Üben noch mehr Vorteile entdecken.

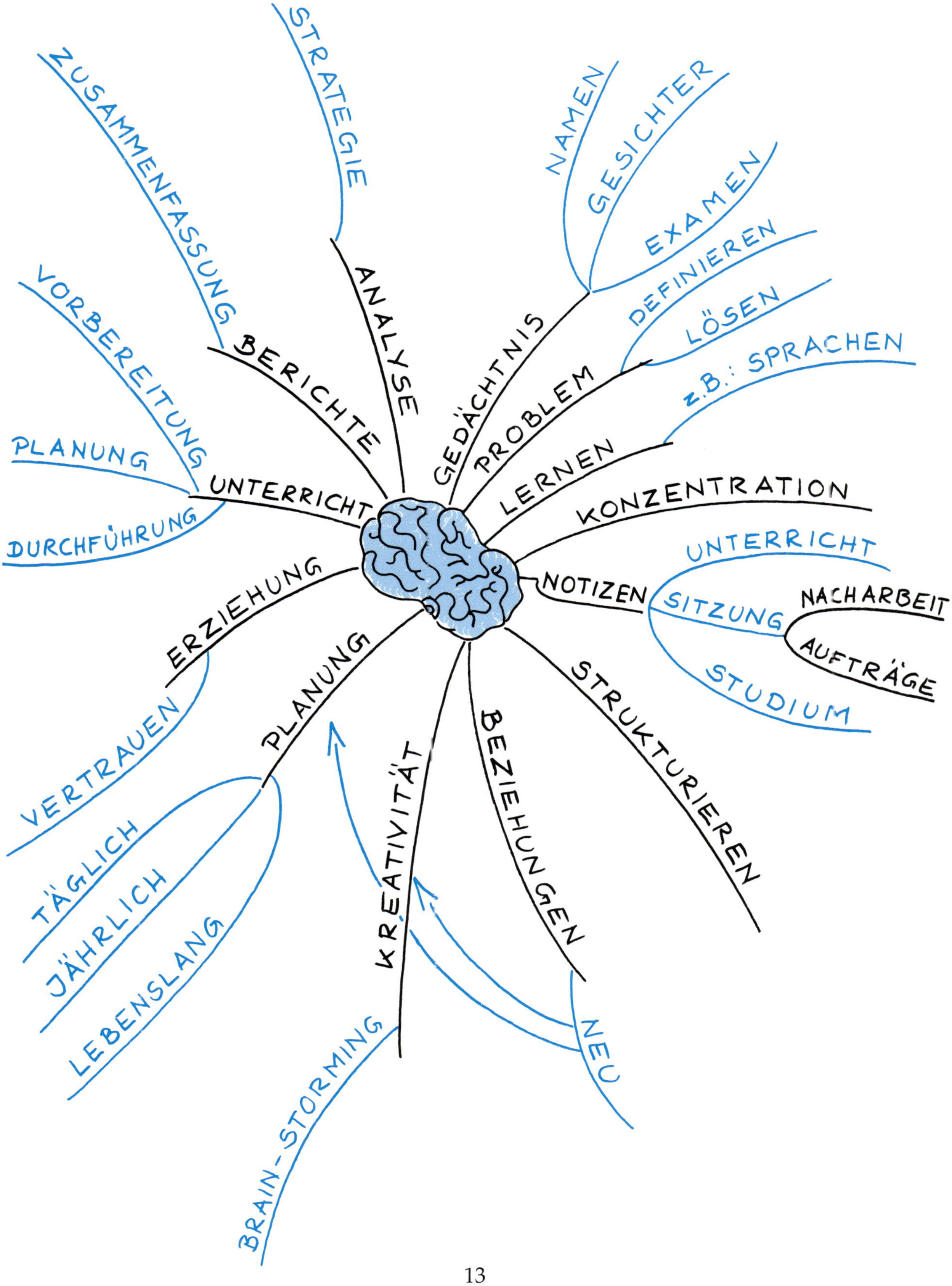

STRATEGIE

ZUSAMMENFASSUNG

NAMEN

GESICHTER

EXAMEN

DEFINIEREN

LÖSEN

ANALYSE

VORBEREITUNG

BERICHTE

GEDÄCHTNIS

PROBLEM

z.B.: SPRACHEN

PLANUNG

UNTERRICHT

LERNEN

KONZENTRATION

DURCHFÜHRUNG

UNTERRICHT

ERZIEHUNG

NOTIZEN

SITZUNG

NACHARBEIT

AUFTRÄGE

VERTRAUEN

PLANUNG

STRUKTURIEREN

STUDIUM

TÄGLICH

KREATIVITÄT

BEZIEHUNGEN

JÄHRLICH

LEBENSLANG

NEU

BRAIN-STORMING

13

Der Anfang

Die Mind Map Methode unterscheidet sich sehr von der »gewöhnlichen« Notiztechnik. Die meisten Menschen machen sich Notizen in ganzen Sätzen oder Satzteilen. Nur ein kleiner Anteil gebraucht Stichworte. Schauen Sie sich noch einmal den Umschlag des Buches an. In welcher Art und Weise unterscheidet sich dies von Ihren gewöhnlichen Notizen? Sieht es unordentlich aus? Auf gewisse Weise tut es das, da Sie wahrscheinlich die Wörter, die Bilder und die Farben in ihrer Bedeutung nicht verstehen – und wo fangen Sie an zu lesen? Sie mögen sogar denken, daß es sich nicht lohnt, Mind Mapping verstehen zu lernen! Es wird jedoch alles ganz klar werden, wenn Sie erst einmal angefangen haben.

In diesem Kapitel werden Sie die ersten elementaren Regeln der Mind Map Methode Schritt für Schritt lernen. Sie werden keinerlei Schwierigkeiten haben, wenn Sie diesem Buch folgen und alle Aufgaben ausführen und mit der Methode üben, wann immer Sie Gelegenheit dazu haben. Wenn Sie das tun, werden Sie sich schnell an die Technik gewöhnen und ihre Möglichkeiten erkennen. Was Ihnen zuerst unordentlich in einem Mind Map erscheint, wird sich bald als sehr logisch herausstellen und Sie werden sich leicht darin zurechtfinden. Sollten Sie jedoch überhaupt keine Erfahrung im Notieren haben, müssen Sie zunächst üben, welche Stichworte Sie auswählen sollten. Sie müssen Ihre Fähigkeit des Zuhörens trainieren und Ihre Fähigkeit, einen Zusammenhang oder einen Kerngedanken im Gesagten oder Geschriebenen zu erkennen. Dies lernen Sie in den ersten Übungen.

Erwarten Sie keine Wunder. Einige Menschen können vom ersten Moment an Fahrrad fahren, während andere üben und üben. Es ist wie mit vielen anderen Techniken; der Fortschritt kommt allmählich oder in Schüben.

Wenn Schulkinder lesen lernen, konzentrieren sich manche so sehr auf das Erlernen der Technik, daß sie keinen inhaltlichen Zusammenhang der gelesenen Wörter erkennen können. Aber nach einiger Zeit, wenn sie die Fähigkeit des Lesens geübt haben, werden sie auch den Inhalt verstehen und dabei Spaß haben.

Wenn Sie eine Technik begriffen haben und dann von Ihnen verlangt wird, eine weitere zu lernen oder die alte durch eine neue zu ersetzen, werden Sie sich in einem Konflikt wiederfinden. Das erste, was normalerweise auftritt, ist, daß Sie sich verwirrt fühlen und versuchen, die alten Regeln auf die neuen zu übertragen. Sie erhalten eine Mischung aus beiden. Für einige Menschen ist es das Äußerste, was sie erreichen können. Sie werden niemals die neue Technik oder Methode wirklich erlernen, weil sie keinen Weg der Verbesserung finden.

Für andere wiederum ist eine neue Sichtweise eine aufregende Herausforderung. Sie brauchen Geduld und Sie werden sehr zufrieden sein, wenn Ihnen alles klar geworden ist.

»Gewöhnliches« Notieren

Zu viel und ohne System

Viele Menschen sind unzufrieden mit ihrer Art und Weise, sich Notizen zu machen. Sie erkennen, daß sie viel zu viele Wörter aufschreiben, was ihnen wiederum Schwierigkeiten bereitet, den Überblick zu behalten. Sie finden es schwierig, die grundlegenden Fakten einer Lehrveranstaltung, einer Besprechung oder eines Buches herauszufiltern und das Wesentliche vom Unwesentlichen zu unterscheiden. Sehr wenige haben eine zufriedenstellende Anleitung erhalten, wie man effektiv lernt und sich Notizen macht.

Lassen Sie uns einem Studenten folgen, der sich gerade im ersten Semester an der Universität eingeschrieben hat:

»Der Professor nahm seine Brille ab und erhob seine Hand mit einer reservierten Bewegung. Es war wie die Geste eines Dirigenten, der sein Orchester versammelt. Zweiundvierzig Kugelschreiber erhoben sich über zweiundvierzig Notizblöcke. Er begann zu sprechen und alle beugten sich über ihre Notizblöcke und schrieben so schnell sie konnten.

Niemand konnte Steno, aber alle gaben ihr Bestes. Einundvierzig Studenten und eine Studentin versuchten, so viel wie möglich von dem aufzuschreiben, was ihnen der Referent sagte.

Sie schrieben so viele Worte wie sie konnten, aber es war nicht annähernd genug. Die Wörter verfolgten sich gegenseitig, die Studenten blieben zurück und mußten hin und wieder etwas überspringen, um aufzuholen. Es war einfach unmöglich, gleichzeitig mitzuschreiben und das Gesagte zu verstehen. Nichts blieb im Gedächtnis, es war wie gehört so vergessen. Sie wußten nicht, was sie schrieben, und als sie ihre Aufzeichnungen lasen, zögerten sie und versuchten es auf eine andere Weise. Sie fingen an, genauer hinzuhören und schrieben kurze Zusammenfassungen auf. Aber während sie schrieben, ging die Lehrveranstaltung weiter, und als sie mit dem Schreiben fertig waren und wieder zuhören konnten, war der Faden gerissen und die folgende Zusammenfassung hing in der Luft. Wie auch immer sie es versuchten, es blieb ein Flickwerk.«

Ein Autor, der gerade gelernt hatte, mit der Mind Map Methode zu arbeiten, stellte in seinem Arbeitszimmer ein Flipchart auf. Wenn er ein neues Buch konzipierte, begann er mit einer Skizze des ganzen Buches. Dann nahm er dieses Blatt ab und hängte es irgendwo anders im Raum wieder auf. Danach machte er für jedes Kapitel eine neue Skizze.

Bevor er die Mind Map Methode anwandte, hatte er all diese Gedanken und Ideen in seinem Kopf, unstrukturiert und unausgereift. Der Schreibprozeß war mit einer Menge Schmerz und negativen Gefühlen verbunden, sowohl für ihn selbst als auch für die Menschen in seiner näheren Umgebung.

Durch den Gebrauch von Mind Maps konnte er nun Ideen und plötzliche Einfälle aufschreiben, ohne darüber nachdenken zu müssen, in welches Kapitel sie gehörten. Es waren zu jedem Zeitpunkt des Schreibprozesses Veränderungen und Restrukturierungen möglich. Von Anfang an konnte er ohne das Gefühl von Druck und Streß schreiben. Er bemerkte, daß er eine Menge Zeit gewann, da alles so gut strukturiert und gut durchdacht war, als er begann.

Ein anderer Mann, ein Naturwissenschaftler, der hin und wieder öffentliche Vorlesungen vor ganz unterschiedlichen Gruppen hielt, fertigte sich normalerweise ein vollständiges Manuskript an – jeden einzelnen Satz! Er las das Manuskript Wort für Wort ab. Er war nicht zufrieden mit dieser Vorgehensweise, weil er sich dachte, daß seine Vorlesungen etwas »trocken« und unpersönlich seien (was seine Zuhörer bestätigt hätten!)

Als er die Mind Map Technik erlernt hatte, begann er mit einer groben Skizze in der Form eines Mind Maps. Er versuchte, sich in seine Hörer hineinzudenken: »Was möchte ich über dieses Thema wissen?« Indem er sich eine Anzahl solcher Fragen stellte, fand er mehr und mehr Aspekte über sein Thema heraus.

Einer der Vorteile der Mind Maps ist die Möglichkeit, von einem Teil in einen anderen zu springen, was den Gedanken freien Lauf läßt.

Als er die neue Methode das erste Mal anwandte, schrieb er sicherheitshalber ein vollständiges Manuskript in linearer Form, aber bald fand er diesen Schritt unnötig. Also begann er, stattdessen immer wieder von neuem, ein Mind Map anzufertigen, bis es klarer, größer und besser strukturiert war, wobei er auch Farben, Symbole, Bilder und dreidimensionale Illustrationen verwendete. Wenn er zusätzliche Informationen in Form von Diagrammen oder Tabellen einbeziehen wollte, dann heftete er sie an den Rand oder schrieb sie zitierbereit auf ein anderes Blatt Papier.

Beide, er und seine Zuhörer, bemerkten den Unterschied. Seine Vorlesungen wurden lebendiger und interessanter, und er konnte Blickkontakt mit seinen Studenten aufnehmen. Alles, was er nun noch zu tun hatte, war, ab und zu einen Blick auf das Mind Map zu werfen, um sich zu vergewissern, daß er nichts vergessen hatte oder um zu überprüfen, was als nächstes auf der Liste stand.

Genug dieser Beispiele. Welche Motivationen haben Sie, warum Sie die Mind Map Methode lernen wollen, oder eher – welche Motive, warum Sie sie **nicht** lernen wollen?

Behalten Sie diese Frage vorerst unbeantwortet in Ihrem Kopf, während Sie sich mit der Technik vertraut machen. Während Sie die Mind Map Methode erlernen und üben, werden Sie ihre Vorteile entdecken und die Gebiete ihrer Anwendung.

Die Mind Map Methode hilft Ihnen, Ihre kreativen sowie Ihre analytischen und logischen Fähigkeiten zu entdecken. Sie werden lernen, wie eine Struktur zu finden ist und wie Verbindungen zwischen den verschiedenen Teilen hergestellt werden können. Es ist wichtig, daß Sie Ihren eigenen Stil finden. Kein Mind Map ähnelt einem anderen, selbst wenn zwei Leute über die gleiche Besprechung oder den gleichen Text ein Mind Map erstellen. Das Wichtigste ist, daß Ihr Mind Map für den Zweck, den Sie ihm zugedacht hatten, verwendet werden kann. Es ist immer das Ergebnis, das zählt.

1. Kapitel

Schlüsselwörter

Platz für Ihr eigenes Mind Map

(Jeweils zu Beginn eines Kapitels finden Sie Platz für ein eigenes Mind Map. Sie können hier eine Zusammenfassung des Kapitels für sich selbst anfertigen, sobald Sie mit der Methode ein wenig vertraut sind.)

Alle Elemente der Sprache haben ihre spezifische Rolle innerhalb der Sprache. Schlüsselwörter sind Wörter, die Sie aus einem Text herausfiltern und in Ihrem Gedächtnis verstauen. Sie helfen Ihnen, den Text wieder abzurufen, wenn Sie ihn brauchen.

Lassen Sie uns eine Übung versuchen:

Übung

Im folgenden Text haben wir alle Wörter gestrichen, bis auf die, die etwas *beschreiben* – wie etwas aussieht usw. Was ist die Information, die Sie bekommen, wenn Sie diese Wörter lesen? Jeder Strich steht für ein weggefallenes Wort. Schreiben Sie Ihre Assoziationen auf, die ihnen beim Lesen der Wörter einfallen.

»– – – – – – – – – – – – – – – –. – – – –. – – – – – – – – – – – –, – – gelegentlichen – – –, – – –. – – – – – verzierten – –, – gelb und fröhlich bunt – –, – zwei – – –, – –, – neben –, – schiefe – –. – – – – – – – – – – – – – – – – –, jung und attraktiv. – – – – – – – – – – –, – – – – – vor – – – – – – –.«

Natürlich ist es unmöglich, beim Lesen dieser Wörter genau zu wissen, wovon dieser Text handelt. Aber sie geben Ihnen einige Informationen – sie scheinen eine Person oder ein Objekt zu beschreiben.

Lassen Sie uns nun all die anderen Wörter, außer der Verben und Substantive, einsetzen und wir werden sehen, was passiert:

»Das – auf dem er sich an diesem – – – sich zu einer – hin, die – – –. Durch einen – dieses – – die – zwischen – und –. Bei einem gelegentlichen – über die –, – – auf dem – vor ihm einen verzierten – –, der gelb und fröhlich bunt – –, von zwei – – –, eine –, der neben –, eine schiefe – –. Der – – mit – und – – und an der – des Ganzen – eine –, jung und attraktiv. – – die – für mehr als eine – –, als der – direkt vor seinen – zum – – –.«

Ist es nicht seltsam, wie wenig Worte bedeuten? Lassen sie uns nun auch alle Verben hinzufügen und sehen was dann passiert:

»Das – auf dem er sich an diesem – befand senkt sich zu einer – hin, die – – heißt. Durch einen – dieses – verläuft die – zwischen – und –. Bei einem gelegentlichen Blick über die –, sah – auf dem – vor ihm einen verzierten – herunterkommen, der gelb und fröhlich bunt bemalt war, von zwei – gezogen wurde, eine –, der nebenherlief, eine schiefe – tragend. Der – war mit – und – beladen und an der – des Ganzen saß eine –, jung und attraktiv. – hatte die – für mehr als eine – verloren, als der – direkt vor seinen – zum – gebracht wurde.«

Es gibt 31 Substantive in diesem Text von insgesamt 109 Worten. Dennoch ist es immer noch nicht klar, von was dieser Text handelt. Vielleicht geben Ihnen einige der Verben, wie *bemalt, gezogen, hergehend, tragend, beladen* und *saß* einen Hinweis?

Hier sind die fehlenden Wörter!

»Das **Feld,** auf dem er sich an diesem **Morgen** befand, senkt sich zu einer **Hügelkette** hin, die **Norcombe Hill** heißt. Durch einen **Vorsprung** dieses **Berges** verläuft die **Straße** zwischen **Emminster** und **Chalk-Newton.**

Bei einem gelegentlichen Blick über die **Hecke** sah **Oak** auf dem **Hang** vor ihm einen verzierten **Wagen** herunterkommen, der gelb und fröhlich bunt bemalt war, von zwei **Pferden** gezogen wurde und einen **Kutscher,** der nebenherlief, eine schiefe **Peitsche** tragend. Der **Wagen** war mit **Haushaltswaren** und **Pflanzen** beladen und an der **Spitze** des Ganzen saß eine **Frau,** jung und attraktiv. **Gabriel** hatte die **Sicht** für mehr als eine **Minute** verloren, als der **Wagen** direkt vor seinen **Auge**n zum **Stillstand** gebracht wurde.«
(aus **Far From the Madding Crowd** von Thomas Hardy)

Nun, war es Ihnen möglich, den Inhalt des Textes zu erraten? Hätten vielleicht einige wenige Informationen von Anfang an Ihnen zur richtigen Richtung verhelfen können?
Lassen Sie es uns nun in umgekehrter Richtung versuchen. Sie bekommen alle Substantive eines anderen Textes. Finden Sie jetzt heraus, um was es in diesem Text geht:
– – – Menschen – – Ozean, Kontinente – Flüsse – – – Vereinigte Staaten. – – – – Sprache – – – Rasse, Religion – Nation – – Welt.
– – – Neulinge – Armut – Suche – – – Möglichkeiten. – – – – – Verfolgung – Suche – – Freiheit.
– Vereinigte Staaten – – – Symbol – Demokratie – Freiheit. – – – – – – – Gesellschaft – – – Topf, – – – – – – Langzeit-Amerikaner – – – – – – – Gesellschaft – – – Gemeinschaften, – – – – – – – – – –.
– Tatsache, – Vereinigte Staaten – – – – – Gemeinschaften – – – – – Reichtum. – Realität – Träume – Erfolg – – – – Faktoren.

(aus **Americans and the US** von Frederic Fleisher, Symposium 1987)

Nun, brauchen Sie die fehlende Wörter? Wahrscheinlich nicht. Sie bekommen genug Informationen über die Substantive, um den Inhalt des Textes zu erfasssen!

In einer Nußschale

Substantive benennen Dinge und sie tragen die Information im Text.

Verben benennen Aktivitäten, Dinge, die passieren oder das, was jemand tut.

Adjektive beschreiben Dinge. Sie sind an Substantive gebunden und modifizieren ihre Bedeutung, indem sie sie beschreiben und begrenzen.

Wir benutzen hauptsächlich diese drei Wortarten, wenn wir Schlüsselwörter suchen, egal, welche Notier-Technik wir anwenden, da diese uns alle Informationen liefern, die wir benötigen. Die Substantive sind die wichtigsten. Das bedeutet aber nicht, daß Sie die anderen Wortarten ausschließen sollen. **Schlüsselwörter** sind einfach nur die Wörter, **die Ihnen das beste Ergebnis liefern.**

Das »richtige« Wort

Die Fähigkeit, das »richtige« Wort oder Schlüsselwort zu finden, ist entscheidend, wenn Sie die wichtigsten Informationen eines Textes im Gedächtnis behalten wollen. Viele Studenten beklagen sich darüber, daß sie so viel Zeit zum Lernen benötigen und dann, wenn sie am nächsten Tag zur Lehrveranstaltung kommen, alles vergessen haben. Den meisten fehlt es an der Fähigkeit, die richtigen Worte als Schlüsselwörter zu finden, um sie dann als »Brücken« für den Rest der Information zu benutzen.

Allgemein könnte man sagen, daß sich die meisten Menschen in ihren Büchern zu viel notieren und unterstreichen, wenn sie lernen. Etwa 60-90% des Notierten ist überflüssig. Mit so vielen Notizen benötigt man für die Wiederholung des Materials viel Zeit – und es ist noch nicht einmal garantiert, daß Sie Ihr Geschriebenes verstehen werden! Wenn Sie wiederholen, was Sie schon einmal gelernt haben, brauchen Sie nur eine sehr begrenzte Anzahl von Wörtern, *vorausgesetzt es sind die richtigen Wörter!*

Wie viele Fakten Sie parat haben, wie hart Sie auch studieren, wie viele schöne und unterweisende Bilder Sie auch haben – was zählt ist, wie viel Sie gelernt haben und im Gedächtnis behalten können.

In der nächsten Übung sollen Sie einen langen Text lesen.

Lesen Sie im Kapitel »Das menschliche Gehirn« den ersten Abschnitt auf den Seiten 25 und 26. Unterstreichen Sie oder schreiben Sie in Ihrem Notizblock die Wörter auf, die Sie für Schlüsselwörter halten.

Die unterschiedlichen Ebenen in der Sprache

Durch das Einordnen der Schlüsselwörter in Sprachniveaus wird Ihnen bewußt, auf welche Wortarten Sie sich konzentrieren müssen. Wir können eine »Sprachleiter« konstruieren, von der aus wir mit sprachlichen Begriffen anfangen, um dann zu allgemeineren und überlappenden Begriffen zu kommen. Es hat auch damit zu tun, von einem konkreten Niveau zu einem abstrakten zu gelangen. Schauen Sie sich bitte das nachfolgende Beispiel an:

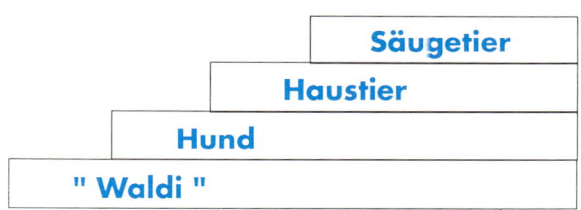

Am unteren Ende der verallgemeinerten Leiter finden Sie alle Begriffe im Text, in diesem Fall durch den Namen eines Hundes symbolisiert. Wenn man sich nun über alle »Waldi«, »Rex«, »Schnurzel« und wie immer sie auch heißen mögen unterhält, ist es besser von »Hunden« zu sprechen. Der nächste Schritt ordnet die Hunde in dieselbe Kategorie einer Gruppe anderer Tiere mit ein und die höchste Sprosse umfaßt alle »Säugetiere«. Auf diesem Niveau ist der Hund nicht länger sichtbar, er wurde zu einem Begriff in einem sehr viel größeren Kontext.

Um Mind Maps zu erstellen, ist es unbedingt notwendig, daß Sie diese Klassifikation im Gedächtnis behalten. In erster Linie sollen diese Schlüsselwörter als »Schlüssel« fungieren, genauso wie das Wort es schon sagt. Sie sollten einen ganzen Kontext entschlüsseln, sogar noch Jahre später. Sie sollten Ihnen direkt die richtige Assoziation vermitteln, wenn Sie die richtigen Schlüsselwörter gewählt haben!

Stellen Sie sich ein Feld von Blumenknospen vor. Mit Ihrer Videokamera machen Sie Aufnahmen dieser Knospen – alle zehn Minuten ein Bild, bis sie sich zu Blüten geöffnet haben. Wenn Sie diesen Film abspielen, zeigt sich dieser Prozeß schneller als in Wirklichkeit. Die Vorstellung dieser aufblühenden Blumenknospen zeigt Ihnen symbolisch, wie die Schlüsselwörter in Ihrem Gehirn arbeiten. Ein Wort, welches zu »einer Blume wird«, ist ein Wort, das viele Assoziationen miteinander verbindet. Einige dieser Wörter können den Inhalt eines ganzen Textes wiedergeben, während andere sich nur auf einen kleinen Ausschnitt beziehen.

Genauso wie eine Blume ihre Blütenblätter wieder zu einer Knospe zusammenzieht, kann ein Wort seine Assoziationen zurücknehmen wie zu einer »Knospe« und es bleibt so lange in Ihrem Gedächtnis, bis Sie es wieder abrufen. Wenn es eine gutes Schlüsselwort ist, wird es wieder alle seine »Blütenblätter« zeigen. Neue Fakten werden auf allen Ebenen an die bestehenden Assoziationen angehängt. Wenn sie im Gedächtnis bleiben und wieder aktiviert werden können, nennen wir dies *lernen*.

Sie werden feststellen, daß Sie, während Sie üben, Schlüsselwörter zu finden, mehr Wörter aufschreiben als notwendig ist, »für alle Fälle«. Üben Sie fleißig, die Anzahl der Schlüsselwörter zu reduzieren! Es ist sehr viel sinnvoller, sich auf das Finden von Schlüsselwörter zu konzentrieren, die wie eine Blumenknospe funktionieren.

Dies bedeutet nicht, daß Sie nur Wörter aus der obersten Sprosse, mit den abstrakten und übergeordneten Begriffen, verwenden sollen. Vielleicht sind es gerade die konkreten Begriffe, die Ihnen zu den besten Assoziationen verhelfen. Manchmal ist es ein Beispiel oder eine Geschichte, die Ihnen die richtige Assoziation vermittelt. In einem Mind Map arbeiten Sie auf jedem Sprachniveau und auch nicht-sprachlichen Informationen wie Bilder, Farben, Symbolen usw.

2. Kapitel

Das
menschliche Gehirn

Platz für Ihr eigenes Mind Map

Bevor wir weitermachen, sollten wir zunächst einige Grundbegriffe über die »Funktion« des menschlichen Gehirns kennenlernen.

Ihr Gehirn besteht aus etwa 14 Milliarden Neuronen oder Nervenzellen. (Es gibt auch Schätzungen, die in Größenordnungen bis zu 100 Milliarden reichen.) Die meisten dieser Zellen entwickeln sich zu einem frühen Zeitpunkt in unserem Leben.

Jede dieser Zellen kann eine Vielzahl von Synapsen entwickeln, welche die Verbindungen zu anderen Zellen herstellen. Je mehr Synapsen existieren, desto mehr Verbindungen können hergestellt werden. Die frühesten Erfahrungen in Ihrem Leben entscheiden darüber, wie gut diese Verbindungen funktionieren und wie viele Sie produzieren können.

Der Organismus mit der höchsten Anzahl solcher Verbindungen zeigt das »intelligenteste« Verhalten. Eine geringe Anzahl solcher Verbindungen läßt auch nur eine geringe Anzahl von Reaktionen zu.

Körperteile eines menschlichen Körpers mit komplexen Bewegungsmöglichkeiten verlangen eine hohe Anzahl von Neuronen im Gehirn. So wird z.B. eine Hand mit einer größeren Anzahl von Neuronen bedient als ein Fuß.

Die Fähigkeit des Sprechens beim Menschen ist angeboren. Dies wird daraus geschlossen, daß bei einem Vergleich der Anzahl der Neuronen, die für die Steuerung der Mundbewegungen, der Zunge und des Kehlkopfes zuständig sind, beim Menschen eine erheblich größere Anzahl festgestellt werden kann als bei anderen Primaten. Das Gehirn koordiniert Reize unserer Sinnesorgane und wandelt sie in angemessenes Verhalten um.

Die Tatsache, daß das Großhirn aus zwei verschiedenen Hälften besteht, ist nicht neu, aber die Forschung, hauptsächlich während der 60er Jahre, brachte interessante Entdeckungen hervor.

Der Amerikaner *Roger Sperry*, dem später der Nobelpreis für Medizin verliehen wurde, leitete diese Forschungen. Er führte eine Anzahl von Experimenten an Affen durch, bei denen das Corpus Callosum (»der Balken«, bestehend aus Millionen Nervenzellenfasern, die die beiden Hemisphären verbinden) durchtrennt war. Er fand heraus, daß die Affen anscheinend weiterhin normal handeln und Neues lernen konnten. Was er aber entdeckte war, daß die zwei Hemispären der Affengehirne ein voneinander unabhängiges Leben führten, ohne zu wissen, was die andere Hälfte tat, sobald der Balken durchschnitten war.

Sperry erfuhr von ähnlichen Operationen an Menschen, die an schwerer Epilepsie litten. Auch sie verhielten sich nach der Operation völlig normal, ohne Konsequenzen für ihr Gedächtnis oder ihre Lernfähigkeiten. In Zusammenarbeit mit diesen »Split-Brain Patienten« führte er einige interessante Experimente durch.

Es war bereits bekannt, daß die Fähigkeit des Sprechens eine Aufgabe der linken Hemisphäre ist. Konnten diese Patienten über etwas sprechen, was nur die rechte Hemisphäre »gesehen« hatte? Da die linke Hemisphäre die Aktivitäten der rechten Körperhälfte koordiniert und die rechte Hemisphäre die der linken Körperhälfte, waren die Versuche so arrangiert, daß immer nur ein Auge ein bestimmtes Bild sehen konnte. Als der Patient darum gebeten wurden, zu erzählen, was er gesehen hatte, konnte er lediglich die Bilder benennen, die er mit seinem rechten Auge gesehen hatte. Andererseits war er aber durchaus in der Lage, mit seiner linken Hand Gegenstände zu ergreifen, die er mit seinem linken Auge gesehen hatte.

Die rechte Hemisphäre ist »stumm«, aber in hohem Maße befähigt, Farben und Formen zu unterscheiden. Es scheint, als ob die rechte Hemisphäre auch Dimensionen, Muster und Gesamteindrücke besser unterscheiden kann, während die linke Hemisphäre eher sprachlich dominiert ist und Informationen in einer sequentiellen, logischen Art und Weise verarbeitet.

Einfacher ausgedrückt könnte man sagen, daß die linke Hemisphäre den Wald vor lauter Bäume nicht sehen kann, und die rechte Gehirnhälte zwar den Wald erkennen kann, aber nicht die Bäume. Das bedeutet, daß jede Hemisphäre für verschiedenartige Reize empfänglich ist. Logisch strukturierte Sprache ist das Gebiet der linken Hemisphäre, während Assoziationen, Bilder und Analogien, Poesie und Mythen von der rechten Gehirnhälfte verarbeitet und verstanden werden. Diese zwei verschiedenen Typen von Sprache sind unterschiedliche Beschreibungen von Realitäten, wobei dem Intellekt Intuition und Gefühle gegenüberstehen.

In westlichen Gesellschaften werden die »Fähigkeiten der linken Gehirnhälfte« hoch eingeschätzt. In den letzten Jahren wurden uns das Ungleichgewicht und seine Folgen bewußt. Wir haben begonnen, die Kreativität der Menschen höher zu bewerten und die Fähigkeiten der rechten Hemisphäre zu trainieren. Wir wissen von besonderen Schulen, die sehr viel Wert auf die praktische Beschäftigung mit der Kunst, der Musik und der Literatur sowie anderen kreativen Fähigkeiten legen, daß Schüler dort auch in Mathematik, Sprachen und anderen »linkshemisphärischen« Fächern bessere Leistungen bringen.

Das unbekannte Gehirn

Das menschliche Gehirn hat mit allem zu tun, was menschliche Wesen auf der Erde betrifft und deshalb auch mit einer Menge sehr unmenschlicher Angelegenheiten. Wir wissen tatsächlich sehr wenig über die Funktionsweise des Gehirns. Das meiste, was wir wissen, »entdeckte« die Gehirnforschung in den letzten zehn bis fünfzehn Jahren. Dennoch wissen wir weniger über unseren inneren Raum als über die äußeren Räume!

Die Informationen, die durch unsere Sinnesorgane eindringen, werden gefiltert und verglichen mit früheren Erfahrungen. Die Eindrücke werden auf mysteriöse Weise miteinander vermengt, überlappt und ausgemalt. Die meisten dieser Eindrücke sind uns in der einen oder anderen Form gut bekannt. Das Gedächtnis bietet eine fein strukturierte Landkarte, auf der fast jedes Stückchen Information seinen Platz findet – bewußt oder unbewußt.

Wenn uns etwas absolut Neues begegnet, wie das Bild auf der nächsten Seite, verursacht es eine Unterbrechung des gleichmäßigen Informationsflusses in unserem Gehirn. Was bedeutet dieses chaotische, anscheinend wahllose Muster aus schwarzen und weißen Flecken?

Ihr Gehirn versucht verzweifelt, die Bedeutung des Musters zu erfassen. Die meisten Menschen sind nicht fähig, das Bild zu interpretieren. Hier einige Hinweise: was in diesem Bild dargestellt wird, ist ein Teil von etwas Realem, ein lebendiges Wesen, Ihnen sehr bekannt. Versuchen Sie es jetzt noch einmal! Könnte es ein Gesicht sein? Eine Frau? Ein Hund? Ein Pferd? usw.... Wenn Sie denken, daß Sie etwas Sinnvolles in diesem Bild erkannt haben, dann schlagen Sie bitte Seite 108 auf, wo Sie die Auflösung finden.

Wenn Sie sich das Original angeschaut haben, vergleichen Sie bitte die zwei Bilder. Können Sie nun etwas erkennen? Wie haben Sie den Vergleich realisiert?

Die meisten Menschen suchen hervorstechende Eigenschaften heraus, Dinge, die ungewöhnlich oder typisch für etwas sind. Es gibt dafür natürlich einen Grund.

Wenn Sie sich in einer komplexen Situation befinden, z.B. auf einer Kreuzung während der Hauptverkehrszeit, dann sind Sie gezwungen, die Dinge richtig zu interpretieren, um zu überleben.

Wie entstehen Ideen?

Eine sehr aufregende, neue Art und Weise, Gehirnfunktionen zu betrachten, wurde von dem finnischen Gehirnforscher *Matti Bergström*, Professor der Neurophysiologie an der Universität Helsinki, Finnland, vorgestellt.

Er rätselte an dem Problem, wie unser Gehirn Ideen erschafft. Warum ist der »Output« nicht mit dem »Input« identisch, oder mit anderen Worten – wie ist es möglich, daß wir völlig neue und sogar unerwartete Gedankenstrukturen bilden können?

Durch seine Forschung fand Matti Bergström heraus, daß das Gehirn als ein bipolares System beschrieben werden könnte.

Der **Gehirnstamm** ist der älteste Teil des Gehirns. Es reguliert mit seinen Reizen das Gleichgewicht des Bewußtseins. Der Gehirnstamm ist einer der beiden Pole.

Der andere Pol ist der **Kortex,** der drei Millimeter dick ist und eine gefaltete Schicht von Nervenzellen bildet, die die beiden Gehirnhälften überdeckt. Der Kortex ist in vier Lappen unterteilt, an die Funktionen wie Planung, Empfang von Sinnesreizen des Körpers, Regulierung des Verhaltens, Entscheidungsfreudigkeit, Erinnerungs- und Wahrnehmungsvermögen geknüpft sind.

Diese beiden Pole verursachen Erregungen, die die Gehirnfunktionen in zwei verschiedenen Weisen beeinflussen. Der Gehirnstamm produziert völlig wahllos elektrischen Strom – Unordnung, Chaos. *Matti Bergström* nennt diesen Teil »**Zufallsgenerator**«.

Der Kortex ist der »**Wissensgenerator**«. Er bringt Informationen hervor – Ordnung.

Er schreibt:

»*Wenn die wahllosen Signale des Gehirnstamms und die organisierten Signale des Kortex aufeinander treffen, beginnt eine Interaktion, ein Kampf zwischen Chaos und Ordnung.*

Auf diesem »Schlachtfeld«, des unaufhörlichen Kampfes zwischen den beiden Polen in Ihrem Gehirn, gibt es eine Menge Opfer. Komplexe Informationsstrukturen (»Wissen«) werden von den chaotischen Reizen des Gehirnstamms bombardiert und zerschmettert. Es werden »Umwandlungen« in den Gedankenstrukturen auftreten, z.B. total neue Strukturen, unerwartete, unvorhersehbare Ideen werden geformt. In unserer Alltagssprache nennen wir sie »Geistesblitze«.«

Lassen Sie es mich in einem Bild verdeutlichen:

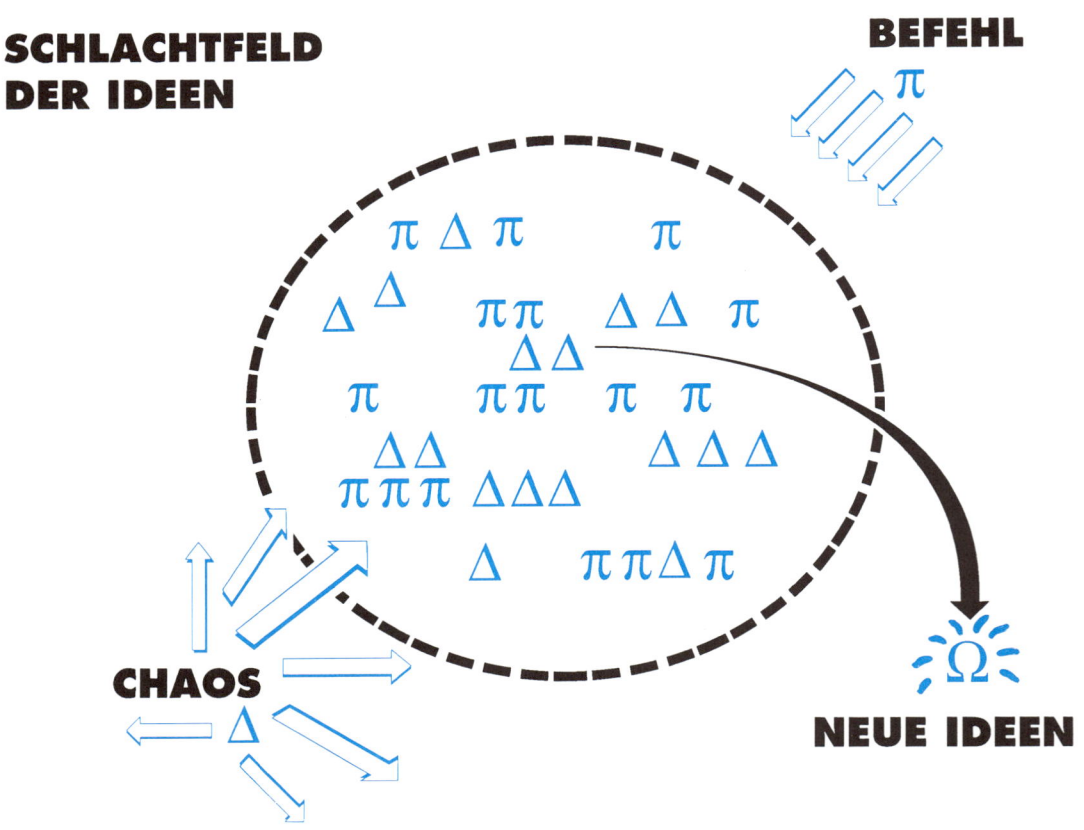

Der »Wissensverband«, repräsentiert von einer Anzahl $\prod$, wird von Kaskaden Stromimpulsen des Gehirnstamms getroffen: Δ. Der Kampf dieser beiden verschiedenen Impulsmengen bringt neue Formen hervor: Ω.

Matti Bergström schreibt: »Hier auf dem »Schlachtfeld der Ideen« beobachten wir die Entstehung neuer Formen, ein Phänomen, das wir *Kreativität* nennen.«

Menschen, die an psychischen Krankheiten leiden, können mit all diesen neuen Ideen nicht umgehen. Sie leiden an Halluzinationen und Agonie, weil sie nicht fähig sind, diese Ideen mit ihrem Wissen zu verbinden. Natürlich gibt es auch Menschen mit dem entgegengesetzten Ungleichgewicht – Menschen mit einem zu kräftigen »Wissensgenerator« –, die keinerlei neue Ideen zulassen. In dieser Art Gesellschaft, in der wir leben, in der »Wissen« und »Tatsachen« höher bewertet werden als »Vorstellungskraft« und »Kreativität«, betrachten wir diese Art der Ungleichheit nicht als psychische Krankheit. Im Gegenteil: oft werden diese Menschen ausgewählt oder gewählt, um den Rest zu führen!

Kreativität wird angeregt, wenn wir das Gleichgewicht etwas in Richtung Chaos und Unordnung bewegen. Dies ist die Erklärung dafür, daß viele Menschen kreativ sind, wenn sie Spaß haben oder entspannt sind. Der Prozeß läuft immer weiter im Gehirn ab, selbst dann, wenn wir schlafen, aber das Gleichgewicht ist dann den Reizen des Gehirnstamms besonders nahe. Dies könnte erklären, warum unsere Träume so oft bruchstückhaft oder unheimlich sind. Wir haben keinen Zugang zu der strukturierten Information des Kortex, außer in Bruchstücken, die wir vom Unterbewußtsein erhalten.

Obwohl viele Menschen behaupten, daß sie während des Schlafes auf viele hervorragende Ideen kommen, werden sie feststellen müssen, daß selten eine dieser Ideen im Tageslicht überleben kann! Was während des Schlafes logisch erscheint, stellt sich als völliger Schwachsinn heraus, wenn Sie es dann mit klarem Verstand bewerten.

Wie bewerten wir neue Idee? Es gibt gute wie schlechte Ideen.

Matti Bergström schreibt:

»Jede neue Idee muß um ihre Existenz kämpfen und darum, »Platz« zwischen den synaptischen Verbindungen zu finden, um zu überleben. Es ist tatsächlich dieselbe »der Stärkere setzt sich durch« – Bedingung wie in der physischen Welt, die auf die Welt der Ideen übertragen wurde. Ich nenne es »Neurodarwinismus«. Der Wettbewerb zwischen dem inneren Reich der Synapsen und den Gedächtnisstrukturen ist enorm, daher sind die Chancen des Überlebens sehr klein. Der beste Weg, diese Ideen oder Wörter erinnern zu können, ist, sie irgendwie einzigartig zu machen. Das macht dann buchstäblich Eindruck auf Sie!«

Eine Möglichkeit, Matti Bergstöms Ergebnisse selbst zu entdecken, ist der Gebrauch einer Methode, die Ihnen den Fluß von Gedanken und Ideen in Ihrem Gehirn bewußt macht. Davon handelt der Rest des Buches.

Brainstorming

Brainstorming ist eine bekannte Technik, die in vielen Situationen angewandt wird, um neue Ideen hervorzubringen: Produktentwicklung, Marketing, Werbung, Geschäftsentwicklung und viele mehr.

Wir haben gerade von Matti Bergströms Ergebnissen seiner Gehirnforschung in Bezug zur Kreativität gehört. Das Gehirn scheint unablässig als Ideen-Generator zu arbeiten, obwohl wir uns dessen nicht bewußt sind. Ständig werden neue Formen kreiert und es kommt auf eine ganz bestimmte Verfassung unseres Geistes an, um einige davon wahrzunehmen und festzuhalten.

Der nützliche Effekt des Brainstorming ist ein Fluß wahlloser Ideen, die eine Gruppe von Menschen ersinnen, die sich gegenseitig stimulieren. Sollten Sie versuchen, diesen Fluß irgendwie zu regeln, laufen Sie Gefahr, eine Idee zu übersehen, die möglicherweise die beste hätte sein können. Sie wissen nie, was Sie letztendlich gebrauchen können, deshalb sollten Sie nichts dulden, was den Ideenfluß hemmen könnte.

Wann haben Sie Ihre besten Ideen? Sie haben zu jeder Zeit Ideen, nur sind manche Situationen geeigneter als andere. Die meisten Menschen behaupten, daß sie im **entspannten Zustand** die besten Ideen haben – »kurz bevor ich einschlafe«, »wenn ich in meinem Lieblingsstuhl sitze und nichts tue«, »wenn ich in der Sauna bin« – wenn sie etwas tun, bei dem sie **automatisch funktionieren** – joggen, waschen, kochen, abwaschen, saubermachen, stricken, fahrradfahren, »mein Auto zur Arbeit fahren« oder in der Interaktion mit anderen Menschen – Kaffee-/Tee-Pausen, Abendschulen, Gruppenarbeit.

Selten werden Situationen wie »Sitzungen«, »in der Schule« oder »bei der Arbeit« erwähnt. In solchen Situationen sind die Menschen völlig von ihrer Routinearbeit beansprucht oder aber es gibt einen festgefügten Rahmen, der regelt, wie Dinge gehandhabt werden sollen, wie zum Beispiel in Sitzungen mit Tagesordnung, in denen es nicht von ihnen erwartet wird, neue Ideen einzubringen!

3. Kapitel

Mind Maps

Platz für Ihr eigenes Mind Map

Der Denkprozeß ist ein sehr chaotischer und verwirrender Vorgang. Gedanken folgen keinem geradlinigen, logischen Weg. Sie sind das Resultat von einigen Millionen chemischer Reaktionen, die in jeder Sekunde in den Gehirnzellen ablaufen. Gedanken folgen vielen Wegen gleichzeitig, sie springen, folgen einem Seitenweg und kehren wieder zum Hauptweg zurück.

Wenn Sie nun in linearer Weise Ihre Notizen machen, zwingen Sie Ihre Gedanken in einen logischen Weg, was unnatürlich ist und die Produktion von Ideen behindert. Andererseits folgen Sie dem natürlichen Denkprozeß, wenn Sie Ihre Notizen in Form von Mind Maps machen und mit Ihren Gedanken springen. Es ist sehr einfach, irgendwo in Ihr Map neue Ideen einzufügen.

Hier ein Beispiel:

Fangen Sie an, indem Sie Ihr Thema definieren. Dann schreiben Sie das Wort auf oder zeichnen ein Symbol dafür in die Mitte des Blattes. Lassen Sie uns das Wort »Apfel« als Ausgangspunkt nehmen.

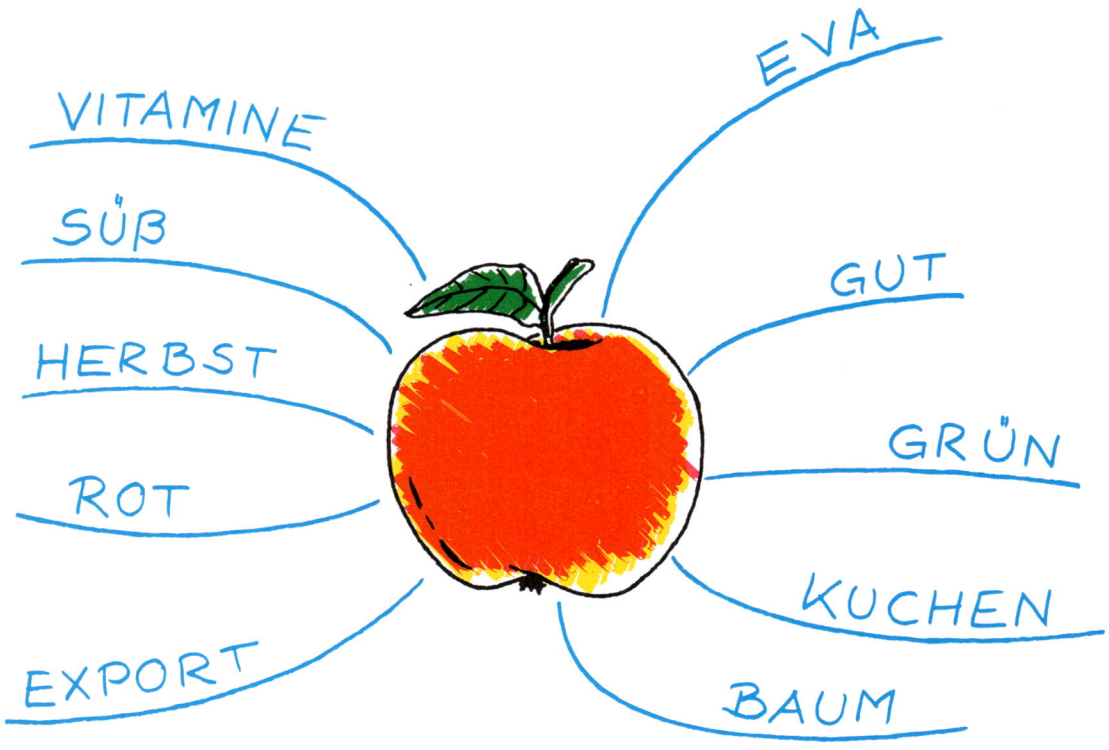

VITAMINE

SÜß

HERBST

ROT

EXPORT

EVA

GUT

GRÜN

KUCHEN

BAUM

Rund um diesen Ausgangspunkt ziehen Sie nun Linien und schreiben auf jede ein Wort. Lassen Sie dem Informationsfluß für etwa fünf bis sechs Minuten freien Lauf und folgen Sie Ihren Gedanken in jede Richtung, welche es auch sein mag. Schreiben Sie so viele Wörter auf wie möglich.

Am Ende werden Sie eine Menge Wörter um Ihren Ausgangspunkt gereiht haben. Dadurch, daß Sie Ihren Gedankenfluß nicht begrenzt oder strukturiert haben, war es Ihnen möglich, eine Menge Wörter aufzuschreiben, die ansonsten zensiert worden wären, ehe sie die Bewußtseinsebene des Gehirns erreicht hätte. Wenn Sie einmal Ihre Gedanken zugelassen haben, leisten sie ihren Beitrag zu dem Ideenfindungsprozeß. Sie schaffen neue Kombinationen von Wörtern, neue Assoziationen zu dem, was schon aufgeschrieben wurde. Sie haben nun **ein Mind Map der Möglichkeiten** (noch ohne Logik und Struktur) **erstellt.**

So könnte Ihr Mind Map nach etwa vier bis fünf Minuten freier Assoziation aussehen:

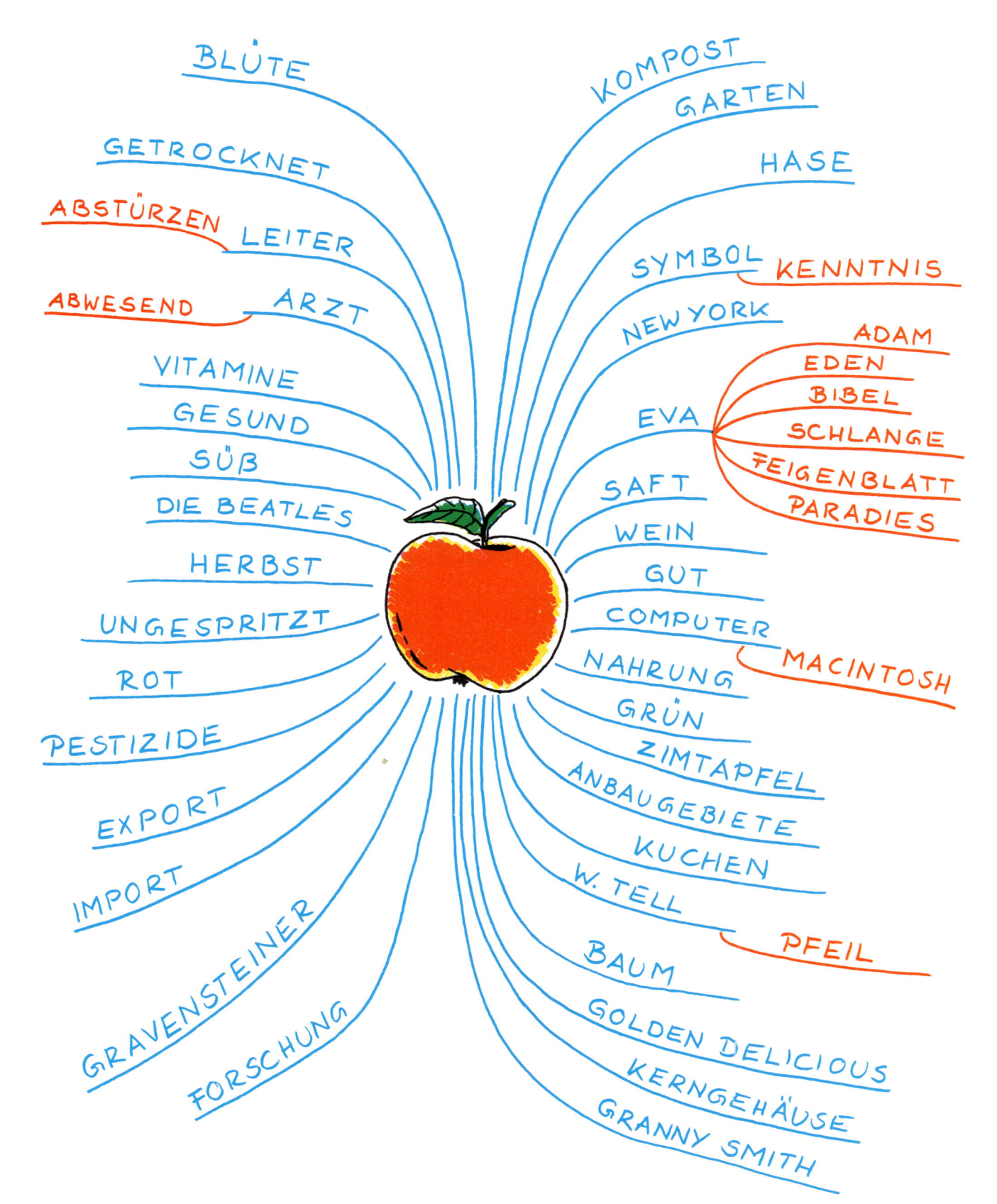

BLÜTE

GETROCKNET

ABSTÜRZEN LEITER

ABWESEND ARZT

VITAMINE

GESUND

SÜSS

DIE BEATLES

HERBST

UNGESPRITZT

ROT

PESTIZIDE

EXPORT

IMPORT

GRAVENSTEINER

FORSCHUNG

KOMPOST

GARTEN

HASE

SYMBOL KENNTNIS

NEW YORK

EVA

ADAM
EDEN
BIBEL
SCHLANGE
FEIGENBLATT
PARADIES

SAFT

WEIN

GUT

COMPUTER MACINTOSH

NAHRUNG

GRÜN

ZIMTAPFEL

ANBAUGEBIETE

KUCHEN

W. TELL PFEIL

BAUM

GOLDEN DELICIOUS

KERNGEHÄUSE

GRANNY SMITH

Lassen Sie uns einen Schritt weitergehen und mit diesem »Ur«-Mind Map »Apfel« weiterarbeiten.

Die nächste Phase des Prozesses ist, logisch zu denken, um eine Struktur zu finden, eine Wortauswahl zu treffen und passende Verbindungen herzustellen.

- Wählen Sie ein Wort aus, ein Wort, welches Ihnen als wichtiger Oberbegriff am geeignetsten erscheint, um anzufangen und markieren Sie es mit einem Marker.

- Dann wählen Sie weitere vier-fünf-sechs Wörter aus, die Sie als Oberbegriffe für Ihre Struktur gebrauchen können. Diese Wörter sollten von allgemeiner, verständlicher Natur sein. Sollten Sie keine solchen Wörter in Ihrem Mind Map finden können, dann denken Sie sich neue aus, die dann die Struktur ergeben.

- Schreiben Sie sie auf Linien, wie im Bild unten. Auf jede Linie schreiben Sie nur ein Wort. Versuchen Sie die Anzahl dieser grundlegenden **Hauptäste** auf vier bis sechs zu begrenzen.

- Fügen Sie den bestehenden Ästen nun neue Wörter hinzu, indem Sie »dünne Zweige« für die Unterbegriffe zeichnen. Schreiben Sie so viele Wörter auf, wie Sie für nötig halten, um den Inhalt abzurufen. Es kommt nur darauf an, **das richtige** Wort zu wählen. Durch den Gebrauch einer **begrenzten Anzahl** von Wörtern werden Sie fähig sein, mehr im Gedächtnis zu behalten. Jedes Wort sollte eine Menge Assoziationen und Fakten zum Thema »Äpfel« beinhalten.

- Die Wörter werden sich wie Blumenknospen öffnen und Ihnen all die Informationen geben, die Sie brauchen, wenn Sie das Mind Map durch immer weitere Wörter und Linien verfeinern.

Ein vollständiges Mind Map über »Äpfel« könnte wie das Bild auf der nächsten Seite aussehen:

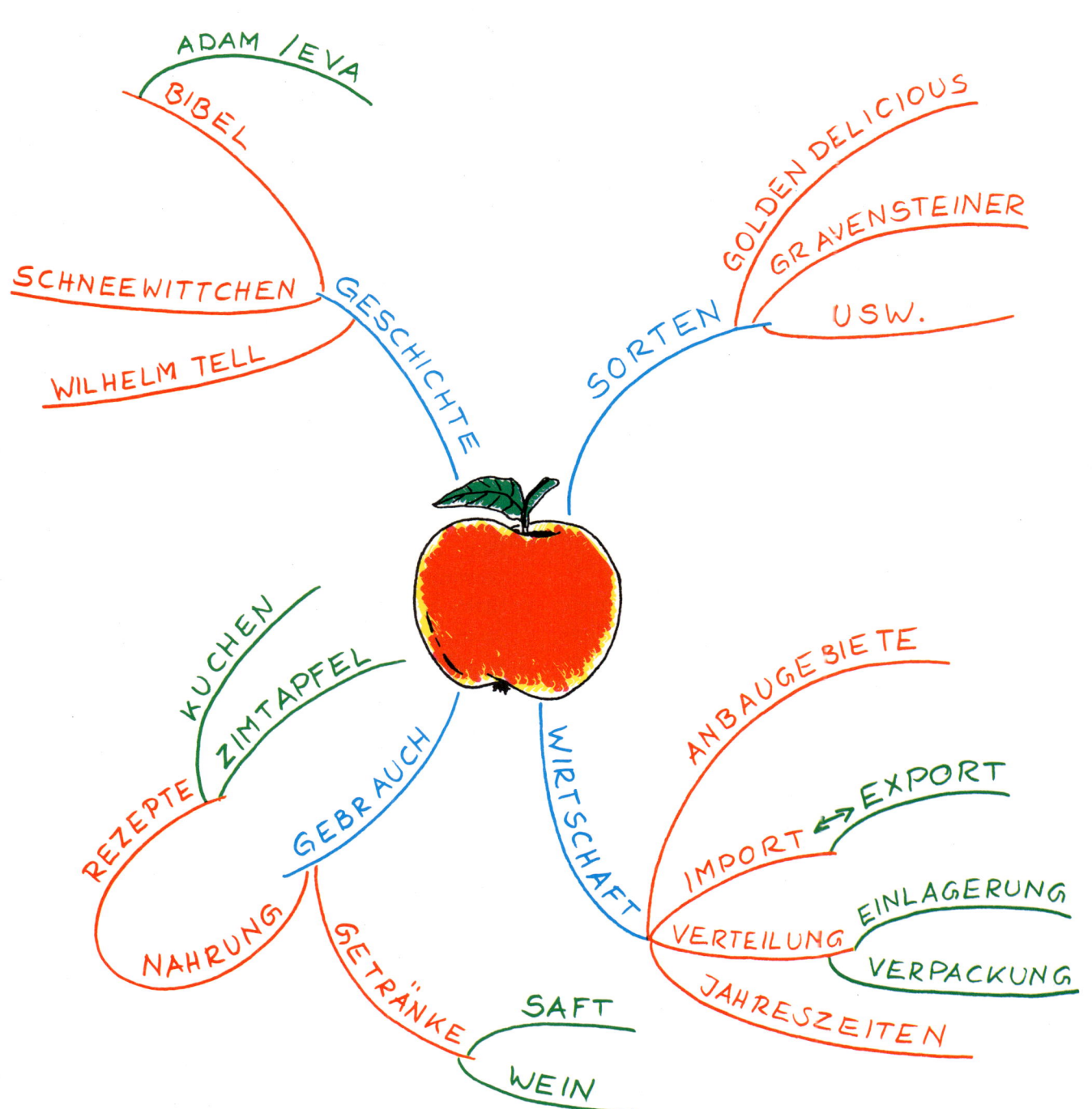

Die Verwendung von Schlüsselwörtern

Das Verblüffende an diesen Mind Maps ist, daß kein Mind Map dem anderen ähnelt; sogar wenn sie denselben Anfangspunkt haben, denselben Text, den selben Vortrag beschreiben, sind die Mind Maps von einer Person zu einer anderen völlig verschieden. Das ist wirklich völlig natürlich, weil wir Menschen alle unterschiedlich sind. Wir denken verschieden, haben unterschiedliche Erfahrungen und einen unterschiedlichen Wissensstand, wir haben einen unterschiedlichen Hintergrund etc.

Deshalb werden Sie, wenn Sie Ihren persönlichen Stil entwickeln, bemerken, daß Sie die Informationen leicht abrufen können, die Sie mit den Bildern und den Wörtern Ihres Mind Maps verknüpft haben.

Die meisten Menschen schreiben zu viele Wörter, wenn sie ihre linearen, »normalen« Aufzeichnungen anfertigen, was unweigerlich zu Problemen führt. Es braucht viel mehr Zeit, die Notizen zu überarbeiten und zu strukturieren. Lineare Notizen sind an die Zeit gebunden, d.h. es kommt darauf an, wann man die Information gelesen oder gehört hat. Es gibt keine einfache Möglichkeit, Informationen von einem Teil in einen Zusammenhang mit Informationen eines anderen Teils zu bringen.

Wenn Sie Mind Maps benutzen, werden Sie feststellen, daß Sie nur wenige Wörter brauchen, um sich zu erinnern. Konzentrieren Sie sich auf **die richtigen Wörter,** nämlich die, die Sie zu einem besseren Erinnern führen.

Diese »richtigen Wörter« oder **Schlüsselwörter** zu finden, ist eine Fähigkeit, die Sie entwickeln, wenn Sie Mind Maps dazu benutzen, Ihre Notizen zu machen.

Die Fähigkeit, die richtigen Schlüsselwörter herauszupicken, bestimmt, wie gut Sie den Inhalt eines Buches, einer Vorlesung, eines Zeitschriftenartikels etc. aufnehmen können. Wenn Ihnen diese Fähigkeit fehlt, sind Sie nicht so gut in der Lage, die Hauptaspekte herauszufinden; Sie müssen mehr Zeit dafür aufwenden, die wichtigen Fakten in Ihren Aufzeichungen zu überarbeiten und zu finden. Es gibt viele Gründe, die Fähigkeit, die richtigen Schlüsselwörter zu finden, zu üben und die Anzahl der Wörter, die Sie niederschreiben, zu begrenzen.

Lassen Sie uns die Aufzeichnungen von zwei Personen vergleichen, die beide an einer Vorlesung über das Gehirn teilnahmen. Die Person, die ihre Aufzeichnung nach der herkömmlichen linearen Methode anfertigte, hatte am Ende 13 beschriebene Seiten, die so aussahen:

Die andere Person, die die Mind Mapping Methode anwandte, hatte am Ende nur eine Seite und deutlich weniger Notizen. Das Vorlesungsprotokoll dieser Person sah so aus:

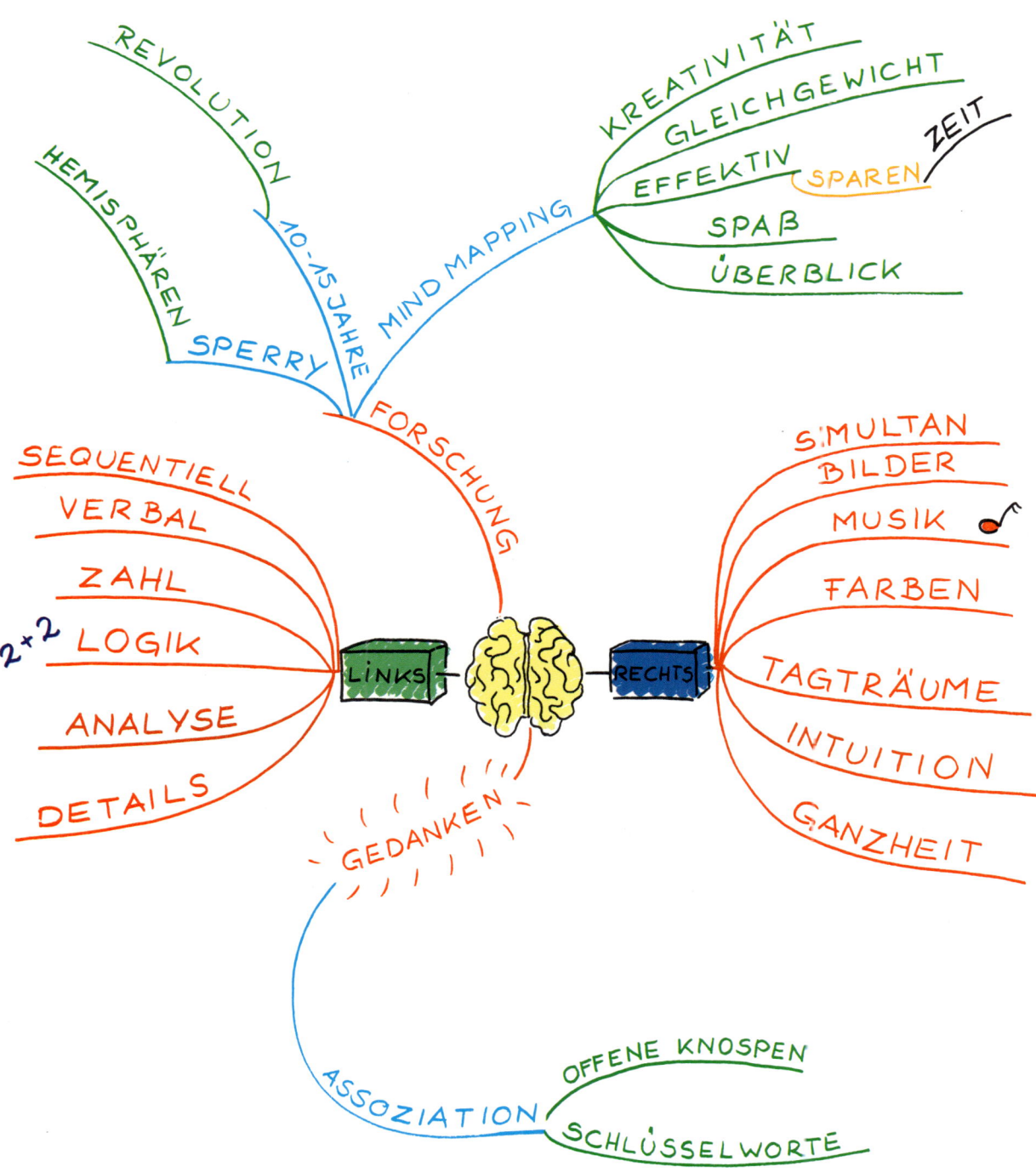

Aber es gibt noch mehr Vorteile als nur die Anzahl der Wörter oder der beschriebenen Blätter. Ich habe schon einmal den Aspekt der Zeit erwähnt. Bei linearen Aufzeichnungen ist **Zeit** primär wichtig, was auch bedeutet, daß ich mein Gehirn dazu zwingen muß, mich am zeitlichen Ablauf dessen, was ich höre oder lese, zu orientieren und nicht an der Bedeutung. Wenn ich bestimmte Details in meinen linearen Aufzeichnungen wiederfinden möchte, muß ich mich auch auf lineare oder sequentielle Weise an das, was ich gehört habe, erinnern.

Wenn ich aber meine Notizen in Form eines Mind Maps mache, ist der Zeitfaktor irrelevant. In einem Mind Map sind der **Inhalt** und die Bedeutung wichtig. Meine Notizen gabeln sich, ausgehend von einem wichtigen Hauptpunkt, auf Linien wie die Äste und Zweige eines von oben betrachteten Baumes.

Ich kann jederzeit und überall neue Wörter hinzuschreiben. Ich kann von einer Stelle zur anderen springen, Vergleiche anstellen, chronologischen Ketten folgen, einen Teil mit einem anderen verbinden. Am Ende kommt dabei ein gut strukturiertes Mind Map heraus, aus dem die Assoziationslinien und die Bedeutung der Wörter klar hervorgehen.

Die Form eines Mind Maps spricht sowohl die Vorstellungskraft als auch das logische Denken an. Ein Mind Map ist tatsächlich eine Art der Problemlösung und eine Konstruktionsarbeit. Sie beginnen mit einer Idee, die den gesamten Inhalt beschreibt und fertigen dann einen groben Aufbau als Hauptentwurf des Mind Maps an, das dabei zum Vorschein kommt. Wenn Sie sich dieses Mind Map nach einiger Zeit wieder ansehen, werden Sie den Inhalt des Mind Maps anhand dieses Entwurfs erfassen, sogar,

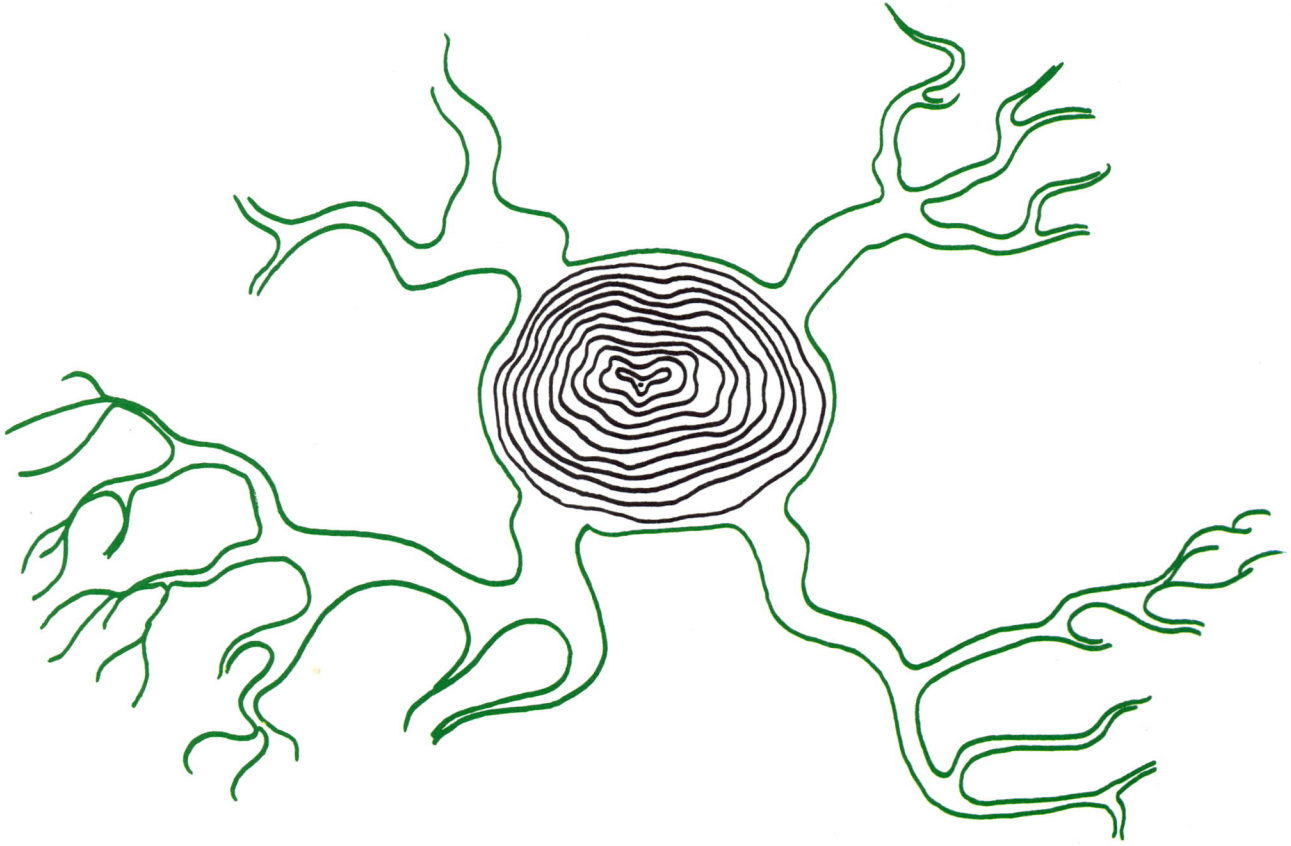

wenn inzwischen mehrere Jahre vergangen sind.

Wenn Sie Ihre Aufzeichnungen in linearer Weise machen, bedeutet das normalerweise, daß Sie Ihre Notizen in der selben zeitlichen Reihenfolge aufschreiben, in der Sie die Informationen hören oder lesen. Wie dem auch sei, wenn Sie die Mind Map Methode anwenden, müssen Sie manchmal warten, bis der Sprecher oder Schreiber seine Grundidee, d.h. die Struktur, die Sie für Ihr Mind Map benötigen, offenbart. Wenn Sie nicht den Mut oder die Geduld haben, auf diese Grundidee zu warten, dann machen Sie ein skizziertes Mind Map; wenn Sie dann die richtige Struktur gefunden haben, können Sie ganz einfach und schnell ein neues Mind Map beginnen, indem Sie die Wörter, die Sie benötigen, einfach vom ersten Mind Map abschreiben.

Die Alternative dazu sind lineare Aufzeichnungen, und das Resultat dieser Art der Aufzeichnung sind Notizen, die genau so unordentlich sind wie die Struktur der Rede, der Sie zuhören.
Mit einem Überblick über das Ganze zu beginnen ist sehr wichtig, wenn Sie auf Struktur und Klarheit Wert legen. Anderenfalls bekommen Sie nur eine unzusammenhängende Mischung aus wichtigen und unwichtigen Fakten.

Auf der Jagd nach dem Gedächtnis

Ein gutes Beispiel dafür, wie Sie die Mind Map Methode anwenden, ist, persönliche Erinnerungen aus Ihren Gehirnwindungen herauszuziehen. Beginnen Sie auf die bereits beschriebene Weise, indem Sie einen Schlüsselbegriff auf ein Blatt Papier in die Mitte schreiben und lassen Sie dann Ihren Gedanken freien Lauf – **aber vergessen Sie dabei nicht, die ganze Zeit alles aufzuschreiben!** Mit Hilfe von Assoziationen können Sie tiefer und tiefer nach in der Vergangenheit liegenden Ereignissen und verschütteten Erinnerungen graben. Alle Dinge, die Sie »vergessen« haben, werden wieder an die Oberfläche gelangen. Es ist so, als ob Sie eine lange Leine einholen, an der Tausende von Haken hängen; an jedem Haken hängt ein Fisch und Sie nehmen die Fische von den Haken, wenn sie an die Oberfläche gelangt sind. Aber dabei ist es wieder sehr wichtig, daß Sie die ganze Zeit weiterschreiben. Denn sonst würden die Worte wieder verschwinden wie Seifenblasen in der Luft.

Übung

Gehen Sie in Gedanken zurück bis zu einem wichtigen Ereignis in Ihrem Leben, z.B.

• Ihre Kindheit

• Ihre erste Liebe

• Ihr bester Freund, als Sie ... Jahre alt waren

• eine wichtige Person in Ihrem Leben

• das erste Mal, als Sie eine große Reise unternahmen

• ...

Und so wird es gemacht:

• Schreiben oder zeichnen Sie das zentrale Wort/die zentrale Idee in die Mitte eines Blattes, z.B. »Mein fünfter Geburtstag«.

• Beginnen Sie mit freien Assoziationen zu diesem zentralen Wort/der Idee. Lassen Sie Äste und Zweige aus diesem Zentrum herauswachsen und schreiben Sie ein Wort auf jede Linie. Folgen Sie Ihren Assoziationslinien, soweit Sie diese führen.

• Wenn Ihnen zuviele Wörter zu dem zentralen Begriff einfallen oder wenn Sie mit Ihren Assoziationen plötzlich am Ende sind, dann öffnen Sie einfach neue »Gabeln« an einem der schon vorhandenen Wörter.

Es ist ganz besonders wichtig, daß Sie soviele Wörter, wie Sie können, aufschreiben, um einen **Überfluß** an Worten zu schaffen.

• Wenn Sie das 5 bis 10 Minuten praktiziert haben, ist es Zeit aufzuhören. Schauen Sie sich alle Wörter an und wählen Sie davon einige aus, die Sie für ein anderes Mind Map benutzen möchten. Sie können diese Wörter entweder als Mittelpunkt für ein neues Mind Map verwenden oder Sie können damit fortfahren, daß Sie einfach die neuen Assoziationen an den entsprechenden Stellen des ersten Mind Maps dazuschreiben.

Jetzt ist es an der Zeit, daß Sie in Ihren Assoziationen mehr und mehr ins Detail gehen. Es ist sehr wichtig, daß Sie jedes Wort aufschreiben, das Ihnen in den Sinn kommt.

• Wenn Sie bis zu diesem Stadium gekommen sind, lassen Sie Ihr Mind Map eine Weile ruhen. Der Denkprozeß und der Ideenfluß werden in Ihrem Gehirn weiterlaufen, auch wenn Sie mit dem Schreiben aufgehört haben. Wenn Sie das Mind Map wieder anschauen, werden Ihnen eine Menge neuer Wörter einfallen, die Sie dazu-

schreiben können. Lassen Sie das Mind Map so unstrukturiert, wie es ist, bis Sie das Gefühl haben, daß es »reif« ist.

Wie können Sie dieses Mind Map nun weiter benutzen? Sie können es natürlich so lassen, wie es ist, Sie können es aber auch als Vorlage nehmen, um Ihre Erinnerungen oder eine Geschichte in linearer Form aufzuschreiben.

Der natürliche Weg

Eine sehr lange Zeit hat man angenommen, daß unser Gehirn in linearer Form arbeitet, was natürlich nur eine Schlußfolgerung aus unserer Art zu sprechen und zu schreiben war. Wenn wir sprechen, dann erscheinen die Wörter meist in der richtigen grammatikalischen Reihenfolge. Das trifft umso mehr auf das Schreiben zu.

Ansonsten arbeitet das Gehirn normalerweise nicht linear. Zum Beispiel erinnern Sie sich nur äußerst selten an ganze Sätze dessen, was Sie gehört oder gelesen haben, vielmehr erinnern Sie sich an **einzelne Wörter.**

Wenn Sie sprechen, benutzen Sie den größten Teil Ihrer geistigen Energie dafür, die richtigen Wörter zu finden, sie in die richtige grammatikalische Form zu bringen und zwischen einer großen Anzahl von Alternativen zu wählen. Es ist wichtig, nicht dadurch mißverstanden zu werden, daß man die falschen Wörter oder Gesten benutzt.

Während Sie sprechen und dem Hauptstrom Ihrer Gedanken folgen, findet gleichzeitig ein fortdauernder Denkprozeß in Ihrem Gehirn statt, der nicht nur diesem

Hauptstrom folgt, sondern auch auf vielen Seitenwegen umherwandert, wie z.B. »Habe ich das Licht ausgemacht, bevor ich aus dem Haus ging?« oder »Diese Schuhe sind wirklich häßlich!«.

Sie können außerdem leicht feststellen, daß das Gehirn Ihres Zuhörers Ihre Aussage auch nicht in linearer Art empfängt. Oftmals bringen ihn seine eigenen Assoziationen zu völlig anderen Schlußfolgerungen als zu denen, die Sie erwartet haben. Er hat zu denselben Wörtern andere Assoziationen, weil er auch andere Erfahrungen mit den Wörtern verbindet.

Während Sie Ihre Mind Map Technik allmählich entwickeln, werden Sie bemerken, daß sich auch Ihre **Fähigkeit des Erinnerns und Lernens** verbessert. Mind Mapping und Techniken, die das Gedächtnis trainieren, basieren auf der gleichen Art zu denken, nämlich bestimmte Bilder oder Wörter dazu zu benutzen, **die Vorstellungskraft und das kreative Denken** zu stimulieren. **Sie sparen Zeit** und werden effizienter in Ihrer Art des Zuhörens und Lesens. Sie sparen auch Zeit, wenn Sie Ihre Notizen überarbeiten, weil diese nicht aus einer großen Menge von unnötigen Wörtern bestehen.

Wenn Sie die Schlüsselwörter in langen Reihen niederschreiben, wie es in den meisten Büchern zur Verbesserung der Arbeitseffizienz empfohlen wird, dann entgeht Ihnen die Möglichkeit, Verbindungen zwischen den Wörtern herzustellen und neue Ideen zu bekommen.

Jedem Text liegt eine Struktur, ein Skelett, zugrunde. Der Verfasser hatte irgendeine Absicht, als er seinen Text schrieb und er hat für seine Aussage eine passende Form gewählt. Manche Verfasser sind sehr klar und hilfreich für den Leser, wenn es darum geht, die Aussage zu verstehen. Andere sind ungeordnet und schwer zu begreifen. Aber wie der Stil des Verfassers auch immer sei, Mind Mapping ist in jedem Fall eine hervorragende Technik, um die Kernaussage zu erkennen. (Siehe auch den Abschnitt »Lesen mit Mind Maps«, S. 89 ff.)

Ihre eigenen schriftlichen und mündlichen Texte

Wenn man Menschen, die schreiben, nach ihren persönlichen Methoden fragt, sagen diese oft, daß sich der Prozeß des Schreibens in mindestens zwei verschiedenen Schritten vollzieht, die manchmal miteinander in Konflikt geraten: eine **produktive** und **kreative** Phase, die sich oft im **Unbewußten** abspielt, und eine andere Phase, in der **überwacht, überarbeitet** und **bewertet** wird und die sehr **bewußt** abläuft.

Die meisten von uns sind in ihrer Schulzeit sehr gut im Umgang mit der zweiten, überhaupt nicht im Umgang mit der ersten Phase trainiert worden. Sobald Sie sich der dualen Natur Ihrer Denkvorgänge bewußt sind, können Sie damit beginnen, Ihre kreative Seite sehr viel besser zu nutzen. Dies wird auch Ihre Fähigkeit erhöhen, auf Ihre eigene ursprüngliche und persönliche Art zu schreiben und zu sprechen.

Das Sprachzentrum befindet sich in der linken Hemisphäre (bei Rechtshändern), diese Gehirnhälfte ist auch gleichzeitig diejenige, die sich auf logische Abfolgen und Details konzentriert. Wenn wir uns nur auf das Sprachzentrum in der linken Hemisphäre verlassen würden, wäre unser Schreibstil voll von Jargonausdrücken und Stereotypen und ziemlich farblos; weit entfernt von den tatsächlichen Möglichkeiten unseres Geistes.

Mind Mapping verknüpft Vorstellungskraft mit Struktur und Bilder mit Logik. In der Übung auf Seite 50 werden Sie eine Methode zur Entwicklung Ihres eigenen Schreibstils erlernen.

Das Gehirn hat, ebenso wie viele andere Organe des menschlichen Körpers, ein gewaltiges Potential, das nicht genutzt wird, eine Überkapazität. Überall in der Natur gibt es Überfluß. Denken Sie an die große Anzahl von Samen, die von einem Baum oder einer anderen Pflanze produziert werden, und daran, wie wenige davon eine Möglichkeit erhalten, sich zu einer Pflanze entwickeln.

Das Prinzip ist: **Erst Überfluß – dann die Auswahl.**
Mit der Kreativität ist es das gleiche. Indem Sie sich viele Möglichkeiten schaffen, können Sie später daraus eine Auswahl treffen und sich das Passendste heraussuchen, um ein bestimmtes Problem zu lösen oder eine neue Idee zu erschaffen.

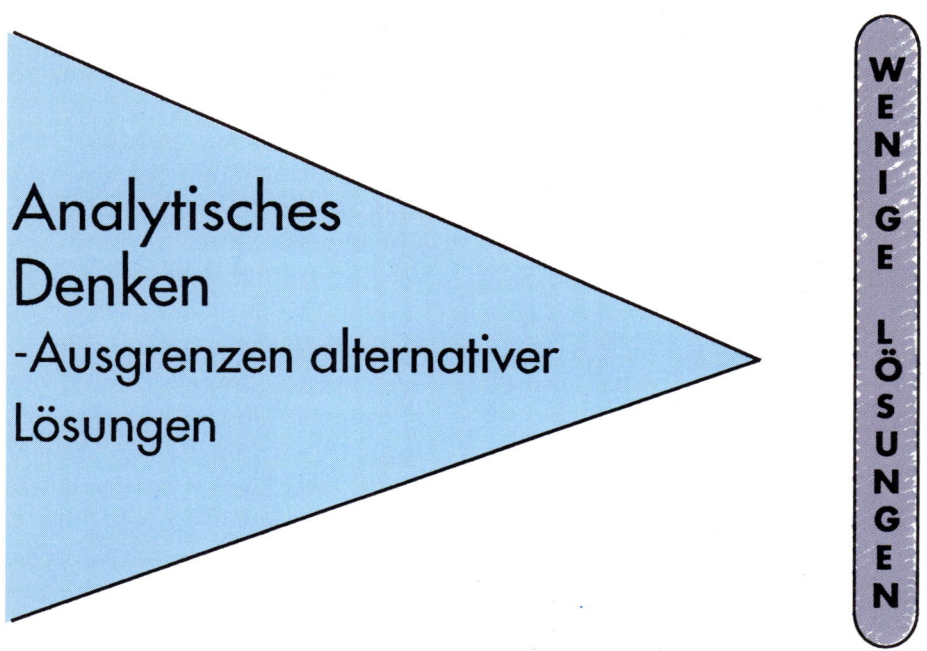

Wenn Sie strikt analytisch denken, neigen Sie dazu, alle Vorschläge, die nicht ganz offensichtlich zur Problemlösung beitragen, außer acht zu lassen.

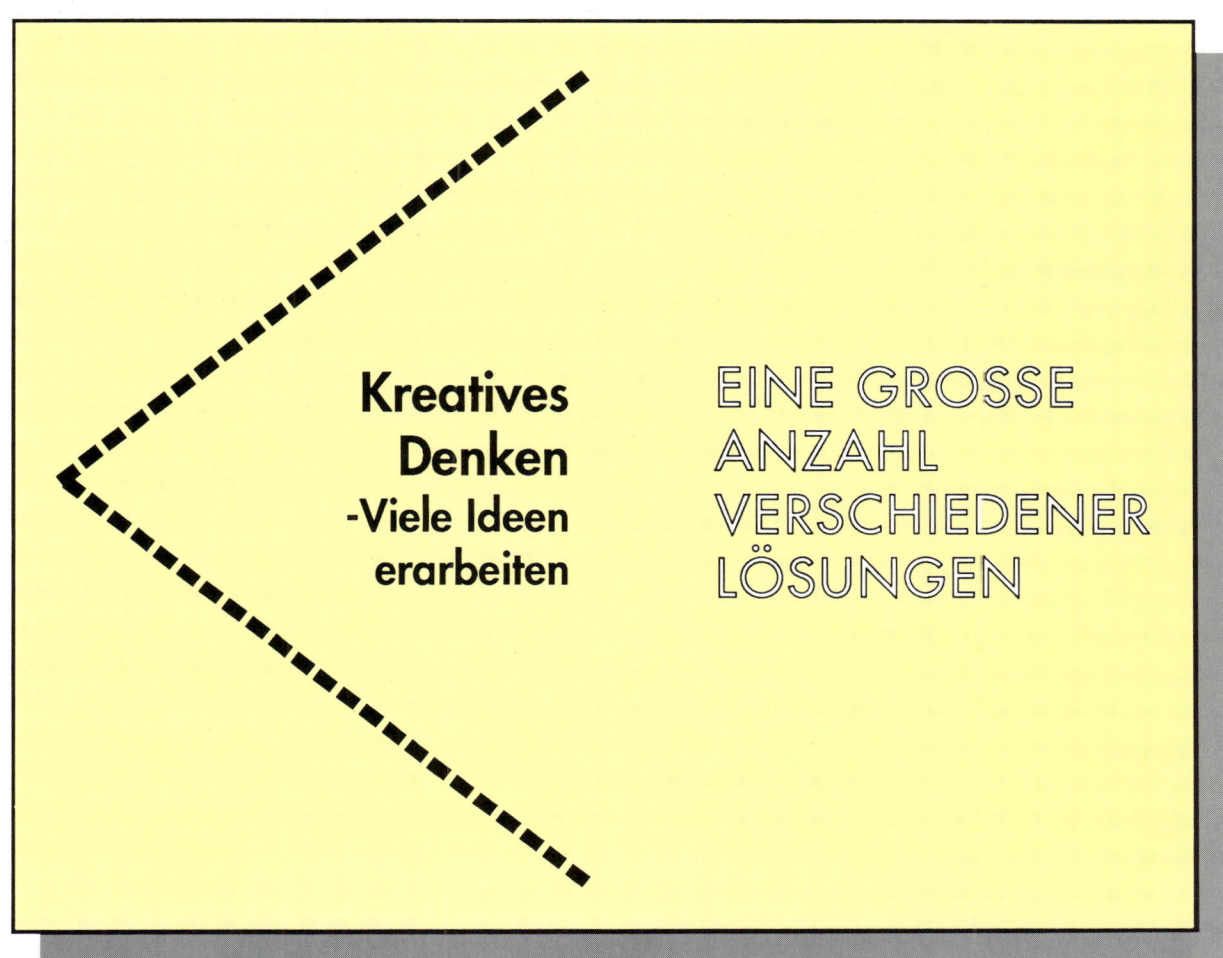

Kreatives Denken
-Viele Ideen erarbeiten

EINE GROSSE ANZAHL VERSCHIEDENER LÖSUNGEN

In Wirklichkeit kann man die Menschen nicht in zwei Kategorien aufteilen – die einen, die analytisch denken, und die anderen, die kreativ sind. Sie sind an sich beides ... allerdings entwickelt sich nur allzu häufig eine Dominanz des einen oder des anderen Denkstils. Die meisten Menschen haben gelernt, mehr analytisch zu sein. Kreative Vorschläge werden häufig im Verlauf des Prozesses der Entscheidungsfindung fallengelassen.

Es ist notwendig, diese beiden Arten des Denkens zu trennen. Das Modell, das wir benutzen werden, beginnt mit einer kreativen Phase, danach folgt eine analytische Phase:

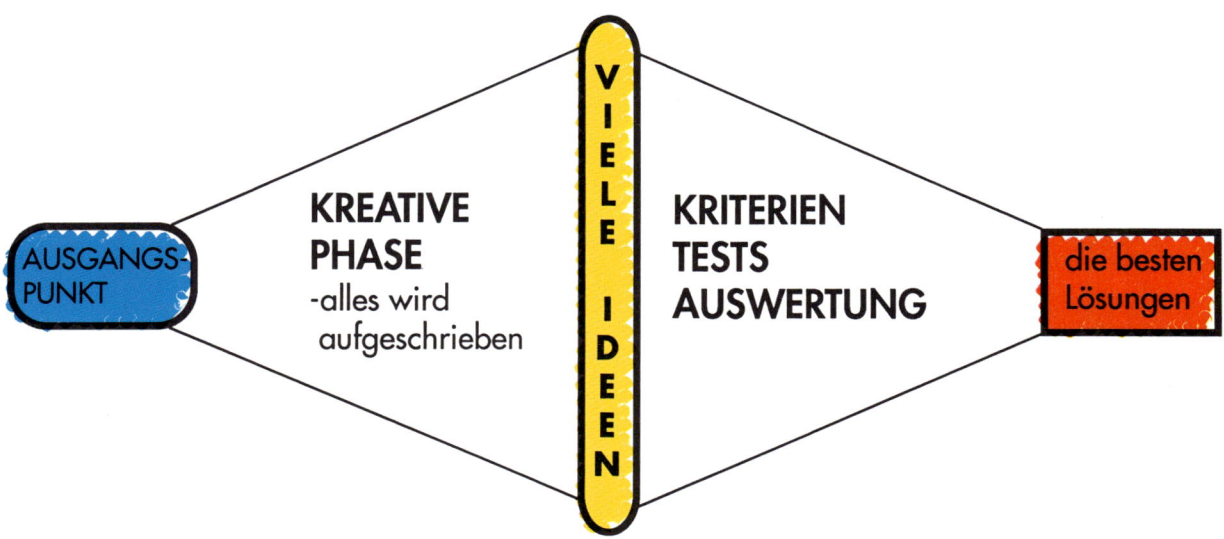

So beginnen Sie:

• Beginnen Sie mit einem **zentralen Wort,** einem Problem, einer Überschrift …

• Schreiben Sie das Wort oder ein Bild **in die Mitte** eines unlinierten Blattes. Verwenden Sie Farben, um es hervorzuheben und es klarzumachen.

• **Assoziieren** Sie 5-10 Minuten frei. Versuchen Sie an dieser Stelle noch nicht, Ihre Gedanken zu strukturieren oder die Worte, die Ihnen einfallen, zu zensieren. **Schreiben** Sie jedes Wort auf, das Ihnen in den Sinn kommt.

• Wenn Sie nicht weiterkommen, öffnen Sie irgendwo eine neue Gabelung, indem Sie von den schon existierenden Wörtern neue Linien ausgehen lassen. Es ist sehr wichtig,

daß Sie Ihre Assoziationen die ganze Zeit fließen lassen. Wenn Sie das nicht tun, geraten Sie leicht in eine strukturierte Art des Denkens und damit gehen Ihnen viele Wörter verloren, die vielleicht später zu brillianten Ideen hätten führen können.

• Hören Sie auf, wenn Sie das Gefühl haben, daß es genug ist, oder wenn eine vorher festgelegte Zeit abgelaufen ist.

Die meisten Menschen erlauben sich keine neuen Ideen während des Schreibprozesses, weil es keinen natürlichen Weg gibt, diese Ideen mit einzubeziehen, besonders dann nicht, wenn sie zum falschen Zeitpunkt auftauchen. Wenn Sie aber die Mind Map Methode benutzen, können Sie jederzeit neue Wörter in Ihr Mind Map aufnehmen. Wenn Sie zu früh eine Struktur erstellen, fallen Ihnen zuwenig Wörter ein und Sie neigen dann dazu, nur »alte« Wörter zuzulassen, d.h. Wörter, die üblicherweise mit dem Gegenstand in Verbindung stehen. Es ist besser, mit Unbestimmtheit und Chaos in Ihren Gedanken zu beginnen, und erst zu einem späteren Zeitpunkt des Prozesses eine Struktur entstehen zu lassen.

Wenn Sie Ihren Gedanken erlauben umherzuschweifen, passieren überraschende Dinge, und es ist immer wieder interessant, sich das Ergebnis anzusehen.

Lassen Sie mich dies an einem Beispiel zeigen. Nachdem ich eine längere Zeit in Island gelebt hatte, wurde ich eines Tages zu einem Treffen eingeladen, um einen Vortrag über

dieses Land zu halten. Wenn ich den Vortrag auf »normale« Weise vorbereitet hätte, hätte ich mehrere Stunden gebraucht, um damit fertig zu werden.

Weil ich mich mit der Mind Mapping Methode vorbereitete, benötigte ich dafür weniger als 20 Minuten.

Und so habe ich es gemacht:

1) Ich zeichnete eine Karte von Island in die Mitte eines Blattes

2) 5 Minuten freie Assoziation

Und so sah das Mind Map nach diesen 5 Minuten aus:

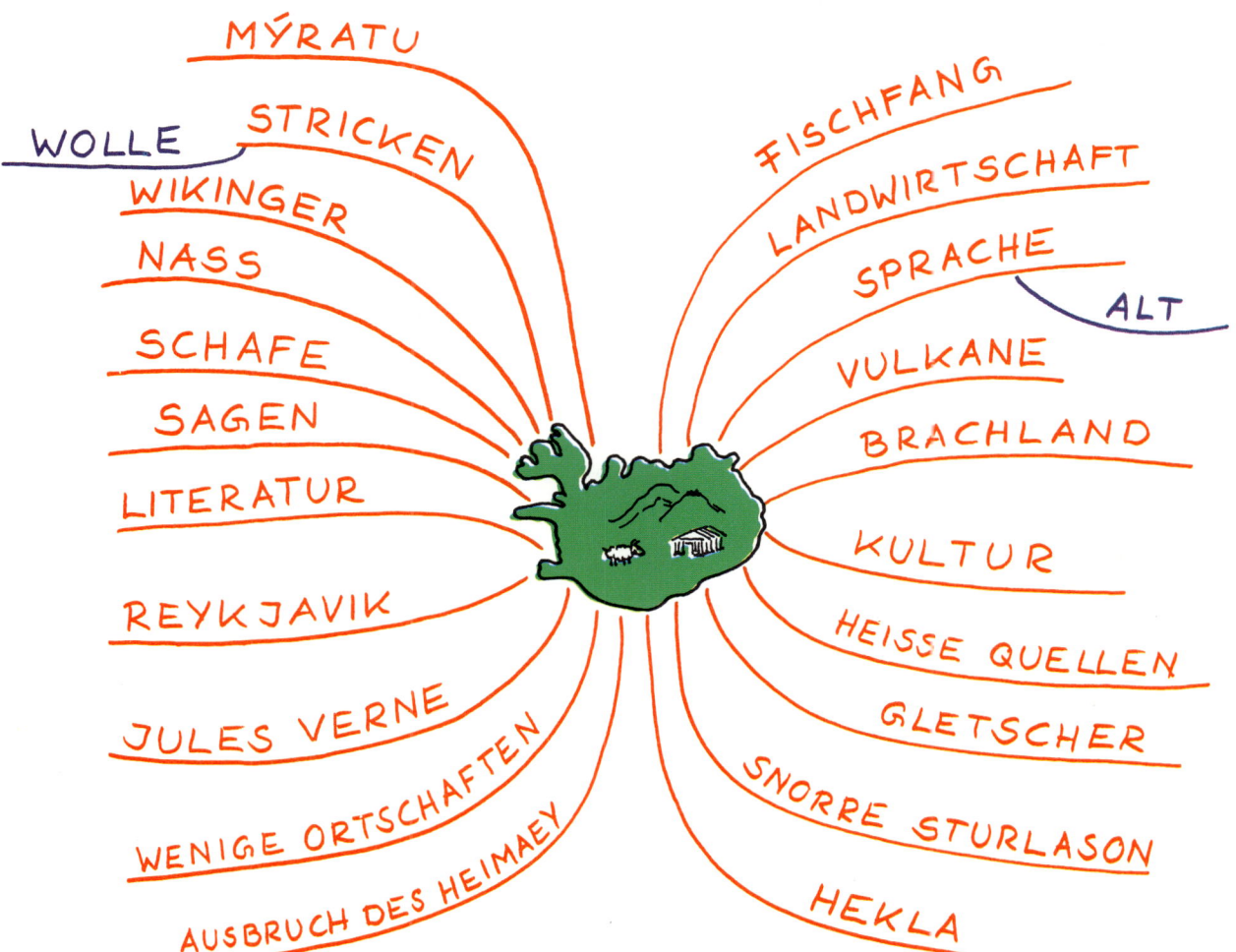

3) Dann unterstrich ich ein Wort, das sich als Ausgangspunkt eignete.

4) Dann sprach ich 5 Minuten lang mit jemanden über das Thema.

Der Grund? Man denkt ein Wort, man schreibt ein anderes auf und man sagt ein drittes! Die Person, mit der ich sprach, fügte Informationen hinzu, stellte mir Fragen, um das Ganze in Bewegung zu bringen und um Dinge zu klären, die nicht eindeutig waren usw. Kurz gesagt, das Gespräch gab mir die Gelegenheit, noch mehr Ideen zum Thema zu bekommen und dem Mind Map weitere Wörter hinzuzufügen.

Dieses 5-Minuten-Gespräch hatte noch einen weiteren Effekt: Ich bekam eine gute Idee, wie man das Ganze strukturieren könnte.

5) Ich schaute mir das Mind Map noch einmal gründlicher an und wählte die Wörter aus, die man zu einer Gruppe zusammenfassen konnte und dann versuchte ich, für diese Gruppen einen Oberbegriff zu finden.

Ich »erfand« Wörter, die nicht im Mind Map vorkamen. In diesem Prozeß benutzte ich farbige Stifte, um die verschiedenen Gruppen zu unterscheiden.

Und so sah mein Mind Map dann aus:

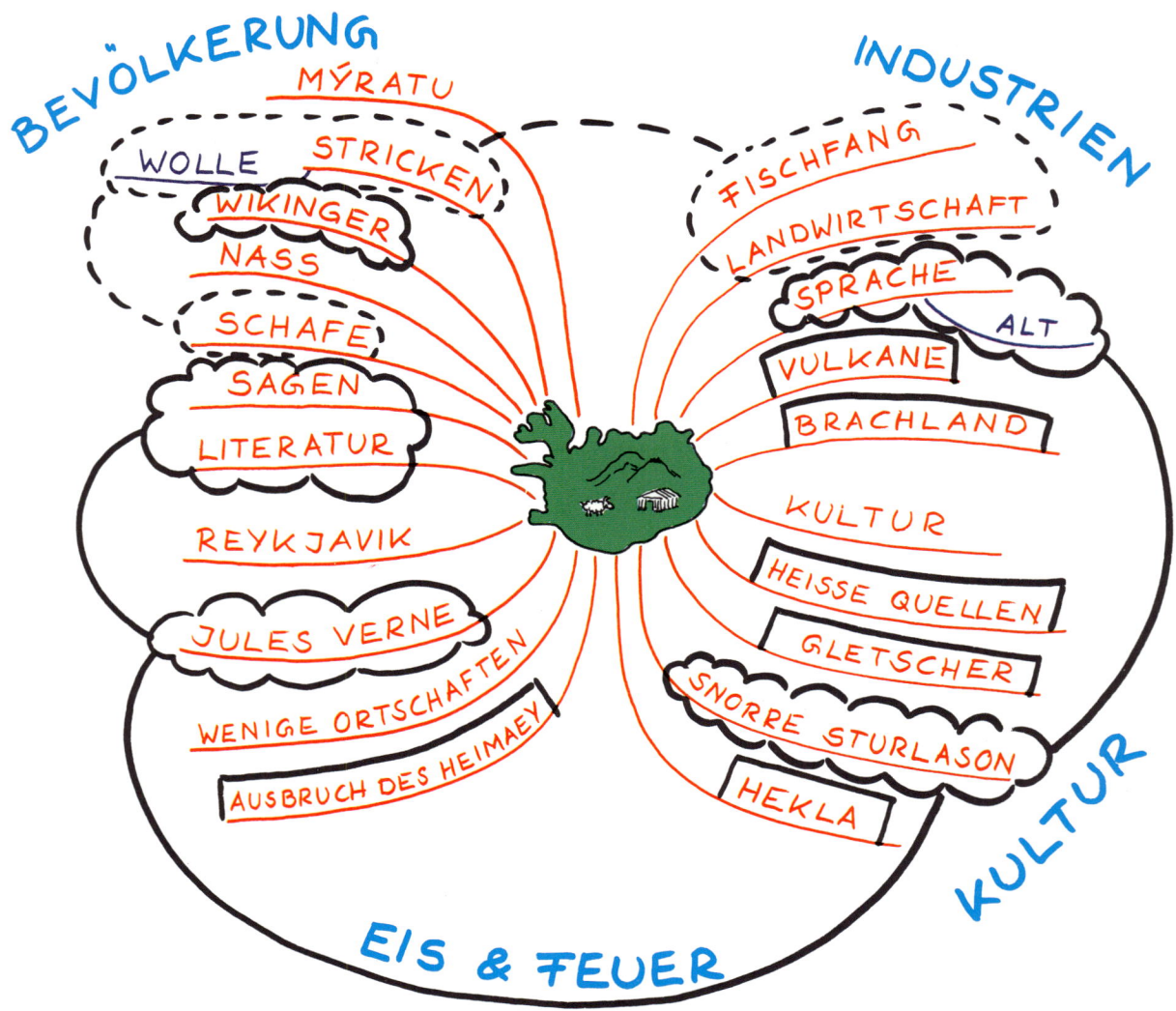

6) Ich entschied, welche Wörter ich als Rubrikbezeichnung für die dicken Äste meines Mind Maps benutzen sollte.

7) Ich nahm ein neues Blatt Papier und zeichnete eine neue Karte von Island in die Mitte. Von diesem Zentrum ausgehend zeichnete ich 6 Linien als dicke Äste und fügte alle Wörter hinzu, von denen ich dachte, daß ich sie zu meinem Vortrag brauchen würde – *keins mehr und keins weniger!* Dann zeichnete ich noch einige Bilder anstelle von Wörtern.

8) Ich benutze meine Farbstifte, um die Rubriken hervorzuheben, auszuschmücken oder zu definieren.

Dies ist das fertige Mind Map und das Manuskript meines Vortrages! Es anzufertigen, dauerte keine 20 Minuten. Wenn Sie diesen Prozeß von der ersten Idee bis zu einem fertigen Manuskript das erste Mal durchlaufen, werden Sie möglicherweise viel mehr Zeit dafür brauchen, aber mit der Zeit werden Sie immer besser werden.

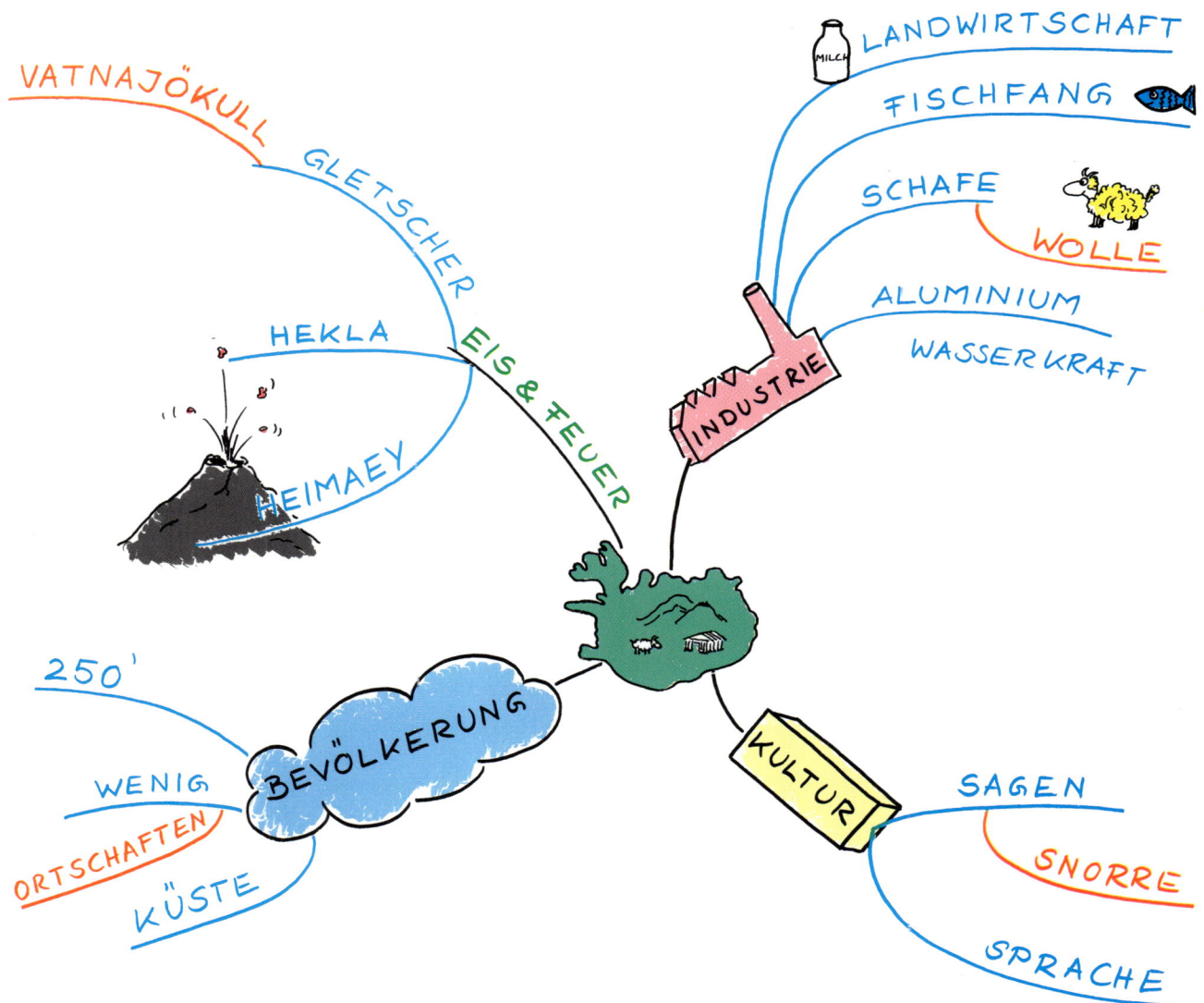

Ich kann dem Mind Map immer noch etwas hinzufügen oder es ändern, ich kann sogar eine völlig neue Struktur hineinbringen, indem ich das Mind Map noch einmal schreibe. Wenn ich dann schließlich meinen Vortrag halte, kann ich Wörter hinzufügen oder wegstreichen, die Reihenfolge der »Kapitel« umstellen oder irgendetwas anderes ändern, und das sogar noch in allerletzter Minute, bevor ich anfange zu sprechen.

Übung

Stellen Sie sich vor, Sie müßten einen Vortrag vor einer Gruppe von Menschen halten und Sie hätten die Möglichkeit, sich das Thema selbst auszusuchen. Das könnte alles von »Ökonomische Planung in Indonesien« bis zu »Mein nächster Sommerurlaub« sein.

Folgen Sie dabei den gleichen Schritten, wie sie oben und im folgenden Mind Map beschrieben sind.

Sie sollten diesem Schema immer folgen, wenn Sie Ihre Gedanken und Ideen zur Vorbereitung von Reden, Manuskripten, persönlicher Planung, von Projekten oder Problemlösungen ordnen wollen, – für alles, was Ihr Wissen oder Ihre Gefühle betrifft.

Es ist auch sinnvoll, dieses Modell bei der Gruppenarbeit anzuwenden. Es funktioniert auf die gleiche Weise, aber es dauert ein wenig länger, vor allem in Brainstorming-Sitzungen.

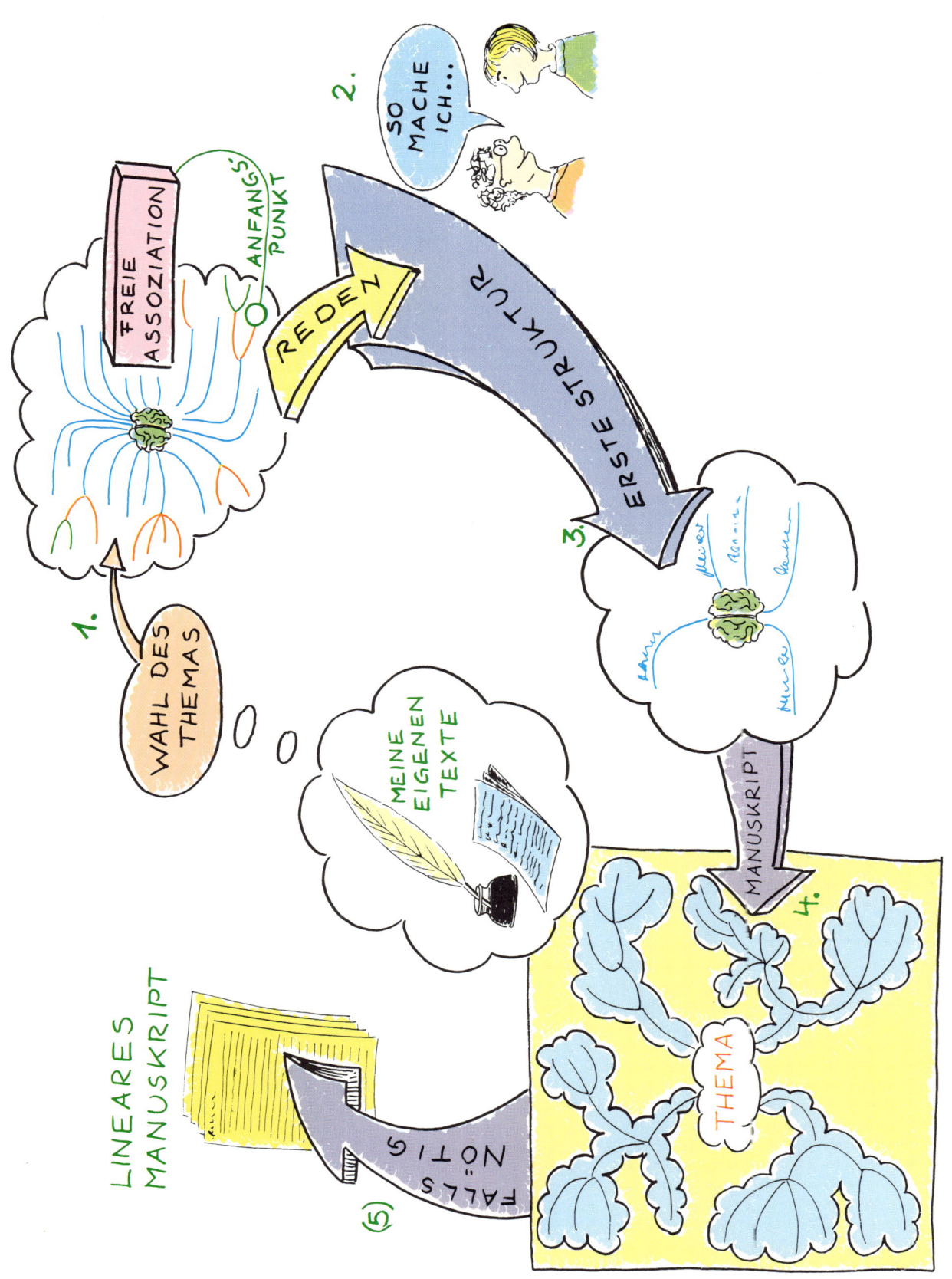

Stil

Wenn Sie eine neue Art lernen, Dinge anzugehen, ist es normal, daß Sie alte Angewohnheiten beibehalten, die den neuen in die Quere kommen. Bei der Mind Map Methode wird sich das bei der Anzahl der Wörter zeigen, die Sie niederschreiben, und in der Art, wie Sie die Worte niederschreiben oder das Mind Map ausführen.

Mit ein wenig Übung werden Sie die Wege finden, die Ihrem Denken und Ihrer persönlichen Art des Erinnerns entsprechen. Entwickeln Sie Ihren eigenen individuellen Stil! Wenn Sie gerne malen und farbige Stifte benutzen – nur zu! Wenn Sie sich durch die Benutzung von Wörtern und nur wenigen Farben besser erinnern – arbeiten Sie in dieser Weise! **Es ist das Ergebnis, das zählt!**

In diesem Kapitel des Buches werde ich Ihnen einige Ratschläge, praktische Hinweise und eine Zusammenfassung der Regeln geben. Im Mind Map auf der Seite 110 finden Sie eine Zusammenfassung des ganzen Buches und aller Regeln.

Der Stil, den ich persönlich anwende und den Sie an den Mind Maps in diesem Buch sehen können, ist das »**Heugabel-Modell**«. Ich zeichne Linien von einem zentralen Punkt aus, und wenn ich mehr Wörter hinzufügen möchte, zeichne ich neue Linien und schreibe die neuen Wörter darauf.

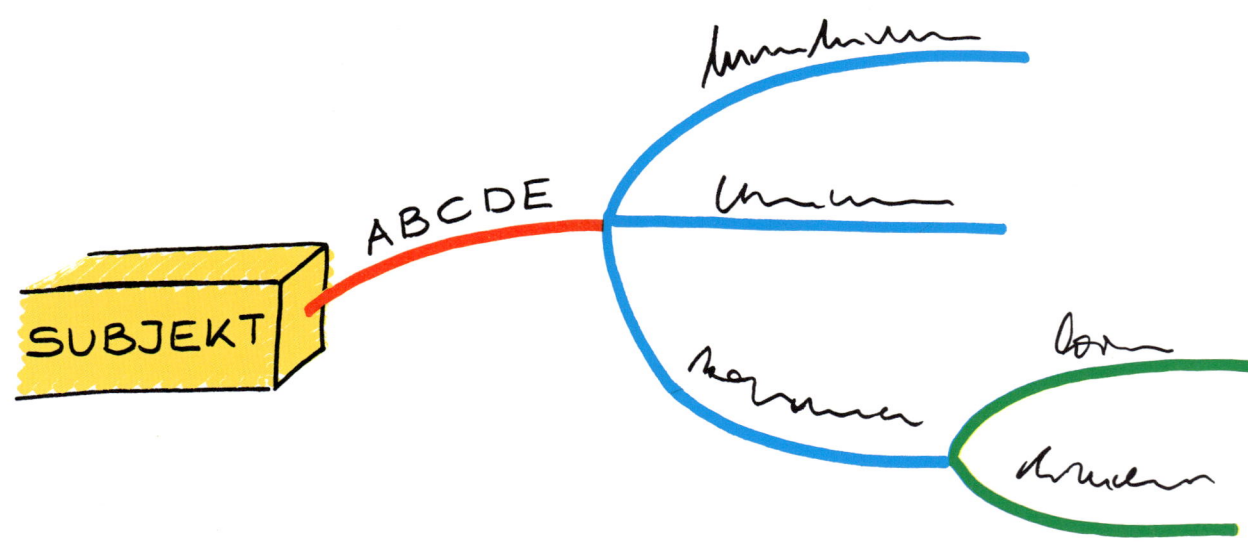

Natürlich gibt es noch andere Möglichkeiten! Ich zeige Ihnen im folgenden ein paar Beispiele. Probieren Sie die einzelnen Methoden aus und finden Sie heraus, welche Ihnen am meisten zusagt.

Die erste Art sieht folgendermaßen aus. Sie heißt das »Fischgräten-Modell«.

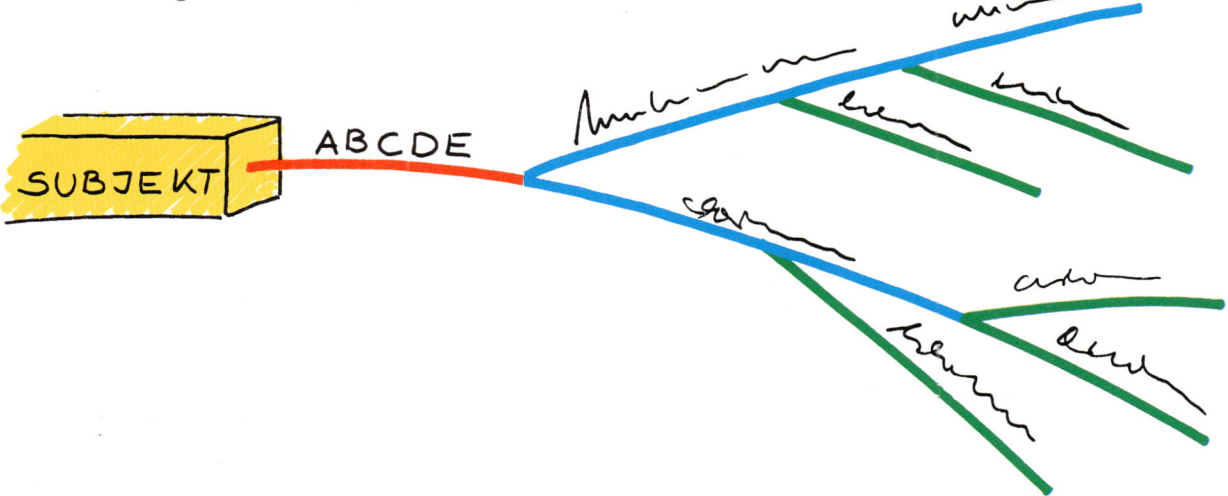

Die zweite sieht aus wie Moleküle oder Blasen und deshalb nennen wir sie »Moblas« (= molekulare Blasen). Geläufig ist auch die englische Bezeichnung »cluster« für eine derartige Verknüpfung.

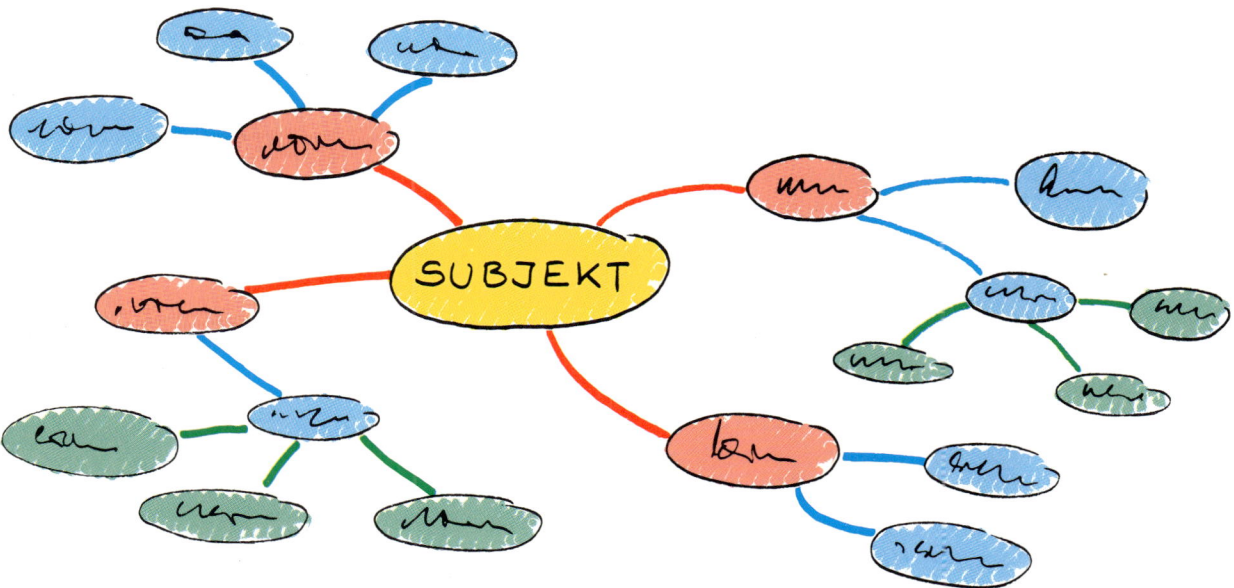

(Warnung: Schreiben Sie nicht jede Menge Wörter in die Blasen, nicht mehr als ein Wort pro Blase!)

Die dritte Alternative ist eine, die ich nicht unbedingt empfehlen kann, die ich aber oft in Mind Maps von Anfängern sehe. Sie hat keinen Namen und sieht folgendermaßen aus:

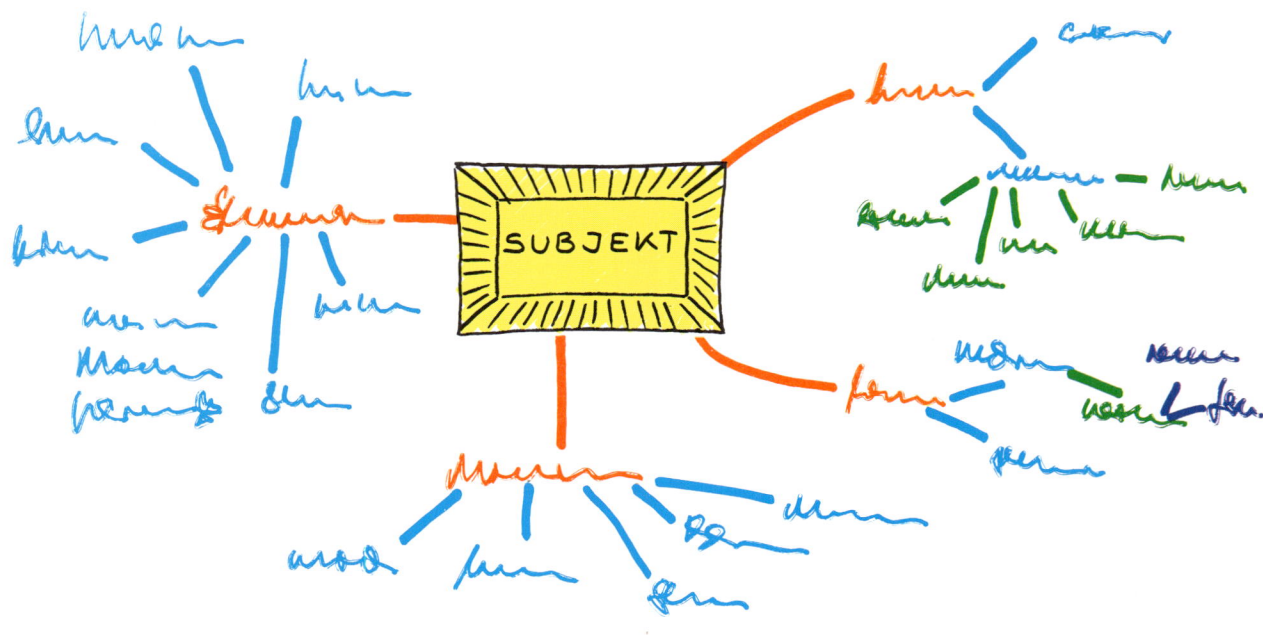

Bei dieser Methode gehen Sie das Risiko ein, daß Sie verwirrt werden, wenn Sie zuviele Wörter in Ihrem Mind Map haben. Wenn Sie die einzelnen Wörter zu nahe aneinander schreiben, ist es manchmal schwierig nachzuvollziehen, an welche Position die Wörter gehören. Vor allem dann, wenn Sie die Mind Map Methode dazu benutzen, Reden vorzubereiten oder wenn Sie zu viele Informationen in einem Mind Map unterbringen, rate ich Ihnen dazu, diese Form zu vermeiden. Es ist am einfachsten, das Heugabel-Modell zu benutzen, bei dem Sie Linien zeichnen und Ihre Begriffe *auf diese Linien schreiben.*

Regeln

Es folgen einige wichtige Regeln für das Zeichnen von Mind Maps:

• **Beginnen Sie in der Mitte** des Blattes. Wenn Sie normale blanko Din A 4-Blätter benutzen, dann benutzen Sie das Blatt im Querformat (siehe Abbildung).

Es ist dann einfacher, die Linien vom Mittelpunkt ausgehen zu lassen und zu lesen, was Sie geschrieben haben. Es ist ein häufiger Anfänger-Fehler, das Blatt beim Schreiben zu drehen. Tun Sie das nicht! Sonst benötigen Sie später, wenn Sie das Mind Map benutzen wollen, viel zu viel Zeit, um die Wörter zu lesen.

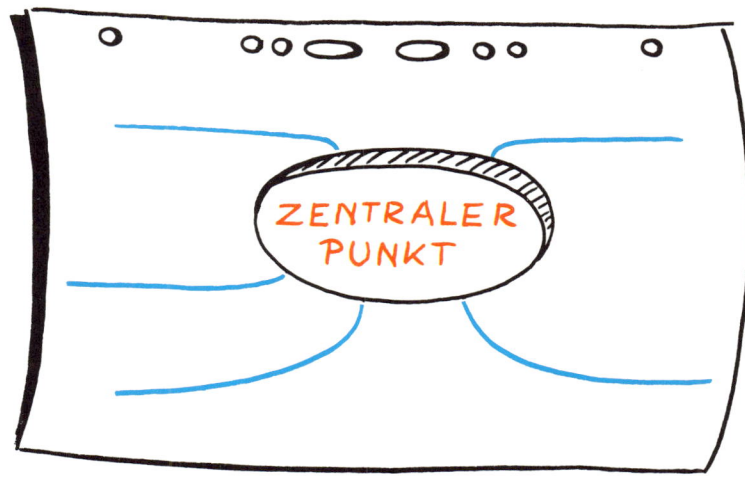

• Schreiben Sie in **Druckbuchstaben** – das macht das Lesen einfacher!
Benutzen Sie auf den Hauptästen GROSS-BUCHSTABEN, um wichtige Begriffe oder Schlüsselwörter hervorzuheben, ansonsten Kleinbuchstaben. Es ist einfacher, Kleinbuchstaben zu lesen, weil die Wörter sich dann leichter voneinander unterscheiden lassen, andererseits können von vielen Menschen Großbuchstaben in **beiden** Gehirnhälften verarbeitet werden.

• **Ein Wort auf jede Linie.** Wenn Sie mehr Wörter benötigen, zeichnen Sie neue Linien. Versuchen Sie, die Anzahl der geschriebenen Wörter zu begrenzen. Sie brauchen nur wenige Begriffe, wenn Sie die richtigen auswählen.

• Benutzen Sie **Farben,** um die verschiedenen Wortgruppen hervorzuheben, auszuschmücken und voneinander zu unterscheiden und für die Bilder.

• Zeichnen Sie **Bilder.** Bilder enthalten viel mehr Informationen als Wörter. Versuchen Sie, Bilder zu finden, die die Informationen einer ganzen Gruppe von Wörtern zusammenfassen. Beispiele dafür finden Sie im Mind Map am Ende dieses Buches.

• Gebrauchen Sie **Symbole, Zeichen** und **Pfeile,** um aufzuzeigen, wo Verbindungen zwischen den einzelnen Teilen Ihres Mind Maps bestehen oder wenn Sie auf andere Materialien, zum Beispiel Zitate, Grafiken,

Charts u. a., hinweisen wollen, die Sie aber nicht im Mind Map haben möchten.

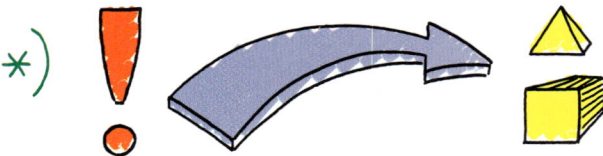

• **Machen Sie Einzelheiten in Ihrem Mind Map einzigartig.** Jedes Mind Map an sich ist schon einzigartig, aber Sie können zum Beispiel einige der Wörter, Bilder oder Symbole noch besonders unverwechselbar hervorheben, indem Sie sie dreidimensional darstellen.

Der Grund für diese Regel ist natürlich der, daß Einzigartigkeit eine Möglichkeit ist, die Kraft Ihres Erinnerungsvermögens zu stärken.

• **Gebrauchen Sie Ihre Vorstellungskraft!** Es gibt nichts, was bei der Darstellung Ihres eigenen Mind Maps wirklich verboten ist. Mind Mapping ist vor allem eine sehr persönliche Technik, sich Notizen zu machen, und alles, was dazu dient, Ihren Umgang mit der Methode zu verbessern, ist auch erlaubt. So einfach ist das!

4. Kapitel

Lernen mit Mind Maps

Platz für Ihr eigenes Mind Map

Ein Aspekt bei der Anwendung der Mind Map Methode ist die Möglichkeit, daß Sie mit Ihren eigenen Ideen und Ihrem persönlichen Wissenshintergrund beginnen. Lassen Sie uns diesen Vorgang »Notizen erstellen« nennen. Der andere Aspekt ist der des »Notizen aufnehmens«, d.h. wenn Sie versuchen, Notizen zu Texten, Reden etc. von anderen zu machen. Wenn Sie Mind Mapping in Zusammenhang mit Lernen, dem Zusammenfassen von Informationen, dem Erstellen von Analysen oder Notizen nutzen, dann werden Sie die Fähigkeiten anwenden, die Sie durch dieses Buch bereits erlernt haben, obwohl Mind Mapping in einigen Punkten von herkömmlichen Methoden abweicht.

Schlüsselwörter finden, sich Überblick verschaffen und komplexe Inhalte aufnehmen, die Art, das Mind Map grafisch zu gestalten, sowohl Vorstellungskraft und Phantasie als auch Verstand einzusetzen sind auch dann sehr wichtige Fähigkeiten, wenn es darum geht, Mind Mapping für das Aufnehmen von Notizen zu nutzen. Im folgenden werden Sie die Methode an zwei Kurztexten üben; einer handelt vom Fasten, der andere von McDonald's.

Wenn Sie einen Text lesen, egal, ob es sich um ein Buch oder einen kurzen Zeitungsartikel handelt, können Sie diese Methode anwenden:

• Als erstes **überfliegen** Sie den Text sehr schnell, um zu erfahren, wovon er handelt. Markieren Sie dann beim zweiten Überfliegen mit einem farbigen Stift die Wörter, die Ihnen wichtig erscheinen. Es ist nicht wichtig, ob Sie diese Wörter später für Ihr Mind Map benutzen oder nicht.

• **Machen Sie ein Mind Map,** indem Sie das Thema der Textes in die Mitte des Blattes zeichnen oder schreiben und ein paar Hauptäste einzeichnen. Schreiben Sie nur wenige Wörter, jeweils eins pro Hauptast.

• **Überlegen Sie sich, weshalb Sie diesen Text lesen.** Diese Vorüberlegung ist deshalb wichtig, weil die Intention des Lesers bestimmt, wieviele und welche Wörter dem Text als Schlüsselwörter entnommen werden. Lesen Sie den Text zu Ihrem eigenen Vergnügen, um neue Dinge zu lernen oder um eine Zusammenfassung oder einen Bericht für jemand anderen zu liefern – oder was sonst ist der Zweck?

• **Lesen** Sie den ganzen Text aufmerksam durch und **fügen Sie Schlüsselwörter** zu Ihrem Mind Map **hinzu.** Sie werden feststellen, daß Sie beim ersten schnellen Überfliegen des Textes schon die meisten wichtigen Wörter gefunden haben. Es ist erstaunlich, wieviel man beim ersten Lesen aufnimmt und wie schnell man die richtigen Begriffe findet.

• **Erstellen Sie Ihr Mind Map neu** und entscheiden Sie dabei, welche Begriffe Sie behalten und welche Sie loswerden möchten. Übernehmen Sie nur die Wörter, die Sie zum späteren Erinnern der Zusammenhänge benötigen!

Sehr oft ist der Aufbau eines Textes noch nicht erkennbar, bevor man das erste Mind Map anfertigt. Das ist einer der Gründe, weshalb ich Ihnen rate, das Mind Map neu zu schreiben. Der andere wichtige Grund ist der, daß Sie jedes Mal, wenn Sie das Mind Map neu schreiben, etwas dazulernen und bei jeder Wiederholung mehr und mehr

Wörter weglassen können, je mehr sich Ihnen der Sinn des Textes erschließt. Das Ziel eines jeden Lernprozesses ist es natürlich, die wichtigen Informationen »in den Kopf zu bekommen« und dauerhaft im Gedächtnis zu verankern!

Bevor Sie an die beiden Texte herangehen, betrachten Sie zunächst ein Mind Map, das zeigt, was ich Ihnen gerade zum Thema »Lernen mit Mind Maps« erklärt habe.

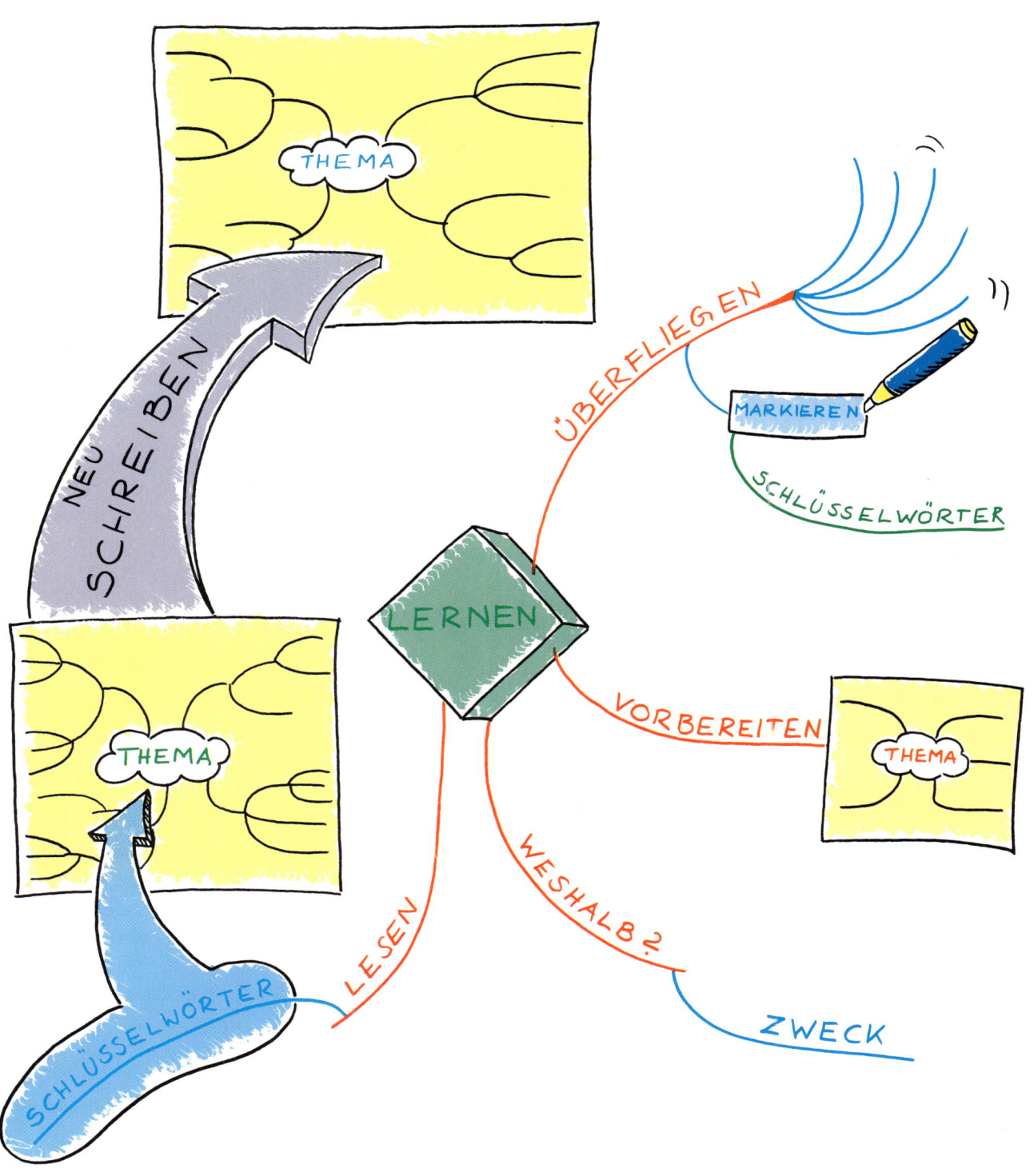

Text 1:

Fasten

»Warum fastest du, wenn du doch gar nicht abnehmen mußt?«, werde ich immer wieder während des Fastens gefragt. Für die meisten Menschen ist Übergewicht der einzige Grund, warum man eine Fastenkur macht. Natürlich ist das Fasten auch ein hervorragender Weg, um sein Gewicht zu reduzieren, aber das Abnehmen ist nicht der Hauptgrund fürs Fasten.

Wenn Sie fasten, dann verändert sich der Stoffwechsel Ihres Körpers. Ihr Körper befreit sich von Ballaststoffen, die sich im Laufe der Jahre angesammelt haben. Sie erlangen eine natürliche Balance wieder. Normalerweise verlieren Sie dabei auch an Gewicht, aber die größte Gewichtsreduzierung entsteht durch den Abbau von Wasser im Körper, das sich aber erneut ansammelt, wenn Sie wieder anfangen, normal zu essen.

Wenn Sie sich nicht wohl fühlen oder sogar Fieber haben, dann fasten Sie ganz von selbst und spontan. Die meisten Tiere haben Perioden, in denen sie fasten, und genauso halten es die Menschen in den meisten Kulturen.

Der sicherste Weg des Fastens ist es, nur flüssige Nahrung in Form von Kräutertee und Säften aus rohem Obst oder Gemüse zu sich zu nehmen. Es ist sehr einfach, diese Obst- und Gemüsesäfte zuhause herzustellen. Viele Menschen ziehen es vor, nicht allein, sondern zu mehreren zu fasten, weil sich in solchen Gruppen die Fastenden gegenseitig unterstützen können. Wenn Sie an irgendwelchen ernsthaften Krankheiten leiden, sollten Sie nur mit Zustimmung und nach den Empfehlungen Ihres Arztes fasten.

Die meisten Säfte und Kräutertees schmekken recht gut, aber wenn Sie bestimmte Sorten nicht mögen, versuchen Sie einfach andere.

Es ist sehr wichtig, daß Sie sich auf die Periode des Fastens auch mental vorbereiten und daß Sie sich wirklich aus Ihrem eigenen freien Willen heraus dazu entschlossen haben. Sie können sich zum Beispiel dadurch vorbereiten, daß Sie in der Woche vor dem Beginn des Fastens weniger »schwere« Sachen zu sich nehmen. Am Tag davor sollten Sie nur rohes Obst und Gemüse essen.

Während der Fastenzeit trinken Sie ausschließlich Kräutertee und Säfte, die Sie aus frischem Obst, Beeren oder Gemüse herstellen. Sie können auch Mineralwasser (ohne Kohlensäure) trinken. Sie sollten täglich 2-3 Liter lauwarmes Wasser, Saft oder Tee trinken. Das ist eine ziemliche Menge Flüssigkeit für einen Tag und Sie werden vielleicht das Gefühl haben, daß sie ununterbrochen trinken. Andererseits hat das aber den Vorteil, daß Sie nicht so viel Hunger verspüren. Am meisten werden Sie die Gewohnheit des Essens und seine soziale Komponente vermissen.

Natürlich sollten Sie »Gifte« wie Kaffee, schwarzen Tee, Zigaretten und Alkohol meiden. Je sauberer Ihr Körper wird, desto empfindlicher wird er auch. Außerdem wäre es doch auch ziemlich sinnlos, die guten Auswirkungen des Fastens auf Ihren Körper dadurch zunichte zu machen, daß Sie neue Gifte in Ihren Körper hineinbringen, nachdem Sie die alten losgeworden sind!
Es ist sehr wichtig, daß Ihr Magen weiterhin richtig arbeitet. Sie müssen sich von aller

Schlacke im Körper befreien. Wenn diese Schlackestoffe in Ihrem Magen oder in Ihrem Darm verbleiben, dann fühlen Sie sich möglicherweise schlecht. Sie können verschiedene Kräuter benutzen, die dabei helfen, daß Ihr Magen weiterhin funktioniert.

Wenn ich faste, dann arbeite ich ganz normal weiter. Aber in der Regel beginne ich mit dem Fasten an einem Wochenende. Ich fühle mich die ganze Zeit wohl. Ein Grund dafür, sich nicht zu viel unter Menschen zu begeben, ist, daß Ihr Körper während des Fastens nicht besonders gut riecht. Das kommt von der Schlacke! Sie sollten sich während des Fastens auch sportlich betätigen. Wenn Sie sich nicht wohl fühlen, ist es besonders wichtig, daß Sie sich bewegen anstatt sich ins Bett zu legen.

Wenn Sie das Fasten beenden, müssen Sie sehr vorsichtig sein mit dem, was Sie essen. Zum ersten Frückstück könnten Sie einen halben Apfel essen. Sie werden erstaunt sein, wie wenig Sie nach dem Fasten zu sich nehmen müssen, um sich satt zu fühlen! Zu Mittag könnten Sie am ersten Aufbautag etwas Gemüsesuppe und zu Abend ein wenig rohes Gemüse essen. Und Sie sollten die gleichen Obst- und Gemüsesäfte trinken wie während des Fastens. Am nächsten Tag können Sie schon ein wenig Hüttenkäse und Joghurt zu sich nehmen, und so können Sie von Tag zu Tag etwas mehr dazu essen. Wenn Sie zuviel essen, dann können Sie fürchterliche Magenschmerzen bekommen.

Die Zeit nach dem Fasten bietet eine sehr gute Gelegenheit, Ihre Ernährungsgewohnheiten umzustellen. Ihr Körper ist jetzt so gereinigt wie nie zuvor. Fasten ist eine umwälzende Erfahrung und Sie können jetzt fühlen, wie wichtig es ist, die richtigen Dinge zu essen.

Nach dem Fasten fühlen Sie sich stark und glücklich, daß Sie es geschafft haben.

Anmerkungen zu den beiden Texten

Nachdem Sie nun den 1. Text gelesen und einige Schlüsselwörter markiert haben, ist es an der Zeit, sich zu entscheiden, wie das Mind Map denn nun aussehen soll. Beginnen Sie damit, daß Sie ein Bild in die Mitte eines Blattes malen, das den Begriff »Fasten« symbolisiert. Zeichnen Sie um dieses Bild einen Kreis oder einen Kasten.

Wenn Sie versuchen möchten, das vollständige Mind Map zu diesem Text ohne Hilfe anzufertigen, dann lesen Sie jetzt nicht weiter. Nehmen Sie das Buch erst wieder zur Hand, wenn Sie Ihr Mind Map fertig haben.

– STOP – Erst weiterlesen, wenn Sie Ihr Mind Map gemacht haben! –

Am Anfang des Textes werden zwei **Motive** für das Fasten erwähnt: **Gewichtsreduzierung** und **Entschlackung des Körpers**. Schreiben Sie das Wort »Motive« auf einen Hauptast und die anderen beiden Begriffe auf einen anderen Ast, der von diesem Hauptast ausgeht. Schreiben Sie noch andere Wörter nach diesen beiden auf neue Linien.

Andere Wörter, die Sie als Begriffe für Ihre Haupäste benutzen können, sind zum Beispiel: **Vorbereitungen, Methode, wie man das Fasten beendet.**

Malen Sie Bilder, wo immer es sich anbietet, benutzen Sie Farben, Pfeile und andere Zeichen, heben Sie wichtige Wörter hervor.

Der zweite Text ist ganz anders als der erste. Die Geschichte der Restaurantkette McDonald's ist ein chronologischer Abriß darüber, wie alles anfing und sich weiter entwickelte. In diesem Text gibt es auch einige Bemerkungen über die Geschäftsidee von McDonald's, die Sie in irgendeiner Form auch in Ihrem Mind Map unterbringen müssen. Suchen Sie beim ersten Lesen nach den wichtigsten Schlüsselwörtern und bauen Sie Ihr Mind Map im Uhrzeigersinn auf, indem Sie die Ereignisse und Jahreszahlen als Gerüst benutzen.

McDonald's

Die Geschäftsidee, die von McDonald's erdacht und perfektioniert wurde, hat die Lebensmittel-Dienstleistungs-Industrie revolutioniert und die Eßgewohnheiten auf der ganzen Welt verändert. Ca. 96 Prozent der amerikanischen Konsumenten hat im Verlauf des letzten Jahres in einem der McDonald's-Restaurants gegessen. Über die Hälfte der amerikanischen Bevölkerung lebt nur drei Autominuten von einem McDonald's-Restaurant entfernt. Es gibt mehr als 9300 McDonald's, und in den Vereinigten Staaten führten 17 % aller Restaurant-Besuche den Kunden in einen McDonald's. McDonald's verkauft 32 % aller Hamburger, die in kommerziellen Restaurants verkauft werden und 26 % aller Pommes frites in den U.S.A.

McDonald's gilt als die größte ausbildende Organisation Amerikas und jede 15. amerikanische Arbeitskraft hatte seinen oder ihren ersten Job bei McDonald's. Darüber hinaus gibt es McDonald's auch in vielen anderen Ländern der Welt. Heutzutage ist McDonald's eines der bekanntesten – vielleicht sogar das bekannteste – Wahrzeichen amerikanischer Kultur.

Dabei ist die Geschichte der McDonald's-Restaurants noch nicht einmal besonders alt. Es begann alles im Jahr 1954, als Ray Kroc, ein einundfünfzigjähriger Unternehmer, in San Bernardino, etwa 60 Meilen östlich von Los Angeles am Rande der Wüste, Maurice (Mac) und Richard (Dick) McDonald kennenlernte. Ray Kroc, der in der 10. Klasse die Schule aus purer Langeweile geschmissen hatte, war ein sehr unternehmungslustiger, aus sich herausgehender und offener Mensch. Während des 2. Weltkrieges, er war gerade 15 Jahre alt, meldete er sich unter Angabe eines falschen Alters als Freiwilliger und wurde Kraftfahrer beim Roten Kreuz, bei derselben Organisation wie ein anderer minderjähriger Fahrer mit Namen Walt Disney.

Kroc, der in Chicago beheimatet war, handelte mit Ausstattungsgegenständen fürs Gaststättengewerbe. Mehrere Jahre lang verkaufte er Pappbecher, später war er Inhaber der nationalen Vertriebsrechte für Mixgeräte zur Herstellung von Milchshakes. Viele Hotelbars und Hotelhallen, deren Umsatz während der Prohibitionszeit stark zurückgegangen war, hatten sich auf den Ausschank von verschiedenen Eiskremsorten und Softdrinks umgestellt.

Die Brüder McDonald lebten in Neu-England und zogen während der Rezessionszeit nach Kalifornien. In der Mitte der 30er Jahre wurden Autos ein wichtiger Teil des neuen Lebensgefühls. Weil in Kalifornien das Wetter meist warm war, wurden die Drive-ins eingeführt, und im Jahre 1937 eröffneten die McDonald-Brüder ihr erstes kleines Drive-in-Restaurant. Drei Jahre später eröffneten sie einen größeren Drive-in in San Bernardino, das zu dieser Zeit als Arbeiter-Siedlung einen Boom erlebte.

Mitte der 40er Jahre war der Drive-in der McDonald-Brüder zum populärsten Treffpunkt für Jugendliche in San Bernardino geworden. Obwohl sie sehr guten Umsatz machten, sahen die McDonald-Brüder doch die Veränderungen, die sich um sie herum abspielten. Der Trend ging dahin, die Anzahl der Mitarbeiter zu reduzieren und die Produktpalette zu begrenzen. Im Herbst

1948 schlossen sie ihren Drive-in für 3 Monate und bauten das Geschäft zu einem Schnellimbiß um. Sie reduzierten die Speisekarte von 25 auf neun Gerichte und spezialisierten ihr Küchenpersonal; zwei Angestellte bereiteten den ganzen Tag ausschließlich Milchshakes zu.

Der Drive-in der McDonald-Brüder fand auch große Beachtung unter Geschäftsleuten. Tatsächlich hatten die Brüder vor dem historischen Treffen mit Ray Kroc bereits fünfzehn Konzessionen verkauft. Die McDonald-Brüder hatten ein blühendes Unternehmen geschaffen, aber sie wollten gern ihr Leben etwas entspannter angehen. Eine Woche nach ihrem ersten Treffen rief Kroc von Chicago aus bei ihnen an, um ihnen anzubieten, in Vertragsverhandlungen für die Exklusivrechte zur nationalen Vermarktung des McDonald-Systems einzutreten.

1955 plante Kroc, einen eigenen McDonald's am Stadtrand von Chicago, nicht weit von seinem eigenen Wohnsitz, zu eröffnen. Er mußte jedoch bald feststellen, daß es eine Menge Probleme mit sich brachte, einen McDonald's von Südkalifornien in den mittleren Westen zu transferieren. Das Haus in Chicago hatte kein Kellergeschoß, Kroc benötigte aber genügend Platz für eine Heizungsanlage, mit der das Restaurant in den kalten Wintern von Chicago warm gehalten werden könnte. Er brauchte auch einen Ort, um die Kartoffeln zu verstauen; er konnte sie nicht im Freien lagern, wie McDonald's das in Kalifornien getan hatte. Ein weiteres Problem war die Lüftung.

1961 bat Kroc darum, die McDonald's-Brüder auszubezahlen. Sie antworteten ihm, daß sie für ihren Anteil 2,7 Millionen Dollar haben wollten – in bar und in einer Summe. Davon würden die Brüder je eine Million Dollar erhalten und von den verbleibenden 700,000 Dollar würden die Steuern bezahlt werden. Das war ein sehr hoher Preis, aber Kroc wurde immer verzweifelter. Er wollte die Brüder gern loswerden.

Kurz nachdem Kroc seine Zustimmung zu dem Kaufpreis gegeben hatte, mußte er von den McDonald-Brüdern erfahren, daß der Handel den Laden in San Bernardino nicht einschloß. Kroc wurde wütend. Er zog daraus die Konsequenz, daß er, als der Vertrag abgeschlossen war, nach Los Angeles flog und ein Grundstück kaufte, das nur einen Block vom Besitz der McDonald-Brüdern entfernt lag. Kroc hatte die Absicht, die Brüder durch einen harten Konkurrenzkampf aus dem Geschäft zu werfen.

Als Krocs neuer McDonald's eröffnet wurde, zwang Kroc die Brüder dazu, ihr Firmenschild von ihrem Laden zu entfernen und viele alte Kunden gingen von da an zu Krocs Laden, weil sie dachten, dieser hätte das alte McDonald's-Restaurant ersetzt.

Kroc wollte ein Schnell-Imbiß-Unternehmen etablieren, das sich durch ein einheitliches Aussehen, guten Service und qualitativ hochwertige Produkte auszeichnet. Sein Genie baute ein System auf, das von allen seinen Mitarbeitern verlangte, die gleichen hohen Qualitätsstandards aufrecht zu erhalten. Ein McDonald's war immer und überall ein McDonald's, ganz gleich wo immer er gekauft wurde.

*(Auszug aus »**Americans and the U.S.**« von Frederic Fleisher, Seminarium 1987)*

5. Kapitel

Was ist das Gedächtnis?

Platz für Ihr eigenes Mind Map

– Was für eine Hilfe ist mein Gedächtnis für mich, wenn ich mir noch nicht einmal meinen eigenen Namen merken kann, meine eigene Unterschrift nicht wiedererkenne, sogar, wenn man sie mir direkt unter die Nase hält. Ich habe alles vergessen!

– Das ist der Punkt! Um Ihnen eine neue phantastische Zukunft zu schenken, müssen wir erst Ihre Vergangenheit auslöschen. Wir müssen Ihr Gehirn von alten Erinnerungen befreien, wenn Sie neue Fähigkeiten erlangen sollen.

Diese Sätze stammen aus dem Buch »A Living Soul« des schwedischen Autors P. C. Jersild und wir nutzen sie als Anknüpfungspunkt für eine kurze Erörterung über das Wesen des Gedächtnisses.

Der Hauptcharakter in Jersilds Buch ist ein Gehirn, das in ein Aquarium gesetzt wurde. An diesem Gehirn sind noch die Ohren, mit denen es durchs Becken paddeln kann und die Augen. Wissenschaftler machen Experimente mit ihm. Von Zeit zu Zeit bekommt es Elektroschocks, um alle Spuren von früheren Erinnerungen auszulöschen. Aber so sehr sie es auch versuchen, es bleiben immer noch kleine Teile übrig.

Also, wo ist der Sitz des Gedächtnisses und wie funktioniert es? Antwort: Keiner weiß es! Das Gedächtnis scheint überall und nirgends zu sitzen.

Das Gehirn als Hologramm

Eine Theorie, die von dem Amerikaner Karl Pribram (und anderen) aufgestellt wurde, ist die sogenannte »Hologramm-Theorie«. Ein Hologramm ist eine Art dreidimensionales Bild. Eine normale Fotografie bildet einen Gegenstand in einer Art ab, die das Gehirn interpretieren kann. Wenn eine Fotografie ein Pferd abbildet, dann sehen wir auf dem Papier auch ein Pferd. Bei einer holografischen Abbildung auf einer Platte dagegen kann unser Gehirn kein Bild erkennen. Alles, was wir sehen können, ist ein wildes Durcheinander von Mustern. Wenn wir aber die Platte mit den gleichmäßigen Schwingungen eines Laserstrahles beleuchten, können wir eine dreidimensionale Abbildung auf der anderen Seite der Platte sehen.

Das Interessante an einem Hologramm ist, daß aus jedem einzelnen Teil der Platte das ganze Bild wiedererschaffen werden kann. Wenn wir ein normales Foto eines Pferdes in Stücke zerreißen, so erhalten wir soviele Einzelteile des Pferdebildes, wie wir zerrissen haben. Wenn wir dagegen eine holografische Platte in Stücke zerteilen, dann können wir aus jedem einzelnen Stück das ganze Pferd wiedererschaffen – aber je kleiner die einzelnen Stücke sind, desto schwächer ist die Abbildung des Pferdes.

Verhält es sich genau so mit dem Gehirn, daß die Erinnerung auf das ganze Gehirn verteilt ist und gleichzeitig alle Informationen in jeder einzelnen Zelle vorhanden sind?

Erinnerungsmuster

Es gab schon immer viele Theorien über die Natur der Erinnerung und darüber, wo sie angesiedelt ist. Aristoteles war der Meinung, daß die Erinnerung im Herzen eines Menschen liegt, wohingegen sein Denken in seinem Kopf stattfindet.

Platos Theorie, daß die Erinnerung wie eine »tabula rasa« (eine leere Tafel) sei, hat sich durch die Geschichte hindurch gehalten. Er meinte, daß Eindrücke in ein Wachstäfelchen eingeritzt würden, ähnlich wie ein Künstler seine Motive mit einem scharfen Instrument eingräbt.
Diese Theorie ist mit dem vergleichbar, was wir über »Engramme« oder »Erinnerungsmuster« wissen. Eindrücke hinterlassen bleibende Muster im Nervensystem des Gehirns, was der Grund für unser Erinnerungsvermögen ist.

Die meisten Forscher, die über das Gedächtnis arbeiten, stimmen der Theorie zu, daß

Erinnerungen in der Hirnrinde bewahrt werden.

Durch interessante Experimente ist es gelungen, Erinnerung auf chemischem Weg zu übertragen. RNA (Ribo-nuklein Säure) wurde von einem Tier auf ein anderes übertragen, und es stellte sich heraus, daß das eine Tier tatsächlich die Erinnerungen von dem anderen Tier »erbte«.

Wenn Erinnerung auf chemischem Weg übertragen werden kann, kann sie dann auch genetisch vererbt werden, von einer Generation zur anderen? Fragen über Fragen ...

Am Anfang war das Bild

Viele Menschen vergleichen heute das menschliche Gedächtnis mit dem Speicher eines Computers, aber es gibt beträchtliche Unterschiede. Das Gedächtnis eine Computers ist nach einem hierarchischen Modell aufgebaut – es gibt primäre und sekundäre Informationen auf verschiedenen Ebenen – genauso wie man bei der Computer-Software von einem Modul zum anderen, von einem Menü zum nächsten geht, um zu weiteren spezifischen Einzelheiten zu gelangen. Das menschliche Gedächtnis dagegen läuft nicht nach einem Flußdiagramm ab wie ein Softwareprogramm. Die Art, wie ein Computer arbeitet, schließt mit ein, daß er in allen seinen gespeicherten Daten suchen muß, um das Abgefragte zu finden, wohingegen das Gehirn in völlig anderer Weise arbeitet. Ein wesentlicher Teil dessen, wie das Gehirn mit Informationen umgeht, beinhaltet Bilder, Gefühle, Gerüche, Farben und Assoziationen verschiedenster Art. Einzelheiten können das Ganze zusammensetzen und andersherum.

Wir erinnern uns normalerweise nicht in Wörtern, sondern in Bildern, inneren Bildern, die erst in einem späteren Stadium zu Wörtern werden. Erinnerungen können manchmal aufgespalten werden und als Teile einer komplexen Situation behalten werden, aber wenn sie wieder aktiviert werden, bilden sie erneut ein Ganzes.

Degeneriert das Gedächtnis mit zunehmendem Alter?

Wenn wir älter werden, läßt unsere geistige Beweglichkeit nach. Das bedeutet, daß sich unsere Fähigkeit, in verschiedenen Situationen zu reagieren, mit zunehmendem Alter verändert, nicht dramatisch, aber es gibt eine Veränderung. Wir werden langsamer, bis zu 20-30 % zwischen unserem zwanzigsten und unserem achtzigsten Lebensjahr. Dies hängt wahrscheinlich mit den chemischen Veränderungen in den Nervenzellen des Gehirns und der Übermittlung von Nervenimpulsen zusammen.

Ein beträchliches Interesse wurde für das Erinnerungsvermögen älterer Menschen gezeigt. Solche Tests zeigen normalerweise für ältere Menschen schlechtere Resultate als für jüngere. Diese Test werden aber *von* jungen Menschen *für* junge Menschen gemacht, die ein perfektes Gehör und eine ebensolche Sehfähigkeit haben. Ältere Menschen werden deshalb oft falsch eingeschätzt. Gibt man ihnen eine andere Form von Tests, bei denen dieselbe Gruppe über einen Zeitraum beobachtet wird, ergeben sich keine oder nur kleine Unterschiede zwischen den geistigen Fähigkeit von jüngeren und älteren Menschen. Und wenn es Unterschiede gibt, werden sie oft erst in weit fortgeschrittenem Alter sichtbar. Wir nehmen normalerweise an, daß unsere mentale Fähigkeit im Alter von 20 Jahren auf ihrem Höhepunkt ist, aber unser logisches Denken zum Beispiel ist mit 30 am besten und die verbalen Fähigkeiten mit 50! Vielleicht sollten viel mehr Menschen an Erwachsenenbildung teilnehmen?

Krankheiten und geistige Untätigkeit haben einen starken negativen Einfluß auf unsere intellektuelle Leistung. Diejenigen, die aktiv sind und ihren Intellekt über die Jahre hinweg schärfen, werden auch diese Funktionen viel länger erhalten. »Benutzen Sie sie oder Sie werden sie verlieren!«

Wenn wir spezifischer über das Gedächtnis sprechen wollen, müssen wir vier verschiedene Schichten unterscheiden: den sensomotorischen Speicher, das Kurzzeitgedächtnis, das Langzeitgedächtnis und das andauernde Langzeitgedächtnis.

Der **sensomotorische Speicher** ist die erste Erinnerungsschicht, und hier speichern wir die Informationen, die wir durch die Sinne aufnehmen. Die Verarbeitungszeit innerhalb dieser Schicht ist sehr kurz. Die Information wird entweder »akzeptiert« und weiter in das System hineingeleitet oder abgelehnt. Der Empfindungsspeicher scheint unverändert in unserem Leben zu bestehen und wird nicht durch zunehmendes Alter beeinträchtigt.

Im **Kurzzeitgedächtnis** bewahren wir das auf, was wir nur zeitweise benötigen, zum Beispiel eine Telefonnummer. Wir behalten sie in unserem Kurzzeitgedächtnis, solange wir sie brauchen, was zwischen zwanzig Sekunden bis hin zu einigen Minuten dauern kann, und dann verschwindet sie oder wird in das Langzeitgedächtnis übertragen, um dort aufbewahrt zu werden. Zwischen fünf und sieben Ziffern scheinen wir uns normalerweise merken zu können, ohne sie gleich aufschreiben zu müssen. Das Kurzzeitgedächtnis scheint von (dann allerdings recht dramatisch wirkenden) Ausnahmen abgesehen ebenfalls nicht von zunehmendem Alter betroffen zu werden.

Langzeitgedächtnis ist, wie der Name schon sagt, eine Schicht für die Langzeitaufbewahrung. Dabei ist es wichtig, wie wir die Information verschlüsseln, um sie in diese Schicht hinein zu lassen. Wenn wir ihr den falschen Code geben, wird es schwierig werden, die Information später wieder aufzurufen. Das Fassungsvermögen dieser Schicht verändert sich im Alter, aber es kann durch Training beeinflußt werden. Später werden wir in diesem Buch die Wunder sehen, die Erinnerungstechniken ausrichten können, um das Langzeitgedächtnis zu verbessern.

Ältere Menschen scheinen größere Schwierigkeiten als jüngere zu haben, Informationen aus dieser Schicht mit hoher Geschwindigkeit wieder aufzurufen. Die Gründe hierfür liegen wahrscheinlich in den chemischen Veränderungsprozessen im Nervensystem. Es dauert normalerweise bei einer älteren Person etwas länger, sich zu erinnern, als bei einer jüngeren.

Ältere Menschen haben ein genauso gutes Erinnerungsvermögen wie jüngere Menschen, wenn einzelne Dinge erkannt werden sollen und sie dabei Eselsbrücken benutzen. Jüngere Menschen können leichter die Details wiedergeben, die sie gelernt haben, wohingegen sich Ältere viel leichter an die grundsätzlichen Dinge, den Überblick und das Ganze erinnern und die Einzelheiten oft vergessen. Details können schließlich immer gefunden werden, wenn man sie braucht!

Viele ältere Menschen sagen, daß sie sich besser an Dinge erinnern, die lange zurückliegen, während naheliegende Ereignisse viel schwieriger zu behalten sind. Es wurde jedoch kein irgendwiegearteter Beweis dafür erbracht, daß das **ständige Langzeitgedächtnis** mit zunehmendem Alter besser wird. Die meisten älteren Menschen probieren keine größeren Veränderungen in ihrer Alltagsroutine aus, so daß sie sich nur an wenige neue Dinge erinnern müssen.

Älter zu werden scheint nur sehr wenig Einfluß auf das Erinnerungsvermögen zu haben. Dagegen haben Krankheiten eine Wirkung, aber der normale, gesunde Alterungsprozeß hindert niemanden daran, sein ganzes Leben lang neue Dinge zu erlernen!

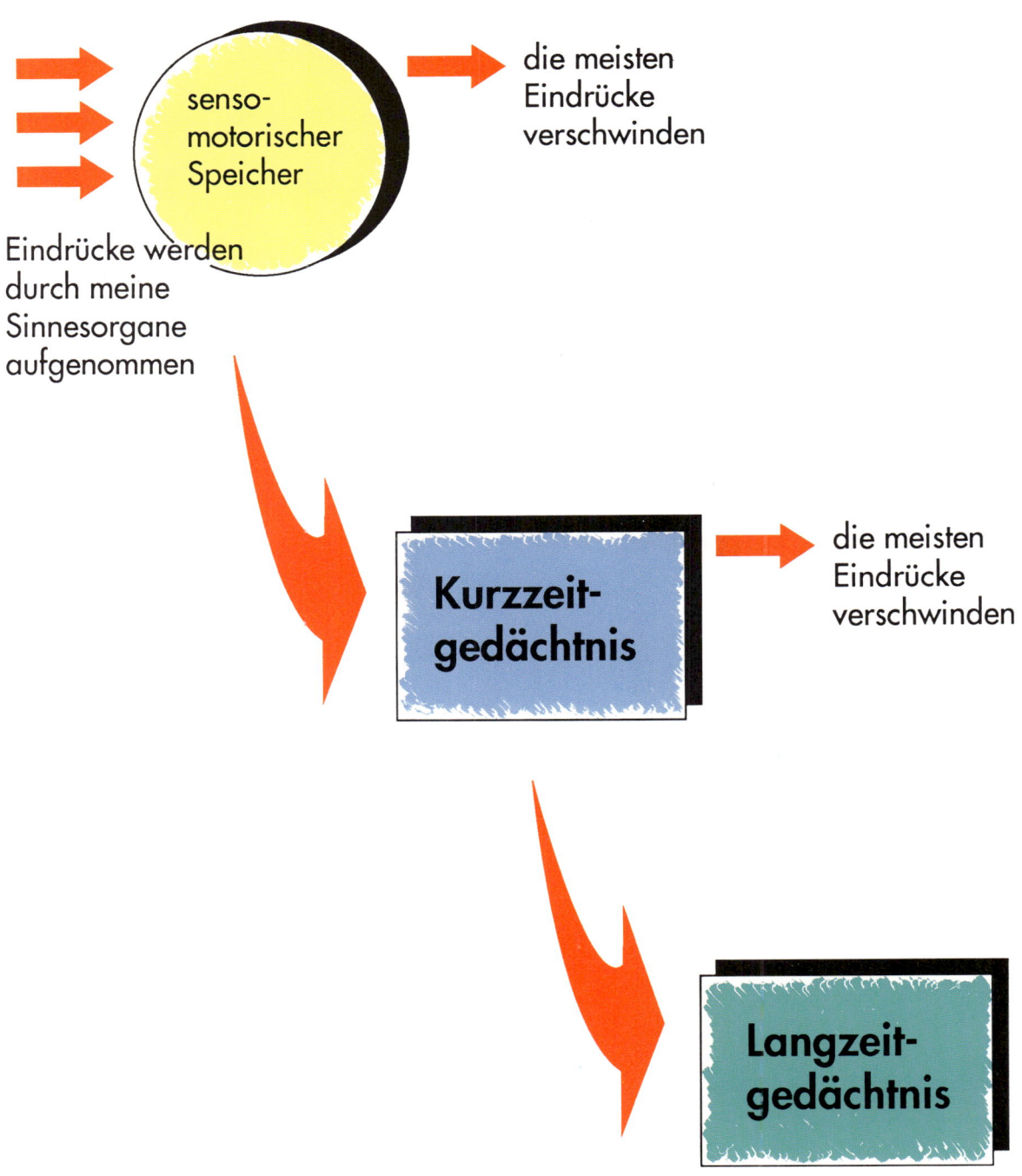

senso-
motorischer
Speicher

die meisten
Eindrücke
verschwinden

Eindrücke werden
durch meine
Sinnesorgane
aufgenommen

**Kurzzeit-
gedächtnis**

die meisten
Eindrücke
verschwinden

**Langzeit-
gedächtnis**

Übung

Bevor Sie weiterlesen, können Sie Ihr Gedächtnis mit Hilfe der unterstehenden Wortliste testen. Lesen Sie die Liste sorgfältig und langsam einmal durch und versuchen Sie soviele Wörter wie möglich zu behalten. Dann beantworten Sie bitte die Fragen auf der nächsten Seite – natürlich ohne Mithilfe der Wortliste!

Sonne

Füller

vier

und

sehen

Maschine

zwei

Schiff

Tomate

sehen

Parfüm

Queen Elizabeth

für

Wurst

automatisch

Schweiß

sehen

zwei

Vorteil

Rasen

Schuh

Wolldecke

Gitarre

Fisch

Eingang

verschiedene

Etikett

Tinte

Straße

Leber

Schreiben Sie nun alle Wörter aus der obigen Liste auf, an die Sie sich erinnern können.

Vergleichen Sie jetzt Ihre Liste mit der Originalliste.
An wieviele der ersten fünf Wörter konnten Sie sich erinnern?
Und wieviele der letzten fünf?

Welche Wörter wurden mehr als einmal in die Liste aufgenommen?

Gibt es Wörter in der Liste, die Ihnen aufgefallen sind, weil sie sich von den anderen Wörtern völlig unterscheiden?

Der »von Restorff Effekt«

Normalerweise können wir uns besser an den *Beginn* einer Liste und an das *Ende* einer Liste erinnern, ebenso an Wörter, die *wiederholt* werden und Wörter, die sich auf die eine oder andere Weise vom Rest *unterscheiden*. Dieser Effekt wird »von Restorff Effekt« genannt.

Diese Schlußfolgerungen sind es wert, festgehalten zu werden, insbesondere wenn Sie Artikel schreiben, Reden halten oder Sitzungen leiten. Die Konsequenzen aus diesem kleinen Gedächtnistest sind vielzählig: wir könnten zum Beispiel farbige Stifte, »Textmarker«, benützen, um wichtige Abschnitte oder Wörter in einem Text hervorzuheben. Wir könnten die wichtigsten Informationen an den Beginn und das Ende stellen und könnten Witze, Vorstellungskraft und andere Effekte nutzen, um das Lernen und das Gedächtnis zu erleichtern.

Es ist einfacher, sich an Menschen zu erinnern, die sich von anderen durch ihre Art, sich zu kleiden, sich zu verhalten oder ihres Aussehens wegen unterscheiden, oder wenn sie einen ungewöhnlichen Namen haben.

Ein Tag ist wie eine Perle ...

In der gleichnamigen Fernsehserie sagte der Titelheld »Captain Onedin« in einem romantischen Moment zu seiner Frau: »*Ein* Tag ist wie eine Perle, die anderen sind wie die Austern.« In diesem Satz liegt viel Wahrheit! Für fast alle Menschen spielt sich das Leben in immer gleicher, täglicher Routine ab. Routine und Gewohnheit bei der Arbeit und zuhause machen aus vielen Tagen »Austern«. Wenn sich der heutige Tag nicht vom gestrigen unterscheidet, gibt es nichts Besonderes, an das man sich erinnern kann.

Wie Sie bei dem obigen Gedächtnistest wahrscheinlich bemerkt haben, fiel es Ihnen leichter, sich an Wörter zu erinnern, die sich von den anderen unterschieden (z.B. Queen Elizabeth) oder die wiederholt wurden. Die anderen Wörter neigten dazu, im Dunkel zu verschwinden. Das ist der Grund dafür, warum eine Menge Menschen sich nicht an ihr Mittagessen von letzter Woche erinnern können, es sei denn, es war etwas Ungewöhnliches damit verbunden.

Wenn Sie Ihr Leben nicht mit »Perlen« würzen, dann ist es nur eine Kette aus Ereignissen, an die Sie sich, wenn überhaupt, verschwommen erinnern, und einigen wenigen, längst vergangenen Höhepunkten, und am Ende werden Sie sich fragen, was mit Ihrem Leben passiert ist.

Heutzutage führen viele Menschen kein eigenständiges Leben. Sie lassen in den Zeitschriften, die sie lesen, und den TV-Serien, die sie sehen, andere für sich leben. Es gibt keinen Grund auszugehen, da es nirgends so schöne Dinge zu sehen gibt wie im Fernsehen!

Wenn das in etwa die Art ist, wie auch Sie leben, dann müssen Sensationen gewichtig sein, um Eindruck bei Ihnen zu hinterlassen. Möglicherweise ist dies eine Erklärung dafür, warum Gewalt und Tatsachenreportagen über schreckliche Ereignisse eine immer größere Rolle im Fernsehen spielen. Aber oft ist die Wirkung entgegengesetzt, da wir uns an immer schrecklichere Sensationen gewöhnen und deshalb immer mehr davon brauchen, bevor unser Nervensystem reagiert. Zuviel Information kann aber zu einer Verschlechterung unseres Gedächtnisses führen. Es gibt ebenso wie für Unterstimulierung auch eine Bewußtseinsschwelle für Überstimulierung.

Mit Motivation lernen

Haben Sie je daran gedacht, daß einem das Lernen leichter zu fallen scheint, wenn man Spaß dabei hat? Wenn Sie sich beim Lernen langweilen, dann brauchen Sie länger, Sie vergessen schneller und Sie müssen häufiger wiederholen.

Dies sind recht bekannte Tatsachen, denn die meisten Menschen haben beim Lernen beides erfahren: Bei einem Thema Spaß und ein anderes Mal Langeweile. Mit moderner Rasterbildtechnik ist es möglich, den Glucose-Stoffwechsel im Gehirn auf Bildern in Farben umzusetzen – je höher der Zucker-Verbrauch, desto höher die Temperatur, desto wärmer die Farbe.

Durch diese Bilder können Sie leicht Ihre eigene Erfahrungen bestätigt sehen. Das Gehirn, welches »Spaß hat«, ist hauptsächlich gelb, orange, rot und grün, d.h. warme Farben stehen für einen hohen Verbrauch an Energie. Ein Gehirn, das sich »langweilt«, zeigt nur wenig warme Farben, dafür hauptsächlich grün und blau.

Dies müssen wir uns merken, wenn wir über Lernen und Vergessen sprechen. Mein Verstand beschließt, was ich tun werde, was ich lernen werde und was ich erinnern werde. Es ist meine Haltung, die meinen Erfolg entscheidet. Eine positive Einstellung vergrößert die Chance auf Erfolg. Eine negative Einstellung oder die innere Haltung, alles ist langweilig, verhindert ihn. Darum ist es so wichtig, sich vor Beginn eines Lernprozesses Klarheit darüber zu verschaffen, welchen Sinn das Lernen haben soll und warum man sich gründlicher mit einem bestimmten Thema beschäftigen will oder soll.

Motivation ist des Schlüsselwort in diesem Zusammenhang.

Verschiedene Gedächtnisarten

Unsere Sinne nehmen die Umwelt und uns selbst auf unterschiedliche Art und Weise wahr. Das führt dazu, daß die entsprechenden Informationen in verschiedenen Gedächtnisspeichern verarbeitet und behalten werden. Diese sensorischen Eindrücke werden unterteilt in

visuelle	–	Sie erinnern Dinge, die Sie *sehen*
auditive	–	Sie erinnern Dinge, die Sie *hören*
kinästhetische	–	Sie erinnern sich an *Bewegungen*
taktile	–	Sie erinnern sich an *körperliche Berührungen*

Erinnerungen, den

Geschmackssinn und den

Geruchssinn.

Testen Sie sich mit den untenstehenden Wörtern selbst. Welche Gedächtnisart wurde geweckt? Versuchen Sie die Liste oben Wort für Wort durchzugehen, um Erinnerungen auf verschiedene Art und Weise zu wecken. Welche Sinneseindrücke verzeichnen das beste Ergebnis? Schreiben Sie neben die Wörter die entsprechenden Gedächtnisarten, die durch diese geweckt wurden.

rohe Zwiebel_____

_____

an einem Strand spazieren gehen_____

_____

geschlagene Sahne_____

_____

Eis_____

_____

Schimmel _____

_____

eine Umarmung_____

_____

eine Rose_____

_____

Spielende Kinder_____

_____

(Schreiben Sie auf einem separaten Blatt weiter, wenn Sie möchten)

Das Netz des Gedächtnisses

Der schwedische Psychologe Timo Mäntylä hat einige sehr interessante Experimente über die Wichtigkeit von **Stichworten** durchgeführt. In seiner Arbeit »*Wie arbeiten Sie mit Stichworten?*« beschreibt er, wie sich aus dem Begriff »Meerschweinchen« einige Stichworte mit bestimmten Wortbedeutungen ergaben, die bei einem späteren Gedächtnistest, bei dem den Teilnehmern nur die Stichworte vorgelegt wurden, nicht jedoch der ursprüngliche Begriff, dafür sorgten, daß sich die Probanden wieder an die »Meerschweinchen« erinnerten. Ein verblüffendes Ergebnis.

Um das Gedächtnis zu aktivieren, benötigen wir so etwas wie ein Auslöser-Wort oder Stichwort. Man erhält solche Stichworte, indem man mit einer anderen Person spricht, in Bildern, Aufzeichnungen, freien Assoziationen, Ereignissen, Orten, usw. Wenn Sie damit beginnen, solche Stichworte bewußt zu suchen, sind Sie auf dem besten Weg, Gedächtnistechniken tatsächlich zu nutzen. Es liegt an Ihnen, solche Stichworte zu finden, die dafür sorgen werden, daß Sie die Wörter prompt abrufen können, die Sie lernen wollten. Wenn ein Stichwort wirklich effektiv sein soll, muß es sofort durch eine Assoziation die verknüpften Wörter abrufen *und* andererseits beim Zurückrufen der Information aus dem Langzeitgedächtnis wieder als Schlüsselwort zur Verfügung stehen. Es gibt verschiedene Kriterien, die ein Stichwort erfüllen sollte: es sollte **charakteristisch/ eindrucksvoll** sein und Sie müssen fähig sein, es zurückzurufen. Das Stichwort ist mit den Charakteren des Ausgangswortes und den Assoziationen, die es bei Ihnen hervorruft, verbunden.

Timo Mäntyläs Experiment ergab erstaunlich gute Resultate, sogar noch nach einigen Wochen nach dem eigentlichen Test.

Im ersten Test sollten die Probanten zu jedem Begriff auf der Liste drei eigene Stichworte hinzufügen. Sie hatten 20 Sekunden Zeit für jeden Begriff. Wenn man ihnen den Begriff »Zebra« gegeben hätte, so hätte eine der Personen möglicherweise folgende Worte aufgeschrieben: »Savanne«, »Streifen« und »Afrika«. Eine andere Testperson hätte vielleicht diese Worte gewählt: »schwarz/ weiß«, »Kenia« und »Zoo«.

Zebra – Savanne, Streifen, Afrika

oder

Zebra – schwarz/weiß, Kenia, Zoo

Später, als sie darum gebeten wurden, sich an die Begriffe auf der Liste zu erinnern, wurde ihnen nur erlaubt, ihre eigenen Stichworte zu benützen. Das Ergebnisse zeigte eine Erfolgsquote von 95%, und nach einer Kontrolle einige Wochen später war das Resultat wieder genauso hoch!

Als man Vergleiche anstellte mit Versuchsgruppen, die keinen Zugang zu den Stichworten hatten, konnte man einen enormen Unterschied beobachten.

Nun, lassen Sie uns denselben Test versuchen! Auf Seite 109 dieses Buches werden Sie 30 Begriffe finden. Nehmen Sie sich ein Blatt Papier, und schreiben Sie zu jedem Begriff drei Stichworte auf. Für jeden dieser Begriffe haben Sie 20 Sekunden Zeit. Wenn Sie mit allen 30 Begriffen fertig sind, legen Sie das Buch beiseite und beschäftigen Sie sich für einige Zeit mit etwas anderem, ohne an die Liste zu denken. Nach einer Weile nehmen Sie Ihre Stichworte wieder auf – schauen Sie sich nicht die Begriffe in diesem Buch an! – und schreiben Sie soviele der 30 Ausgangsbegriffe wie möglich auf.

Wiederholen Sie dasselbe etwa 2-3 Wochen später und ermitteln Sie, an wieviele der Begriffe Sie sich erinnern können.

In einer Nußschale

- Sie können Ihre Kapazität durch **Training** jederzeit vergrößern.

- Es ist **nie zu spät,** mit dem Training zu beginnen.

- Das Potential des Gedächtnisses ist praktisch **unbegrenzt.**

- Der »**von Restorff Effekt**« bedeutet, daß wir unser Gedächtnis unterstützen können:

  – durch Hervorheben dessen, was wir uns merken wollen.

  – indem wir *farbige Stifte* zum Unterstreichen benutzen, wenn wir lesen oder Aufzeichnungen machen.

  – wenn wir *Assoziationen* zu den Begriffen aufbauen, die wir lernen wollen.

  – indem wir *Witze, unsere Vorstellungskraft, auffallende Beispiele usw.* einsetzen, die einzigartige Bilder in unserem Gedächtnis hervorrufen.

- Sie lernen leichter, wenn es Ihnen **Spaß** macht und Sie das, was Sie tun, **schätzen.**

- **Motivation** und eine **positive Haltung** sind Faktoren, die Ihre Fähigkeit stark beeinflussen.

- Wenn wir mehr Tage in »**Perlen**« verwandeln, gibt es mehr in unserem Leben, an das wir uns erinnern möchten.

- Neue Ideen werden in einem Widerstreit zwischen **Chaos und Ordnung** in unserem Gehirn kreiert. Wir brauchen diese beiden Zustände, um uns zu entwickeln.

- **Effektive Stichworte** werden die Kapazität Ihres Gedächtnisses bemerkenswert vergrößern.

6. Kapitel

Mnemotechnik

Platz für Ihr eigenes Mind Map

Gedächtnisunterstützende Techniken sind nicht neu. Sie wurden vor mehr als 2 500 Jahren in Griechenland entwickelt und haben wahrscheinlich noch viel ältere Vorläufer. Immerhin haben die alten Griechen die Kunst des Erinnerns mit dem Mythos einer Göttin verknüpft, der sie den Namen **Mnemosyne** gaben. Wie Sie aus der Überschrift dieses Kapitels bereits geschlossen haben werden, ist diese Göttin die Namensgeberin der Gedächtniskunst. Aus einem neun Tage und Nächte andauernden Techtelmechtel mit dem Göttervater Zeus folgte die Geburt der neun Musen **Clio**, **Euterpe**, **Thalia**, **Melpomene**, **Terpsichore**, **Erato**, **Polyhymnia**, **Calliope** und **Urania**.

Wenn wir den Mythos auf seinen Kerngehalt verdichten, so ergeben sich als Resultat aus der Vereinigung von Ordnung und Energie, die von Zeus repräsentiert werden, und der Kunst der Mnemosyne Imagination und Kreativität der neun Musen. Das **Gedächtnis** stellt also die Mittlerrolle zwischen **Ordnung/Struktur** einerseits und **Imagination und Kreativität** andererseits dar.

Aus der bei den Griechen getroffenen Unterscheidung zwischen dem natürlichen, angeborenen Gedächtnis und dem erworbenen, »künstlichen« Gedächtnis entwickelten sie Techniken zur Verbesserung des künstlichen Gedächtnisses. Berühmt wurde die Geschichte des Dichters Simonides, der als großer Lehrmeister und Beherrscher der Mnemotechnik gilt.

Die Geschichte von Simonides

Simonides wurde zu einem Fest eingeladen, um seine Gedichte vorzutragen. Während des Essens wurde er zur Tür gerufen, weil da jemand sei, der ihn sprechen wolle. Als er nach draußen ging, fiel das Haus plötzlich in sich zusammen. Da es ein Steinhaus war, wurden alle Menschen sofort getötet. Simonides war der einzige Überlebende dieses Festes. Die Verwandten der Toten wollten ihre Angehörigen identifizieren, so daß sie die richtigen Personen beerdigen konnten und der einzige, der ihnen helfen konnte, war Simonides. Zu ihrer Überraschung wußte er eine Menge Details über die Leute, die in diesem Haus waren. Er benutzte eine sehr effektive Erinnerungstechnik, durch die er *alles*, was er erinnern wollte, an *einem vertrauten Platz speicherte*. Diese Methode ermöglichte es ihm, alles abzurufen, was er mit einem bestimmten Ort verbinden konnte. In diesem tragischen Fall hatte er sich genau gemerkt, wer auf welchem Platz gesessen hatte.

Als Lehrer der Rhetorik schärfte er seinen Schülern ein, die einzelnen Teile einer Rede jeweils mit einer bestimmten Säule in einem vertrauten Tempel zu verbinden (gleichsam als Tafel aufzuhängen). Vor seinem Publikum sprechend brauchte der Redner dann nur noch in seiner Vorstellung einen geistigen Spaziergang durch die Tempel zu machen, um sich Säule für Säule an alle Einzelheiten seines Vortrags zu erinnern.

Die Geschichte von Simonides wurde von dem römischen Staatsmann und Schreiber

Cicero in seinem Werk *De oratore,* einem Rhetorikbuch, erzählt. Cicero beschäftigt sich mit Erinnerungstechniken als Teil der Rhetorik. Für einen perfekten Redner war es wichtig, jedes Wort seiner Rede lange im Gedächtnis zu behalten, da es ihm nicht erlaubt war, ein Manuskript zu benutzen. Ein gutes Gedächtnis zu haben, war ein Zeichen, von Gott geliebt zu werden.

In einem anderen römischen Buch, *Ad Herennium,* von einem unbekannten Autor, fanden wir Notizen über weitere Faktoren, die das Gedächtnis stärken und schwächen. Wir tendieren dazu, Dinge unseres täglichen Lebens eher zu vergessen, als solche, die merkwürdig und neu sind. Wenn wir diese Tatsache berücksichtigen, können wir ein weiteres wichtiges Element der Kunst der Mnemotechnik hinzufügen: Wenn Sie überlegt geistige Bilder kreieren, die einzigartig und in macher Hinsicht besonders sind, z.B. häßlich, absurd, unverschämt, humorvoll, sinnlich, ihnen Farbe und Leben geben, erhalten Sie ein fast perfektes Gedächtnis.

Soviel zur Geschichte.

Trotz dieses göttlich mythologischen Hintergrunds werden die Techniken bei ihrer Umsetzung in die Realität recht schlicht und mühsam. So wird etwa vorgeschlagen, sich für jede Zahl zwischen 0 und 10 einen Begriff vorzustellen (entweder ein Wort, das sich auf die Zahl reimt, wie z.B. drei – Brei und vier – Bier usw., oder ein Wort, das sich aus der Zahl als Bild ergibt, wie z.B. acht – Schlange, zwei – Schwan). Dann können Sie jeden Begriff oder jede Person in einer bestimmten Reihenfolge zunächst mit der Zahl, dann mit dem betreffenden Wort verknüpfen. Daraus ergibt sich fast immer ein mehr oder weniger lustiges Bild, das man sich leichter merken kann als die Begriffe oder Personennamen alleine. Aus den Bildern kann man sich dann eine fortlaufende Geschichte reimen, die ob ihrer Surrealität und Skurrilität außerordentlich einprägsam ist. Wenn Sie dies ausprobieren, werden Sie merken, zu welch erstaunlichen Gedächtnisleistungen Sie damit bei einiger Übung gelangen. Da Sie aber Ihr Geld wahrscheinlich weder bei »Wetten, daß …« noch im Zirkus verdienen, stellt sich natürlich die Frage nach dem Nutzen des Ganzen.

Bald ebenso alt wie die entwickelten Methoden ist demnach auch die Kritik an ihnen. Der Römer Quintilian brachte es auf die Formel, daß das Erlernen der zusätzlichen Orte und der Bilder durch seine doppelte Belastung des Gedächtnisses den Ablauf der Rede eher behindere. So eindrucksvoll Gedächtniskünstler uns vormachen, wie sie sich Hunderte von Personen oder Begriffen in der richtigen Reihenfolge merken können, so selten taucht im Alltag die Notwendigkeit auf, solche Paarbeziehungen wirklich zu können. Allenfalls der Pförtner eines großen Unternehmens, der jeden persönlich begrüßen will, mag sein Gehirn dergestalt trainieren. Wir halten solch mechanisches Lernen für recht sinnlos. Ob es einen generellen Trainingseffekt hat, ist fraglich.

Was wir aber aus der Geschichte lernen können ist die Tatsache, daß sich **Begriffe** oder **Namen**, die mit einem bestimmten **Ort**, also einer **räumlichen Struktur** oder einem **Bild**, verbunden sind, wesentlich leichter wieder erinnern lassen. Genau dies nutzt die Mind Map Methode.

Bei ihr werden Begriffe, Schlüsselwörter, Daten und Namen ganz bestimmten Koordinaten im Raum zugeordnet, indem sie auf die Äste eines Baumes geschrieben und sinnvoll miteinander verknüpft werden. Diese sinnvolle Verknüpfung hat nach dem heutigen Stand der Erkenntnis auch eine Verknüpfung linkshirniger und rechtshirniger Gedächtnisinhalte zur Folge. Wir können also mit Mind Mapping *gleichzeitig* unsere sprachliche wie auch unsere bildhafte Hemisphäre aktivieren.

Assoziationen

Das Wort Assoziation wird oft in Verbindung mit Gedächtnis erwähnt. Es ist das zentrale Element bei allen Gedächtnistechniken. Das Wort stammt von dem lateinischen Wort **ad** ab und bedeutet »zu« und **socius,** mit der Bedeutung »Partner«. So bedeutet das Wort »**Assoziation**« also: »Dinge, die miteinander verbunden sind«.

In unserem Fall bedeutet es, daß wir versuchen, Wörter zu finden, die mit unserem ursprünglichen Wort verwandt sind. Unsere Assoziationen können sehr vielfältig sein. Es können *Synonyme* sein, Wörter die die gleiche Bedeutung haben, es können auch Wörter sein, die das Ausgangswort erklären oder definieren, aber auch solche Wörter, die zwar ihre Wurzeln in unserem ursprüngliche Wort haben, aber sich in ihrer Bedeutung davon entfernt haben. Während die erste Kategorie sehr allgemein ist, ist die zweite sehr subjektiv und persönlich und an die jeweiligen Erfahrungen jeder einzelnen Person gebunden.

Sie haben vielleicht einmal ein Gruppenspiel gespielt mit der Regel, daß ein Mitspieler mit einem Wort beginnt, der nächste das erste Wort sucht, das er mit dem Ursprungs-wort verbindet, und der nachfolgende Teilnehmer weitermacht.

Wenn die erste Person »Apfel« sagt, werden Sie sofort einen Apfel sehen, wie ein Blitz Ihrer inneren Vision. Wenn Sie keine Äpfel züchten oder keine mögen, werden Sie sich um ein neutrales Wort bemühen, z.B. »Sorte« oder »Baum«. Wenn Sie genügend Assoziationen mit dem Wort »Apfel« verbunden haben, dann fallen Ihnen Bezüge wie »Neuseeland«, »Kalifornien«, »Apfelkuchen«, »New York«, »Computer« oder »Tante Erna« ein. Diese letzten Assoziationen haben zwar den gleichen Ausgangspunkt, sind aber einen Schritt davon entfernt.

Hier sind zwei Assoziationsübungen für Sie:

1. Übung

Betrachten Sie das Bild des Segelbootes. Geben Sie sich etwa 5-7 Minuten für den ersten Schritt, d.h. allen Assoziationen, die Sie mit Segeln in Verbindungen bringen, freien Lauf zu lassen.

Wenn Sie auf irgendeiner Stufe steckenbleiben, müssen Sie einfach nur irgendwo bei einem bereits existieren Wort ein paar neue Linien ziehen und der Prozeß beginnt von vorn.

2. Übung

Schreiben (oder zeichnen) Sie das Objekt in die Mitte des Blatt Papiers. Zeichnen Sie von diesem Punkt ausgehend Linien, soviele Sie brauchen und schreiben Sie immer nur ein Wort auf eine Linie.

Schreiben Sie **alle Wörter** auf, die Ihnen einfallen, auch wenn sie verrückt oder nicht passend erscheinen! Machen Sie keinen Versuch, die Wörter zu ordnen, sondern schreiben sie sie wahllos, wie Sie Ihnen einfallen, auf. Das Ziel ist es, soviele Wörter aufzuschreiben wie möglich, die rasenden Assoziationsblitze Ihres Kopfes zu erfassen. Zensieren und schließen Sie keine Wörter aus! Diese ungewöhnlichen Wörter mögen genau die sein, die Ihnen später die besten Ideen bringen, Ihrem Artikel eine persönliche Note geben oder Ihre Rede für die Zuhörer unvergeßlich werden lassen.

Sie brauchen nicht darauf zu achten, wo Sie die Wörter hinschreiben. Wenn Sie versuchen, zu klassifizieren oder eine logische Verbindung zu schaffen, verlieren Sie Zeit, eine Menge guter Wörter werden verloren gehen und niemals auf einem Blatt Papier landen. Lassen Sie Ihren Assoziationen freien Lauf. Ziehen Sie eine neue Linie für jedes neue Wort und fügen Sie soviele wie möglich hinzu, ohne Rücksicht, welches Wort es ist oder ob Sie es bereits verwendet haben. Das könnten die Wörter sein, die Ihnen eine Reihe neuer Wörter bringen. Die einzige Regel zu diesem Zeitpunkt ist: **Überfluß**.

Vermeiden Sie keine Wörter, die Ihre Gefühle einbeziehen oder sehr persönlich sind. Diejenigen, die zu einem frühen Zeitpunkt eine Struktur suchen, werden viele Wörter und Ideen verlieren. Den meisten von uns wurde beigebracht, einen Schreibprozeß von Anfang an logisch zu durchdenken, und dies mag uns zu Beginn dieser neuen Technik behindern, aber geben Sie nicht auf! Jede Fähigkeit braucht innerhalb eines Prozesses ihre Zeit und ihren Platz.

Je intensiver Sie Ihre Assoziationskraft trainieren, desto ergiebiger wird das Arbeiten mit Mind Maps.

Aus alledem ergibt sich, daß die Mind Map Methode eine geniale Verknüpfung uralter Erfahrungen mit den neuesten Erkenntnissen der Gehirnforschung ist.

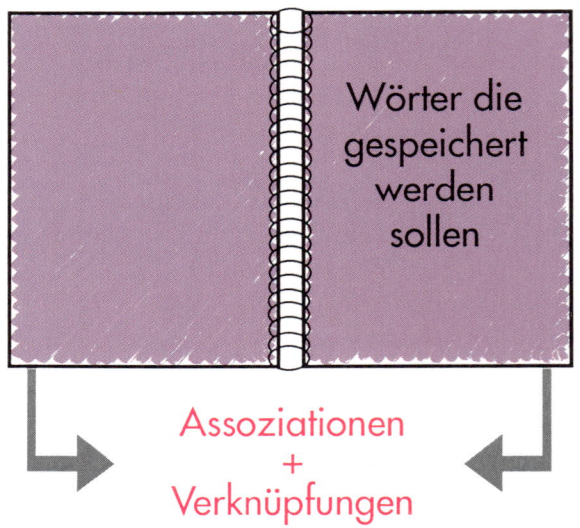

7. Kapitel

Praktischer Einsatz von Mind Maps

Platz für Ihr eigenes Mind Map

Lesen mit Mind Maps:
»Die Schweizer Käse Methode«

Ein Schweizer Käse ist ein Käse mit mehr Löchern als Käse. Der Käse sieht groß aus, aber da er viele Löcher hat, ist seine wirkliche Masse keineswegs sehr groß.

Wenn wir dieses Bild auf die Bewältigung der großen schriftlichen Informationsmengen übertragen, von denen wir in der Ausbildung wie im Beruf nahezu erdrückt werden, heißt das, daß wir uns darüber klar werden müssen, was ein »Loch« und was »Inhalt« ist. Viele Texte enthalten nur einen relativ kleinen Anteil an wirklich wichtigen Informationen und ansonsten viel Füllstoff = Löcher. Den Anteil an Informationen – *und nur diesen* – halten Sie in Ihrem Mind Map fest.

Wenn Sie ein Mind Map von Texten anderer Autoren machen wollen, müssen Sie sich einer besonderen Vorgehensweise bedienen, um das für Sie Wesentliche festzuhalten. Sie können jetzt nicht einfach dieselben Phasen durchlaufen, als würden Sie einen eigenen Text schreiben. Wenn Sie mit Texten von anderen Autoren arbeiten, müssen Sie die Gedanken eines anderen nachvollziehen und analysieren, wie er/sie den Text aufgebaut hat. Diese Art der Textbearbeitung erfordert eine völlig andere Strategie.

Der Autor (die Autorin) hat mit seinem Ordnungssystem seinen eigenen Ausweg aus dem unstrukturierten Chaos gefunden, aber Sie müssen von seinem/ihrem mehr oder weniger strukturierten Ergebnis ausgehen. Mit der traditionellen Art, Notizen zu machen, bei der Schlüsselworte, Unterstreichungen und Hervorhebungen benutzt werden, arbeiten Sie nur oberflächlich. Um das volle Verständnis eines Textes zu erzielen, müssen Sie unter die Oberfläche gelangen.

Die Mind Map Technik erlaubt es Ihnen, mit der inneren Grundstruktur eines Textes in engen Kontakt zu kommen, weil diese Technik so angelegt ist, daß Sie mit der grundlegenden Struktur beginnen und dann die Details hinzufügen. Diese Nähe zum Autor ist sehr aufschlußreich – sowohl schlechte wie gute Autoren können gnadenlos entlarvt werden, wenn Sie sich ein so enges Verständnis ihrer inneren Gedankengänge erschließen.

Der Leser, der die Mind Map Technik verwendet, wird bald Gefallen an diesem neuen Weg zur Annäherung an den Text finden. Als überaus effektiv hat sich ein stufenweises Vorgehen in **6 Schritten** herausgestellt, mit dem ich Sie jetzt bekannt machen möchte. Wenn Sie diese 6 Schritte auch nur ein einziges Mal praktiziert haben, werden Sie sehen, daß die Beschreibung wesentlich aufwendiger ist, als das tatsächliche Anwenden dieser schnell zu erlernenden Methode. Also keine Scheu. Denken Sie an Ihr Ziel: Schneller lesen, alles Wichtige erfassen und viel Zeit für die angenehmen Dinge des Lebens gewinnen!

1. Schritt: Überblick

Beginnen Sie immer mit einem **Überblick** über **den ganzen Text, das ganze Buch.**

Der erste Schritt ist, sich einen Überblick zu verschaffen, d.h. den Text als Ganzes zu begreifen und nicht in erster Linie die Einzelheiten.

a.) Kurze Artikel, Zeitschriften etc.

Wenn Sie nur einen kurzen Artikel mit wenigen Seiten zu bewältigen haben, *überfliegen* Sie den ganzen Artikel von Anfang bis Ende. Verstehen Sie das Wort »überfliegen« nahezu wörtlich als Anregung, so zu »lesen«, als ob Sie mit einem Hubschrauber eine fremde Insel erkunden wollen:

Zunächst nähern Sie sich ihr aus großer Höhe und suchen nach markanten Stellen: Gibt es Häuser, eine Ortschaft, Straßen? Wo ist es besonders interessant oder schön (ein kleines Wäldchen, ein See, schöne Badebuchten oder wilde Dünen)? Dort, wo Sie neugierig geworden sind, fliegen Sie niedriger. Entdecken Sie einen Kirchturm, einen Marktplatz oder Menschen, die sich sonnen oder spazierengehen.

Doch jetzt ist es noch nicht an der Zeit zu landen. Sie steigen mit Ihrem Hubschrauber wieder auf und halten Ausschau nach weiteren interessanten Plätzen.

Achten Sie also beim Überfliegen des Textes bei jeder Seite auf Besonderheiten, z. B. darauf, ob Wörter *kursiv*, **fett**, <u>unterstrichen</u> oder auf ANDERE TYPOGRAPHISCHE WEISE hervorgehoben sind. Hier soll der Leser auf wichtige Teile des Textes aufmerksam gemacht werden, auf Neues, auf Unterschiede zu ähnlichen Informationen oder auch auf Abweichungen zu den Auffassungen anderer.
Enthält der Text Grafiken oder Bilder? Lesen Sie die Bildunterschriften; sie sind oft Zusammenfassungen größerer Textpassagen oder machen den Kerngehalt des betreffenden Textes anschaulich.

Derartige typographische oder visuelle Informationen sind oft sehr wertvoll. Der Autor oder der Lektor des Verlages haben den Text für den Leser aufbereitet, damit er ihn besser versteht. Nutzen Sie diese Hilfen bewußt, an diesen Stellen des Textes finden Sie den »nährreichen, schmackhaften Inhalt«, um bei unserem Beispiel des Schweizer Käses zu bleiben.

b.) Lange Texte, Bücher etc.

Ein langer Text muß ein wenig aufwendiger behandelt werden. Der größere Aufwand zu Beginn macht sich aber in einem viel schnelleren Erfassen und besseren Behalten des Ganzen mehr als bezahlt. Wenn Sie sich den Überblick über ein ganzes Buch verschaffen wollen, gehen Sie wie folgt vor:

- Lesen Sie den Text auf dem Umschlag und den Seitenklappen.

- Sehen Sie sich das Inhaltsverzeichnis an.

- Verschaffen Sie sich durch einen Blick in das Literaturverzeichnis einen Eindruck vom geistigen Bezugsrahmen des Autors und der Qualität wie Aktualität seiner Quellen.

- Lesen Sie das Vorwort und die Zusammenfassungen.

Sie haben jetzt Ihren Geist optimal für die Beschäftigung mit dem Buch vorbereitet. Sie können sich so ein recht genaues Bild darüber verschaffen, welchen Sinn das Lesen machen soll (oder im negativen Fall: Sie können sich entscheiden, daß es keinen Sinn macht und sich jede weitere Arbeit sparen!). Sie können eine Menge Zeit gewinnen, indem Sie *keine Texte lesen, die Sie nicht interessieren!* Sie entdecken während des ersten Durchlesens, ob dieser Text es wert ist, sich überhaupt weiter mit ihm zu beschäftigen.

- **Erst jetzt »überfliegen« Sie das erste Kapitel des Buches auf die gleiche Art und Weise, wie es soeben unter a.) für einen kurzen Text vorgeschlagen wurde.**

Wenn das Kapitel mehr als etwa 15 Seiten hat, lesen Sie zunächst nur diesen Teil des Kapitels. Sie sollten nicht mehr als 15 – 20 Seiten in einem Zug überfliegen. Dann gehen Sie zu den nachfolgenden Schritten 3 bis 5 über. Sobald Sie den 5. Schritt beendet haben, wenden Sie sich dem nächsten Kapitel oder den nächsten 15 Seiten zu.

Warum sollten Sie den Text zunächst auf diese Art lesen? Es ist sehr wichtig, daß Sie ein Verständnis für den Text als Ganzes bekommen, für seine Absichten und seine Inhalte, für das, was neu ist und für das, was Sie bereits wissen. Wenn Sie wissen, worum es im Ganzen geht, wird es viel einfacher, später wichtige Details festzuhalten.

2. Schritt: Fragen

Wenn Sie sich so einen ersten Überblick verschafft haben, stellen Sie sich die entscheidende Frage:

Warum lese ich diesen Text?

Diese Frage aktiviert den Teil Ihres Gehirns, der darüber entscheidet, womit Sie sich beschäftigen sollen oder nicht, kurz gesagt Ihren »Motivationsgenerator«. Aus der Antwort auf diese Frage ergibt sich aber u. a. auch, wieviel Zeit Sie auf einen Text verwenden sollten. Außerdem wird damit vorgegeben, *wieviele* und *welche* Wörter Sie aus dem Text heraussuchen.

Welche Information wollen Sie? **Setzen Sie sich ein Ziel** für Ihr Lesen. Gehen Sie diesen Text durch, weil Sie *alles* lernen wollen oder nur bestimmte Aspekte? Lesen Sie ihn, weil Sie Fragen zum Text beantworten müssen? Oder lesen Sie ihn, um jemand anderem eine Zusammenfassung davon zu geben? Sie müssen sich Ihres Zieles bewußt sein, weil dies nicht nur darüber entscheidet, warum Sie diesen Text lesen sollen, sondern auch, wie genau Sie ihn lesen müssen.

Sinn des Überfliegens und des Fragens ist es vor allem, die Grundidee zu erfassen. Dabei kann es vorteilhaft sein, wenn Sie mit einem **Leuchtstift arbeiten und die Wörter anstreichen, die wichtig** *sein könnten*. So bereiten Sie sich darauf vor, daß Ihnen beim nächsten Lesen diese Wörter schon vertraut sind und Sie den ganzen Text schneller begreifen.

Diese gekennzeichneten Wörter sind möglicherweise auch bereits die Schlüsselwörter, die Sie beim 4. und 5. Schritt in Ihr Mind Map aufnehmen.

3. Schritt: Texttypen

Bevor Sie jedoch ein Mind Map anfertigen, müssen Sie für jeden spezifischen Text ein passendes Grundmuster finden. Das heißt, Sie müssen anhand des **Texttyps die innere Verknüpfungsstruktur der Informationen** erkennen. Jeder Text ist anders, und deshalb müssen auch alle Umsetzungen in ein Mind Map verschieden sein. Ein Mind Map zu machen, ist in vielen Fällen mit der Lösung eines Problems vergleichbar. Sie sollten beim Durchlesen die Struktur eines Textes kennenlernen, aber die meisten Menschen wissen nicht, wonach sie dabei suchen sollen. Informationen aus einem Text beliebiger Länge zu bekommen, ist für die meisten Menschen ein zufälliger Prozeß. Die Form, wie wir

Fachkenntnisse auf traditionelle Art gelernt haben, hilft uns nicht genug, neue Informationen wirklich zu verstehen und das Wesentliche zu behalten.

Wenn Sie anfangen, Mind Maps zu entwerfen, ist es also notwendig, daß Sie sich zunächst den Typus und die Gestaltung des Textes ansehen, um eine passende erste Ausführung für die Hauptäste Ihres Mind Maps zu finden.

Wenn Ihnen der Texttyp nicht klar ist, müssen Sie trotzdem irgendeine Form der Ausgestaltung auswählen, um damit anzufangen. Es ist dann einfach, später, wenn Sie ein

passenderes Design gefunden haben, noch einmal zu beginnen.

Um es leicht zu machen – die meisten Texte können in drei Kategorien aufgeteilt werden:

a.) Vergleiche

Das ist der Fall, wenn der Text aufgeteilt ist in ein **entweder ... oder,** wenn **a** mit **b** und vielleicht mit **c** verglichen wird, wenn die eine Seite gut, die andere schlecht ist ... und so weiter.

Die Gestaltung des Mind Maps könnte beispielsweise so aussehen:

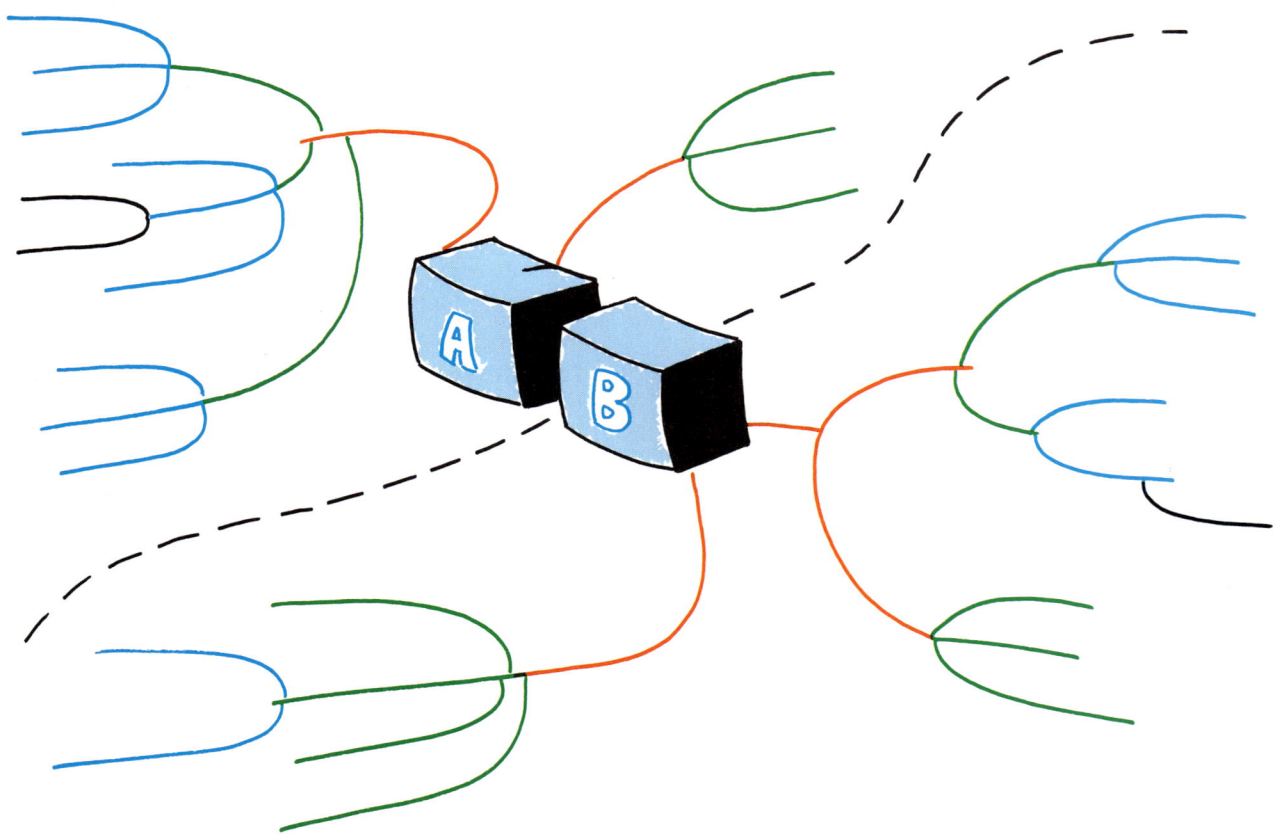

b.) Chronologien oder Ketten von Ereignissen

Etwas hat einen klaren Anfang und ein En-de, wie Biografien, Historien, Prozesse, Hand-bücher ...

Die einfachste Form eines Mind Maps hier-für geht von der Gestalt einer Uhr aus. Sie fangen bei 12 Uhr oben an und bewegen sich im Uhrzeigersinn weiter.

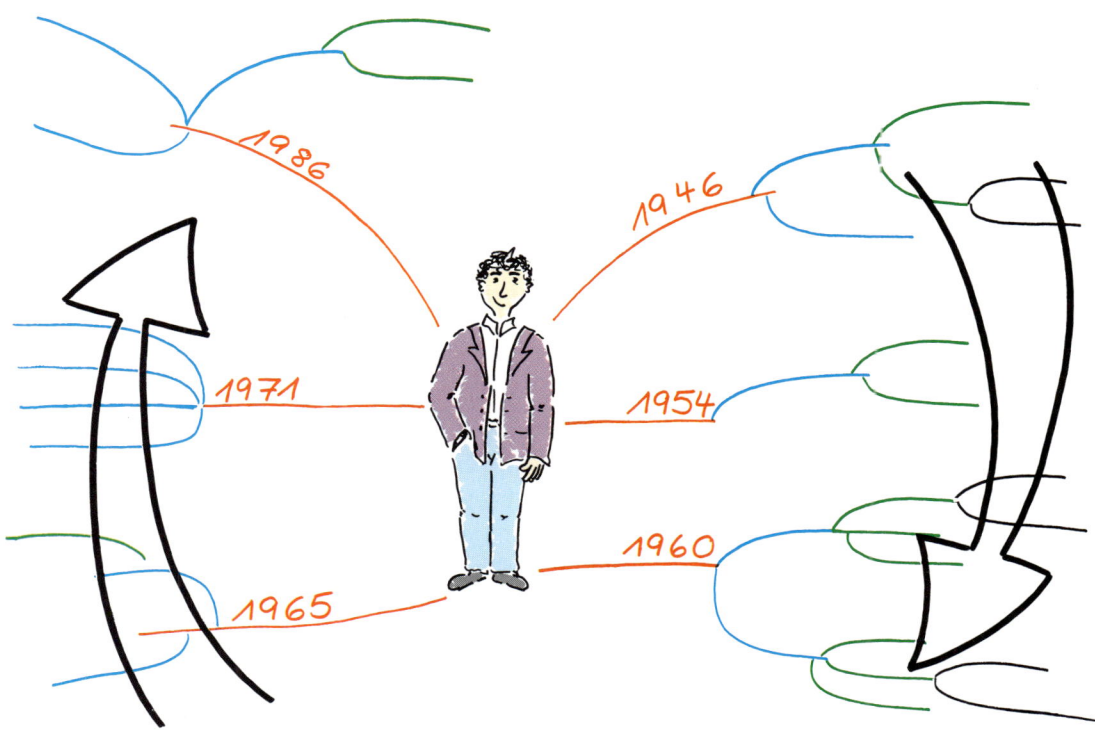

c.) Schilderungen

... zu denen der Rest gehört! Wenn eine Ge-schichte ohne klaren Anfang oder Ende er-zählt wird, wenn Fakten ohne spezifische oder notwendige Ordnung dargelegt wer-den, können Sie anfangen, wo Sie wollen. Einzelheiten müssen vom Text in Ihre eigene Ordnung, die Sie für Ihre Ausgestaltung ge-wählt haben, übertragen werden.
Natürlich finden Sie Mischformen – so gibt es Vergleiche und Chronologien, die mit Schilderungen vermischt werden, trotzdem müssen Sie ein Hauptcharakteristikum für

Ihre Mind Map Zeichnung auswählen, das darauf beruht, wie Sie den Text verstehen. In diesem Fall lassen Sie natürlich die Verglei-che und Chronologien einen Teil der Verzwei-gungen in Ihrem Mind Map einnehmen.
Niemals werden zwei Menschen ein iden-tisches Mind Map vom gleichen Text anferti-gen! Es ist wichtig, von Anfang an zu begrei-fen, daß es keine »richtige« Art und Weise gibt, Mind Maps zu zeichnen, sondern im-mer nur mehr oder weniger passende Wege, die Gedanken aufzuschreiben. Ein funktio-nierendes Mind Map ist immer dasjenige, das seinen Zweck *für Sie* erfüllt!

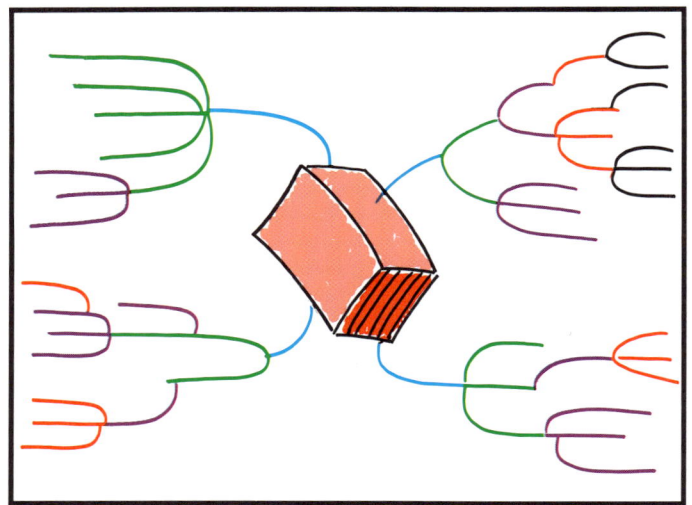

4. Schritt: Ein Mind Map anfertigen

5. Schritt: Lesen und das Mind Map ergänzen

Diese beiden Schritte werden gemeinsam vorgestellt, weil sie bei Ihrer Arbeit am Text miteinander verflochten sind.

Jetzt ist es an der Zeit, ein Mind Map anzufertigen.

Sie entwickeln zunächst eine erste Fassung, die in der Mitte beginnt, von der einige Haupt-Schlüsselwörter abzweigen. Während Sie den Text ein zweites Mal und nun aufmerksamer durchlesen, legen Sie Äste und Zweige an und fügen Details in Ihr Mind Map ein, genauso, wie es schon vorher in diesem Buch beschrieben wurde.
Das Lesen und das Hinzufügen von Schlüsselwörtern ist miteinander verknüpft. Sie lesen einen Absatz – Sie fügen neue Wörter in Ihr Mind Map ein – Sie lesen einen Absatz – Sie fügen Wörter hinzu ... bis Sie den ganzen Text bearbeitet haben.

6. Schreiben Sie Ihr Mind Map noch einmal neu

Schreiben Sie Ihr Mind Map auch dann noch einmal neu, wenn Sie damit zufrieden sind. Jedesmal, wenn Sie es noch einmal niederschreiben, überarbeiten Sie das Material und befreien sich von den Wörtern, die Sie bereits kennen, jenen Wörtern, die überflüssig sind. Das wiederholte Aufschreiben und jede neue Strukturierung eines Mind Maps führt zu tieferem Verstehen und Lernen!
Diese Art zu arbeiten **spart nicht nur eine Menge Zeit** ein, es wird Ihnen auch ein **schneller Überblick** und ein **tieferes Verständnis** über das, was Sie lesen, vermittelt. Das Ergebnis ist, **daß Sie besser und schneller lernen.** Es wird Ihnen auch leichter fallen, den Stoff zu **wiederholen.**
Wenn Sie einmal eine Idee von dem Inhalt bekommen und Ihr Ziel festgelegt haben, können Sie sich auf den Gehalt konzentrieren und die »Löcher« auslassen.
Merken Sie sich: Konzentrieren Sie sich auf »den Käse«! **Sie sparen Zeit durch planmäßiges Vorgehen!**

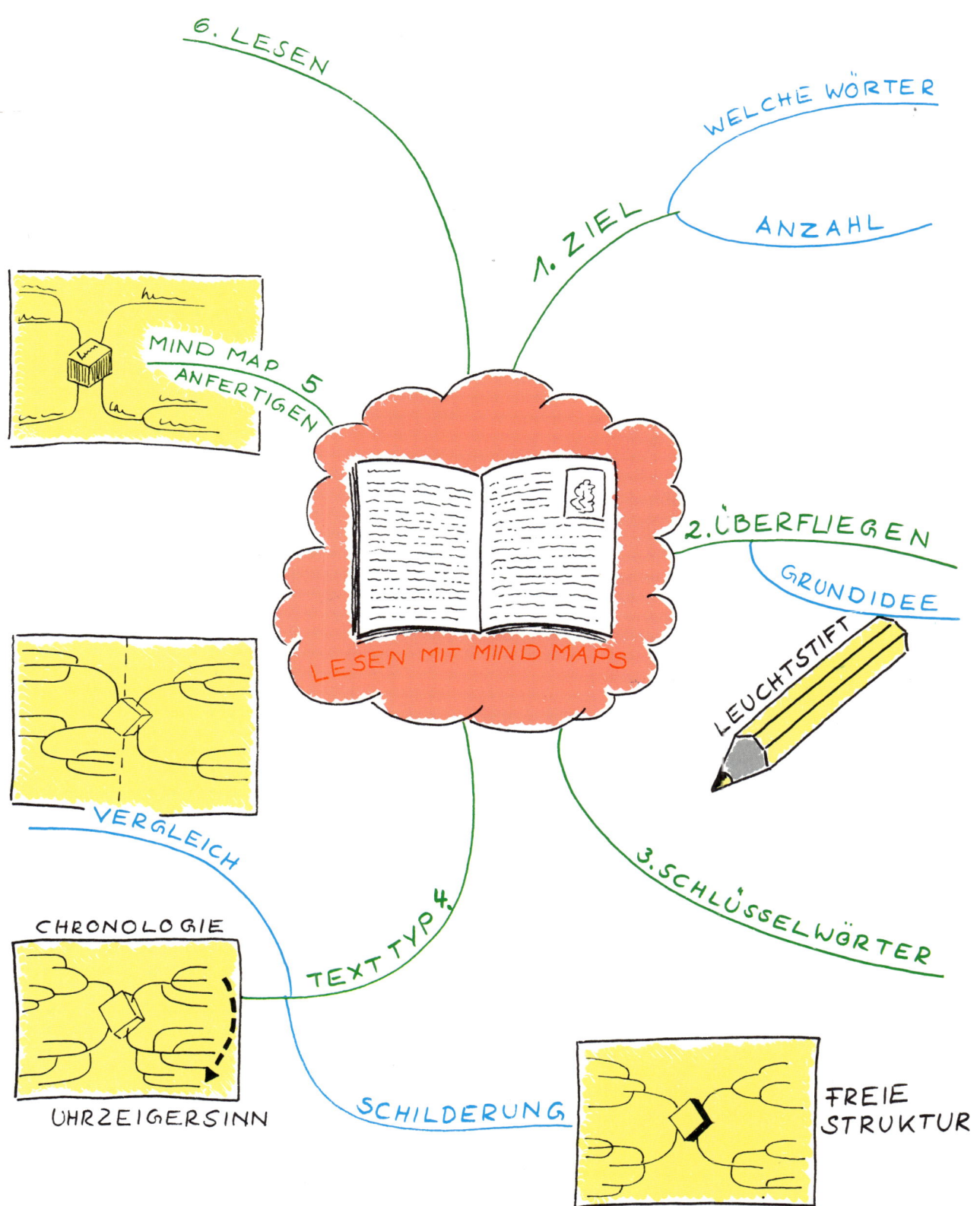

6. LESEN

WELCHE WÖRTER

ANZAHL

1. ZIEL

MIND MAP 5 ANFERTIGEN

LESEN MIT MIND MAPS

2. ÜBERFLIEGEN

GRUNDIDEE

LEUCHTSTIFT

VERGLEICH

3. SCHLÜSSELWÖRTER

CHRONOLOGIE

TEXT TYP 4.

UHRZEIGERSINN

SCHILDERUNG

FREIE STRUKTUR

Planen

Durch das Planen Ihrer Zeit, Ihres Studiums, Ihrer Einkäufe usw. mit Mind Maps werden Sie entdecken, daß das, was Sie tun, effektiver und sinnvoller wird und Sie mehr Zeit für andere Dinge haben.

Die meisten Menschen sind es nicht gewohnt, ihre Zeit zu planen oder machen es widerwillig, weil sie es als langweilig, unnötig, ermüdend, als Hindernis für Spontaneität usw. empfinden.

Aber man kann das Ganze auch umdrehen und sagen: Wenn Sie Ihre Zeit, Ihr Studium und andere Dinge nicht planen, können Sie leicht ein Opfer von Umständen werden, d.h. Sie lassen andere über Ihre Zeit verfügen oder Sie werden sehr leicht abgelenkt, sobald Ihnen ein neuer Impuls in den Kopf kommt. Wenn es Ihnen an einem Ziel oder der treibenden Kraft fehlt, wird es Ihnen um so schwerer fallen, einen Überblick über Ihre Zeit und über die Arbeit, die Sie tun sollen, zu bekommen.

Es ist umso schwerer, Wichtiges von Unwichtigem zu unterscheiden, es wird keine Zeit für spontane Aktivitäten, freundschaftliche Kontakte, soziales Engagement, Hobbys und andere Dinge bleiben.

Der erste Schritt in Richtung Gewohnheiten zu beobachten wird gemacht, wenn Sie beginnen, Ihre Zeit zu planen. Solches Planen beginnt, indem Sie sich bewußt machen, wie Sie Ihre Zeit verbringen.

Nehmen Sie den Kreis unten zur Hilfe und fertigen Sie eine Farbentorte Ihres durchschnittlichen Tages an. Wie viel Zeit verbringen Sie mit schlafen, essen, arbeiten, Freunde treffen, Hobbys usw.?

Persönliche Planung

Die meisten Menschen besitzen einen Kalender, der aus Tages- und Stundeneinteilung besteht. In einem Kalender dieser Art ist Zeit wichtiger als der Inhalt. Wenn Sie lernen, Ihre Planungen mit Hilfe von Mind Maps zu machen, dann wird der Inhalt wichtiger als die Zeit sein. Das wird Ihnen klar vor Augen führen, was *zu erledigen wichtig ist,* und nicht nur, was zu tun ist.

Planungen, die die *Zeit* über den Inhalt stellen, führen zu der Haltung, daß es einfacher ist, kleinere Aktivitäten zu erledigen, anstatt große, wichtige Aufgaben. Planungen, die den *Inhalt* über die Zeit stellen, geben Ihnen die Möglichkeit, Prioritäten zu setzen und die wichtigen Dinge zu erledigen.

Dies ist ein Beispiel für eines dieser Mind Maps:

Übung

• Nehmen Sie das folgende Mind Map als Hilfe und tragen Sie *alle* Aktivitäten ein, kleine wie große, die Sie in der nächsten Woche erledigen müssen.

• Setzen Sie Prioritäten. Benutzen Sie einige farbige Stifte und symbolisieren Sie sie mit A – B – C oder 1 – 2 – 3 (was Ihnen lieber ist), um verschiedene Prioritäten zu markieren.

• Erst jetzt ist es an der Zeit, daß Sie die täglichen Pläne in Ihr Tagebuch oder Ihren Kalender eintragen. Vergewissern Sie sich, daß Sie den Aufgaben die nötige Zeit zugewiesen haben, die die höchste Priorität tragen.

Für Ärzte: Zeitgewinn durch Mind Maps

Eine Fallstudie:

»In meinem Job als praktischer Arzt in einem Krankenhaus sehe ich mich täglich dicken medizinischen Aufzeichnungen ausgesetzt, die mich viel Zeit kosten, um sie durchzulesen und den Zustand des Patienten zu erfassen«, sagt ein Arzt.

»Medizinischen Aufzeichnungen werden über die Jahre hinweg ständig Papiere im A4-Format hinzugefügt, die numerisch aneinandergereiht sind und die Ergebnisse von Untersuchungen, Röntgenbilder, Bemerkungen bei der Aufnahme, EKG-Ergebnisse, Briefe usw. beinhalten.

Das bedeutet, daß es für gewöhnlich sehr schwer ist, sich einen Überblick über Patienten zu verschaffen, die eine lange Krankengeschichte und verschiedene Klinikbesuche hinter sich haben.

Statt traditioneller Aufzeichnungen benutze ich Mind Maps. Ich brauche etwa 10-15 Minuten, um ein Mind Map zu zeichnen, aber ich gewinne jedes Mal sehr viel mehr Zeit, nämlich die, die ich sonst benötigte, um den gesamten Krankenbericht durchzulesen, wenn ein Patient in meine Sprechstunde kommt.«

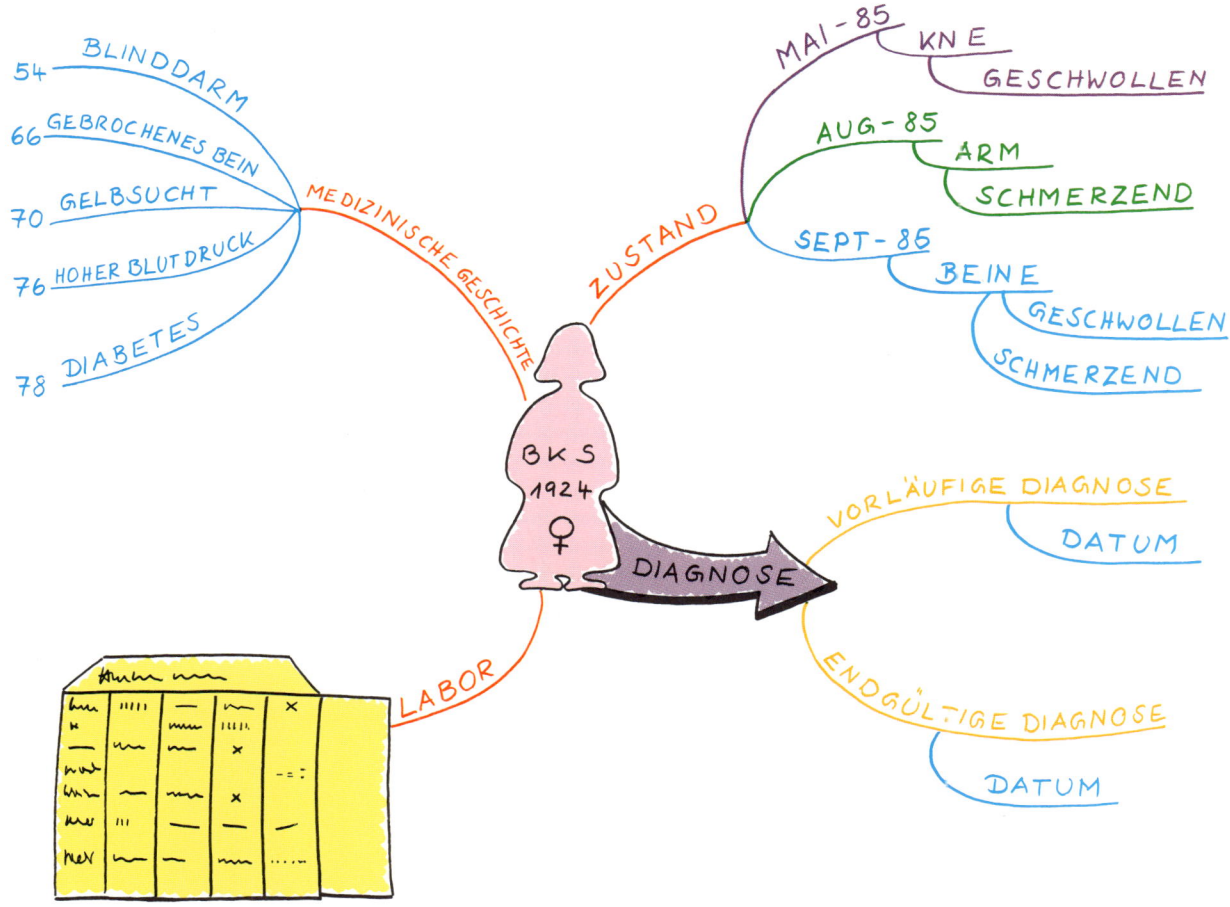

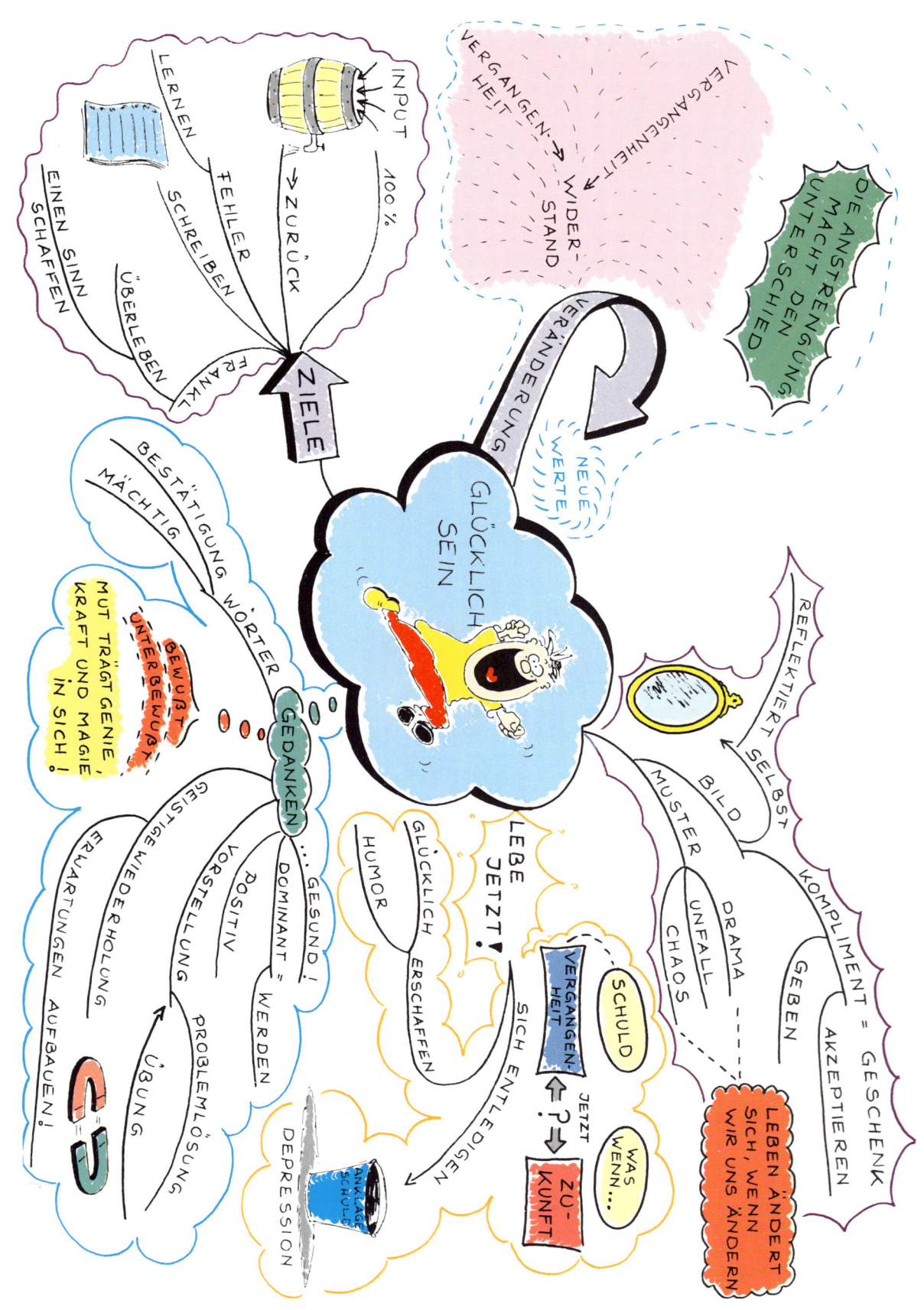

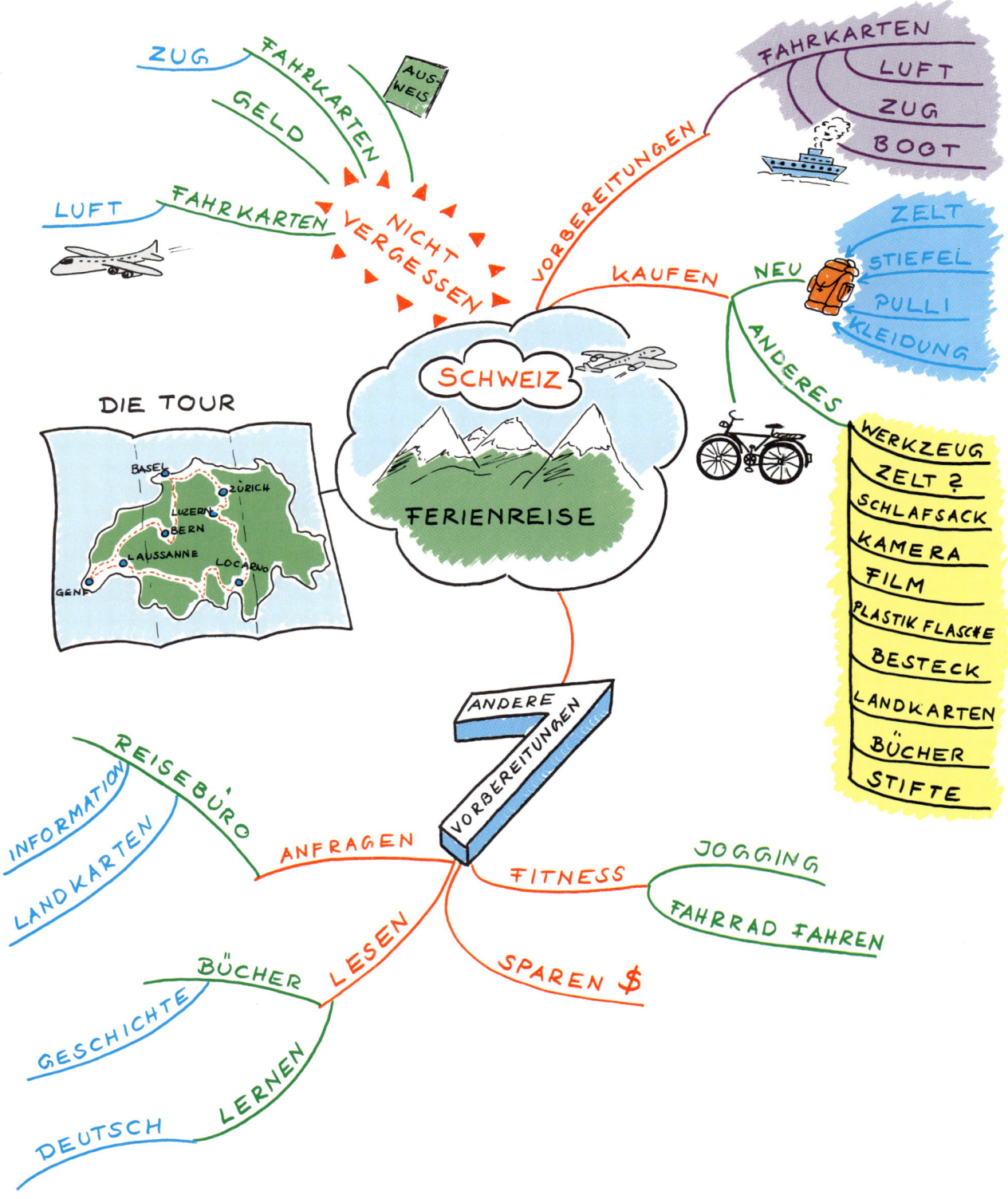

Sitzungen

Die meisten von uns werden in ihrem Leben an einer Unmenge von Sitzungen teilnehmen – Gewerkschaftssitzungen, Projektsitzungen, Vorstandssitzungen, Vereinssitzungen und viele andere. In solchen Sitzungen liegt meistens eine Tagesordnung vor, und es gibt einen Protokollführer. Protokollführer in einer Sitzung zu sein, ist nicht die Beschäftigung, um die sich die Leute reißen. Protokolle, die lustlos und unprofessionell gemacht werden, sind in der Regel langweilig und inhaltslos und als Teilnehmer der Besprechung fragen Sie sich beim Lesen manchmal, was mit all den Gedanken und Beiträgen passiert ist, die geäußert wurden und im Protokoll nicht erwähnt werden.

Die meisten Protokollführer sehen ihre Aufgabe darin, soviel wie möglich von dem, was gesagt wird, aufzuschreiben. Sie schaffen aber weder ihre Aufzeichnungen noch können sie einen aktiven Part in den Diskussionen spielen. Wenn ein Protokollführer seine Notizen in Form eines Mind Map machen würde, könnte er leichter der Diskussion folgen und sich auf wichtige Schlüsselwörter konzentrieren. Mit einem Mind Map kann man ein gutes Protokoll vorbereiten. Mit dem während der Sitzung angefertigten Mind Map kann anschließend ein normales, lineares Protokoll leicht geschrieben oder diktiert werden.

So wie unten abgebildet könnte das Mind Map nach einer Sitzung aussehen. Ein Mind Map ersetzt keine gewöhnlichen Protokolle – es ist ein Blatt Papier mit persönlichen Notizen und eine Zwischenstufe für ein gelungenes, vollständiges Protokoll.

Ein Mind Map ist immer persönlich!

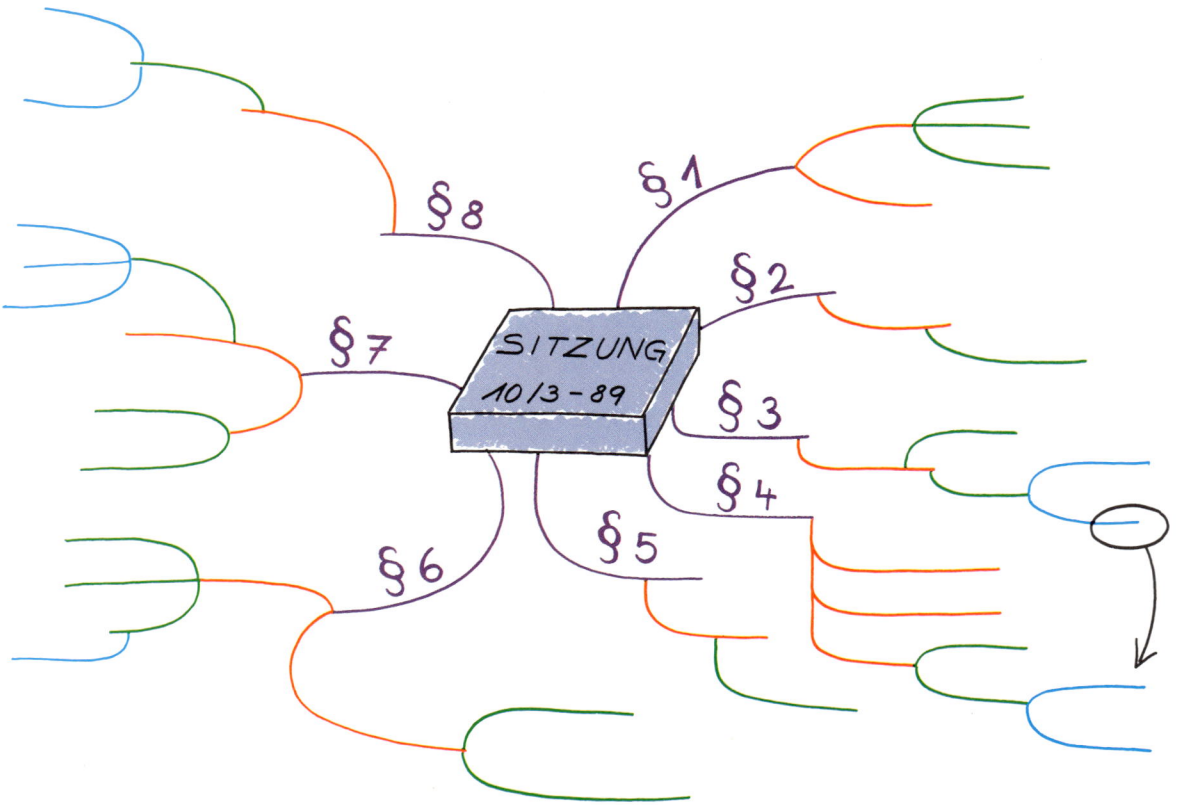

Budgets

Wenn Leute sagen, daß sie keine Budgets verstehen, dann weil sie für gewöhnlich nur eine Menge Ziffern in komplizierter Anordnung sehen. Tatsächlich drückt ein Budget **Wünsche in Ziffern** aus.

Ein Budget soll ausdrücken, was Sie über einen bestimmten Zeitraum, meistens ein Jahr, tun wollen. Er drückt zudem aus, wieviel Vertrauen Sie in Ihr Tun haben, wieviel Sie zu verkaufen hoffen oder was immer Ihr Geschäft ist.

In traditionellen Budgets sind Ziffern der wichtigste Teil, und dann erst der Inhalt der Geschäfte.

Wenn Sie ein Budget Mind Map erstellen wollen, dann machen Sie das genau umgekehrt, wahrscheinlich auf die Art wie es gemacht werden sollte! Sie beginnen, indem Sie aufschreiben, was Sie erreichen wollen und teilen dann erst das entsprechende Kapital zu, um es zu erfüllen.

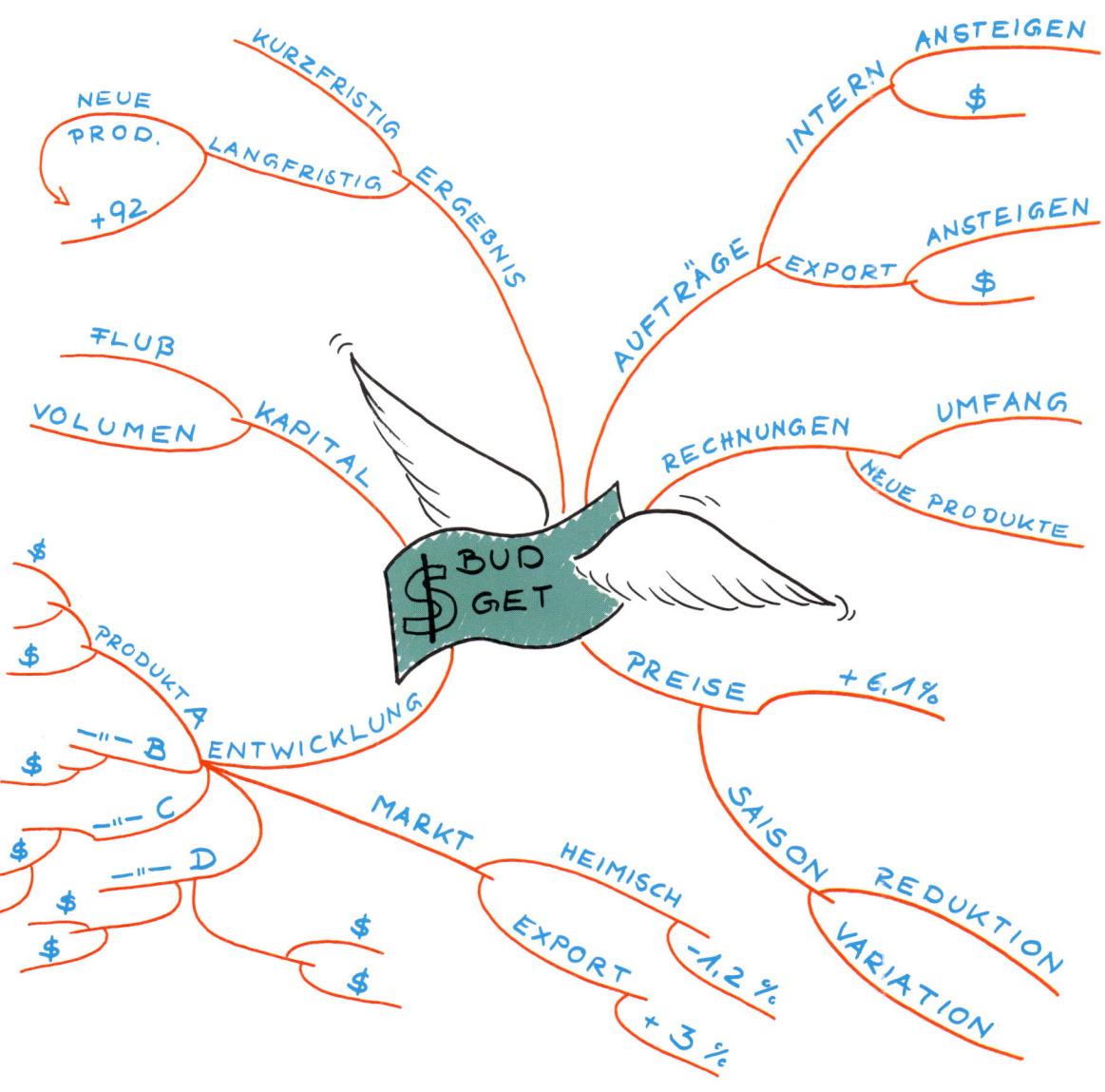

103

Mind Maps in Geschäfts- und finanziellen Analysen

»Wenn wir zum ersten Mal einen Vertrag mit einem Kunden abschließen, machen wir eine sorgfältige Analyse dieser Firma. Bevor ich diese Analyse erstelle, schreibe ich mir einige Schlüsselwörter zu dieser Firma auf.«, sagt ein Berater.

»Mein Ausgangspunkt für die Analyse sind die Faktoren, die die Firma beschreiben. Sie lassen mich erkennen, wo ich einsteigen und der Firma helfen kann, ihre Aktivitäten effizienter zu gestalten. Der wichtigste Punkt ist es, einen Überblick zu bekommen. Wie steht die Firma heute da, und wie wird dort die verwaltungstechnische und betriebliche Routine gelöst? Was wird manuell getan, und was erledigen Maschinen und Computer? Wie sind die Kapazitäten? Wo liegen die Probleme?«

Wenn wir den Faktor **Personaleffektivität** analysieren, gehen wir Arbeitsplätze durch, die die Finanzen, Marketing, Planung, Korrespondenz, Rechnung, Kalkulation, Datenverarbeitung betreffen.

Für uns ist es eine Sache der »Qualifizierung« unserer Kunden. Mit »Qualifizierung« meinen wir, daß wir wissen wollen, ob unsere Lösungen zu diesem Kunden passen. Unsere Lösungen sind heutzutage mit Personalcomputern verbunden, da der Einsatz von PC in den Firmen, die mit ihnen arbeiten, die Personaleffektivität erhöht.

Ehe ich eines der Seminare von Ingemar besuchte und eine Idee vom Gebrauch von Mind Maps für Analysen erhielt, hatte ich eine große Anzahl von Fragebögen und Formularen, die nur schwer auf jeden Kunden anwendbar waren. Zudem brauchte man ziemlich lange, um sie auszufüllen. Durch ein Mind Map erhalte ich sehr schnell einen Überblick, ich kann Schwachpunkte erkennen und sowohl der Kunde wie ich sparen Zeit.

Wenn man mit Analysen arbeitet, muß das Ergebnis Überblick und Vollständigkeit heißen, und Mind Maps sind ein besserer und schnellerer Weg dahin.«

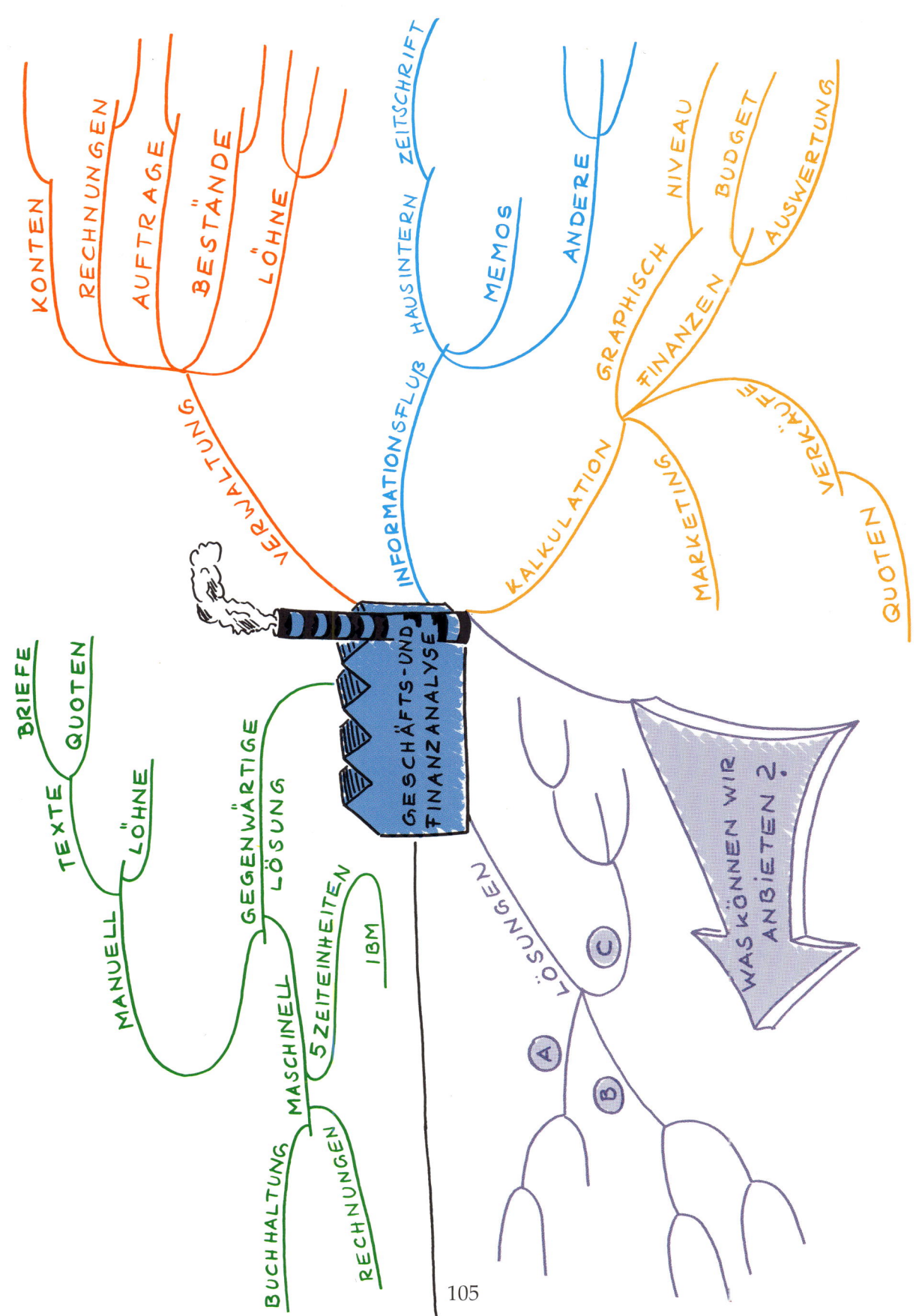

GESCHÄFTS- UND FINANZANALYSE

VERWALTUNG
- KONTEN
- RECHNUNGEN
- AUFTRÄGE
- BESTÄNDE
- LÖHNE

INFORMATIONSFLUß
- HAUSINTERN
  - ZEITSCHRIFT
- MEMOS
- ANDERE

FINANZEN
- GRAPHISCH
  - NIVEAU
  - BUDGET
  - AUSWERTUNG
- KALKULATION
- MARKETING
- VERKÄUFE
  - QUOTEN

GEGENWÄRTIGE LÖSUNG
- MANUELL
  - TEXTE
    - BRIEFE
    - QUOTEN
  - LÖHNE
- MASCHINELL
  - BUCHHALTUNG
  - RECHNUNGEN
- 5 ZEITEINHEITEN
  - IBM

LÖSUNGEN
- A
- B
- C

WAS KÖNNEN WIR ANBIETEN?

105

Bibliographie

A. Englischsprachige Bibliographie des Autors

Adams, J.L.   **The Care and Feeding of Ideas - A Guide to Encouraging Creativity**
Penguin 1986

Albrecht, K.   **Brain Power**
Spectrum 1980

Bono, E. de   **Lateral Thinking**
Pelican 1977

Bono, E. de   **Children Solve Problems**
Penguin 1972

Buzan, T.   **Use Your Head**
Ariel Books/BBC Books (Paperback, überarbeitete Version 1982)

Buzan, T.   **Use Your Memory**
BBC Books 1986

Edwards, B.   **Drawing on the Right Side of the Brain**
Penguin 1980, Fontana Paperback 1982

Hampden-Turner, Ch. **Maps of the Mind**
Collier Books 1982

Lorayne, H.   **How to Develop a Super-Power Memory**
A. Thomas and Company (Paperback) 1979

Lorayne, H. & Lucas, J. **The Memory Book**
Ballantine Books (Paperback) 1975

Matthews, A. **Being Happy**
Media Masters 1983

Ornstein, R. & Thompson R.F.   **The Amazing Brain**
Chatto & Windus 1985

Redway, K.   **Rapid Reading**
Pan Books 1988

Rico, G.L.	**Writing the Natural Way** J.P. Tarcher 1983
Russell, P.	**The Brain Book** Routledge & Kegan Paul (Paperback) 1980
Shone, R.	**Creative Visualization** Thorsons Publ. 1984
Williams, L.V.	**Teaching for the Two-Sided Mind** Spectrum 1983
Yates, F.A.	**The Art of Memory** Peregrine Books (Paperback) 1969

B. Deutsche Literatur zur Ergänzung und Vertiefung

Buzan, T.	**Kopftraining** Goldmann Verlag
Kirckhoff, M.	**Mind Mapping** GABAL Verlag
Gelb, M.	**Überzeugend reden, sicher auftreten** GABAL Verlag
Meister Vitale, B.	**Lernen kann phantastisch sein** GABAL Verlag
Meister Vitale, B.	**Frei fliegen** GABAL Verlag
Yates, F. A.	**Gedächtnis und Erinnern. Mnemotechnik von Aristoteles bis Shakespeare** Deutscher Verlag der Wissenschaften
Bierbaum, G.	**Mehr als Superlearning** Langen - Müller/Herbig

Können Sie die Katze erkennen? (Seite 27)

Übung

Es folgen die 30 Wörter für den Gedächtnistest, der auf den Seiten 78-79 beschrieben wurde. Sie haben 10 Minuten Zeit, um zu jedem der folgenden Wörter drei Stichwörter zu finden. Schreiben Sie sie auf einen Extrazettel. Lesen Sie die Liste durch und gehen Sie nach den Instruktionen auf Seite 78-79 vor.

Brücke	**Flasche**
Sattel	**Tomate**
Weihnachtseinkauf	**Kuchen**
Alarmglocke	**Fahrstuhl**
Tasche	**Silber**
Schmied	**Schwamm**
Sitzpolster	**Briefmarke**
Schreibmaschine	**Affe**
Maus	**Lineal**
Briefumschlag	**See**
Schlüssel	**Schmutz**
Tonband	**Plagiator**
Kolumbus	**Phantasie**
Fahrrad	**Spargel**
Aprikose	**gelb**

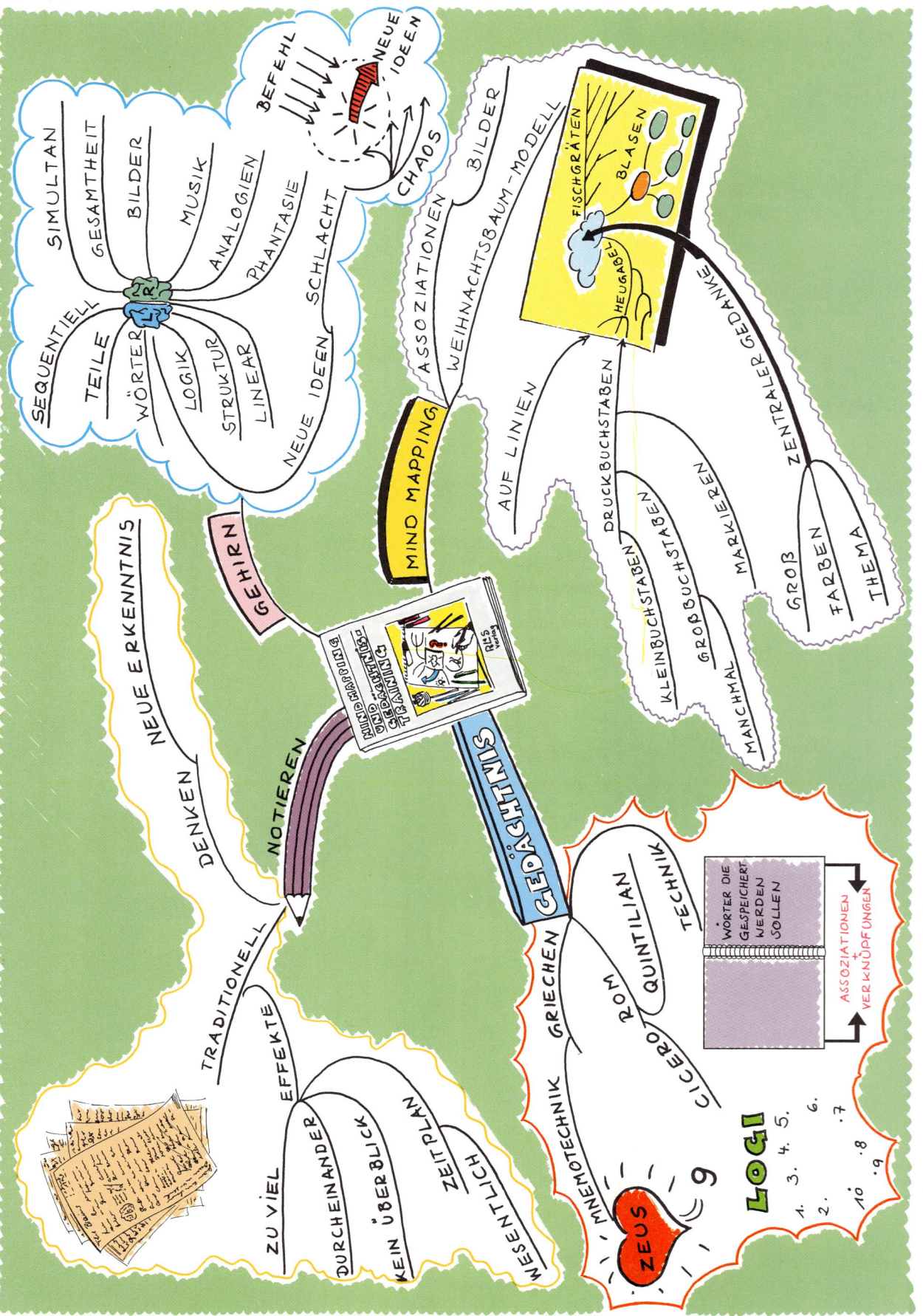

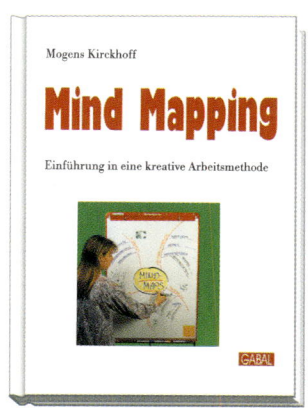

Helmut Mödritzer

Sterben – Tod – Auferstehung

**Eine Lernstraße für den Religionsunterricht
im 9./10. Schuljahr**

Calwer Verlag Stuttgart

Leider war es nicht möglich, alle Urheber zu ermitteln. Betroffene Inhaber/innen von urheberrechtlichen Ansprüchen bitten wir, sich beim Verlag zu melden.

Bibliografische Information der Deutschen Bibliothek

Die Deutsche Bibliothek verzeichnet diese Publikation in der Deutschen Nationalbibliografie; detaillierte bibliografische Daten sind im Internet über *http://dnb.ddb.de* abrufbar.

ISBN 978-3-7668-3873-5

2. Auflage 2007
© 2004 by Calwer Verlag Stuttgart
Alle Rechte vorbehalten. Wiedergabe, auch auszugsweise,
nur mit Genehmigung des Verlags.
Umschlaggestaltung: Karin Sauerbier, Stuttgart
Satz: NagelSatz, Reutlingen
Druck und Verarbeitung: Druck Partner Rübelmann, Hemsbach

Internet: www.calwer.com
E-Mail: info@calwer.com

Inhalt

Einleitung

Das Thema »Sterben, Tod, Auferstehung« begegnet in den Lehrplänen vieler Bundesländer in der 9./10. Jahrgangsstufe. Aber auch in höheren Klassen allgemein bildender Gymnasien und an beruflichen Schulen hat das Thema seinen Platz, so beispielsweise in der Frage nach der Endlichkeit menschlichen Lebens und der Antwort der Religionen darauf, der ethischen Diskussionen um Sterbehilfe oder Organspende oder aber der Hoffnung angesichts des Todes.

Die Wahl, dieses sensible und zugleich umfassende Thema in Form eines Lernzirkels zu behandeln, gründet in der Autonomie der Schülerinnen und Schüler bzgl. dieses Themas: Die Frage nach Sterben und Tod gehört zweifelsohne zu den wesentlichen von Heranwachsenden. Fragen wie: »Was geschieht mit mir – und meinem Körper! – nach dem Tod?«, »Gibt es ein Weiterleben?«, »Und wenn ja, wie sieht dieses aus?«, »Was geschieht eigentlich beim Sterben?« bis hin zur Überlegung »Wie möchte ich selbst eigentlich bestattet werden?«, »Wie soll mein Grabstein/meine Todesanzeige aussehen?« sind geradezu intime Fragen, die Unterrichtenden nicht nur bei der expliziten Behandlung dieses Themas, sondern auch immer wieder »zwischen den Zeilen« begegnen. In der Tat: Sterben und Tod greifen weit in das Leben auch junger Menschen hinein – und das nicht allein in theoretischer Beschäftigung. Ich habe bisher keine Klasse unterrichtet, in der Themen wie Organspende, das langsame Sterben eines Familienmitgliedes (und damit verbunden die Frage nach Sterbehilfe oder Sterbebegleitung) oder der viel zu frühe Tod eines jungen Menschen nicht auch aus ganz persönlicher Betroffenheit heraus aktuell waren.

Ziel dieser Lernstraße ist es, den Heranwachsenden »Räume zu eröffnen«, im wahrsten Sinn des Wortes »Begegnungen zu ermöglichen«. Gefühle, Ängste und Hoffnungen dürfen im geschützten Raum der Einzel- oder Partnerarbeit ihren Platz haben, ohne gleich öffentlich kommuniziert werden zu müssen. Ethische Themen können in ihren Zusammenhängen und ihrer Komplexität wahrgenommen werden –

der eigene Standpunkt kann dabei zunächst in einer Kleingruppe geklärt werden. Die Auseinandersetzung mit Symbolen und Bildern für die Auferstehungshoffnung, aber auch das Gespräch mit anderen Religionen soll die jungen Menschen anregen, die eigene Meinung zu überdenken sowie andere Sichtweisen neu kennen zu lernen – allein oder im Austausch mit einer Nachbarin/einem Nachbarn. Zudem kann die theoretische Beschäftigung mit einem Thema auch erst einmal eine notwendige Distanz schaffen, ohne dass das Thema den Schülerinnen und Schülern gleich zu nahe kommt.

Die Lernstraße als Methode der Freiarbeit vertraut darauf, dass Schülerinnen und Schüler die Auseinandersetzung mit dem Thema »Sterben – Tod – Auferstehung« auch miteinander suchen und führen, gerade weil dies auch ihr Thema ist. Deshalb wird hier für ein verändertes Verhalten und Verständnis der Unterrichtenden geworben: Sie begleiten und beobachten mehr, als dass sie Wissen, Informationen und Meinungen darbieten und so im Zentrum des Unterrichtsgeschehens stehen. Sie stehen während der Freiarbeit aber zur Verfügung.

Dies kann auch bei einem Thema wie »Sterben – Tod – Auferstehung« gelingen. Dem Berliner Sozialpädagogen Richard Münchmeier (u. a. bekannt durch seine Aktivität an der Shell-Studie) zufolge wenden sich Schülerinnen und Schüler mit Problemen erst an 16. Stelle an die Lehrerin/den Lehrer, und an 21. Stelle an die Pfarrerin/den Pfarrer. Die Konsequenzen, die der Pädagoge daraus zieht, zielen nicht auf eine Veränderung dieser Tatsache, sondern vielmehr auf eine Optimierung des Unterrichtsgeschehens: Schülerinnen und Schüler erwarten von den Unterrichtenden weniger Seelsorge und Lebensberatung (Schülerinnen und Schüler »beseelsorgen« sich in der Regel selbst) als einen guten Unterricht, der ihnen die Möglichkeit gibt, sich mit dem auseinander zu setzen, was sie unmittelbar angeht. Dem kann eine Lernstraße m. E. gut Rechnung tragen.

Zum Aufbau und Gebrauch der Lernstraße

Zum Aufbau der Lernstraße

Die insgesamt 19 Stationen folgen im Wesentlichen den Themen »Sterben« (bzw. Auseinandersetzung mit dem Sterben), »Tod« (bzw. Auseinandersetzung mit dem Tod als Faktum) und »Auferstehung« (bzw. der Hoffnung auf und der Rede von der Auferstehung). In dieser durchaus »chronologisch« verstandenen Reihenfolge nehmen die Stationen 5 und 15 gewissermaßen eine Sonderstellung ein – Station 5 behandelt andere Religionen unter einem weiteren Blickwinkel als allein dem des Sterbens; Station 15 bietet Deutungsmöglichkeiten des Todes und der bewussten »Zeit danach« an, die nicht zwingend als »Auferstehung« verstanden werden müssen.

Zur Arbeit mit der Lernstraße

Das Arbeiten mit der hier vorgelegten Lernstraße folgt einem einfachen Prinzip: Seiten kopieren (der Ästhetik und Übersicht wegen vorzugsweise auf farbigem Papier) – laminieren – fertig! D.h. so, wie die Lernstraße hier erscheint, ist sie einsatzbereit. Allein für Station 15 bedarf es gegebenenfalls einer Aufarbeitung, indem die dargebotenen (oder aber andere) Lieder bereitgestellt werden. Darüber hinaus braucht es für die Stationen 13 und 19 noch Zeitungen. Bewusst vermieden wurde, zahllose Kopiervorlagen für die Hand der Schülerin/des Schülers zu erstellen. Das für die Lernstraße wesentliche Material (die einzelnen Stationen) sollte – je nach Klassenstärke einfach oder doppelt – vorliegen, die weiteren Einträge gestalten die Schülerinnen und Schüler in ihrem Ordner.

Da jedes Thema noch weiter entfaltet werden kann, wurde hier auf Basiswissen bzw. Grundinformationen zurückgegriffen, eine Auswahl an weiterführender Literatur für manche Stationen wird weiter unten aufgeführt.

Die einzelnen Stationen haben einen unterschiedlichen Umfang. Viele Stationen umfassen 1–2 Seiten (d.h. ein Blatt Papier), andere sind ausführlicher. Dies sind die »ethischen Themen« Sterbebegleitung, Sterbehilfe oder Organspende, aber auch ein Thema wie Nahtoderlebnisse oder die Beschäftigung mit der umstrittenen Ausstellung »Körperwelten – Die Faszination des Echten« des Heidelberger Anatomen G. von Hagens. Solche Themen passen nicht auf eine Seite oder ein Blatt, die Wirklichkeit ist hier einfach komplexer, und dem muss auch eine Lernstraße Rechnung tragen. Diese Themen eignen sich für eine *Erarbeitung in der Gruppe mit anschließender Präsentation* (hierfür wurde das Zeichen 🖐 gewählt; vergleiche hier das gesondert gestaltete Arbeitsblatt »Präsentationsstationen« für die Hand der Schülerinnen und Schüler).

Die anderen Stationen können gut in Einzel- oder Partnerarbeit erarbeitet werden (hierfür stehen 👍 oder ✌).

Grundsätzlich empfiehlt es sich, zwischen Wahl- und Pflichtthemen zu unterscheiden, wobei hier bewusst offen gelassen wurde, welche Station welchem Bereich zugeordnet wird. Je nach vorhandener Zeit oder Interessenlage der Schülerinnen und Schüler (→ Partizipation am Unterrichtsgeschehen) kann dies unterschiedlich sein. So kann z.B. zu Beginn der Unterrichtseinheit eine Befragung stattfinden, bei der die Schülerinnen und Schüler auf Zettel ihr eigenes Interesse am Thema notieren (›mind map‹), dies wird an der Tafel fixiert und anschließend geordnet (›clustering‹): Auf diese Weise schält sich ein gewisser Grundbestand heraus, auf den dann im Folgenden im Lernzirkel zurückgegriffen werden kann.

Jede Schülerin/jeder Schüler sollte einen Ordner besitzen und die von jeweils behandelten Stationen schriftlich dokumentieren. Die mit 🖐 gekennzeichneten Stationen können entweder direkt in die Lernstraße eingebaut oder aber für einen späteren Zeitpunkt »ausgelagert« werden. Da diese Stationen zugleich methodische Kompetenzen einüben (Präsentationstechniken), wird empfohlen, dass jede Schülerin/jeder Schüler sich mindestens mit einer dieser Stationen beschäftigt.

Das Material der mit 🖐 gekennzeichneten Stationen eignet sich überdies auch für den Unterricht in der Sekundarstufe II – auch dort mit dem Ziel einer (Gruppen-)Präsentation zum Thema.

In das Thema sollte m. E. nicht unmittelbar mit der Lernstraße eingeführt werden, sondern eher mit einem Film oder aber mit einer gemeinsam erarbeiteten Station. Wählt man einen Film, so sollte dieser den Raum für eigene Fragen und Antworten eröffnen (Hinweise s. u. bei AV-Medien).

Wählt man den Einstieg über eine gemeinsam erarbeitete Station, bieten sich vielleicht folgende beiden Stationen an: Die eher formale Station 1 oder aber Station 13 – die Auseinandersetzung mit verschiedenen Todesanzeigen – in abgewandelter Form mit einem stärkeren Erfahrungsbezug der Schüler/innen. Die Art und Weise, wie die Station hier exemplarisch behandelt wird, zeigt den Schülerinnen und Schülern zugleich das weitere Vorgehen.

Nach einer Einführungsstunde ins Thema können die Schüler/innen dann selbstständig in Einzel-, Partner- oder Gruppenarbeit weiterarbeiten.

Bewertung von Schülerleistungen

Obgleich sich ein so sensibles Thema wie »Sterben – Tod – Auferstehung« eher nicht für ein Abrufen von Schülerleistungen eignet, weil es dadurch leicht »verzweckt« wird, sondern eher, wie oben bereits erwähnt, Räume eröffnen möchte, sind einzelne, objektivierbare Teilbereiche durchaus abprüfbar, zumal deren Kenntnis in manchen Lehrplänen als standardisiertes Wissen gefordert wird.

Um dem Rechnung zu tragen, empfiehlt sich vielleicht dreierlei:

1. Zum einen ein Blick in den *Ordner*: Wird das Angebot, das die Stationen machen, sinnvoll genutzt? Wie sorgfältig ist der Ordner geführt? Wie intensiv ist die Auseinandersetzung mit den Stationen? etc.
2. Zum anderen kann die Beschäftigung mit einem der *Präsentationsthemen* in eine Bewertung mit eingehen. Hier ist darauf zu achten, dass die Gruppe, die ein Thema bearbeitet, nicht zu groß ist, sodass alle Teilnehmenden in Vorbereitung und Präsentation präsent sind.
3. Und schließlich sind m. E. auch die *Lernprozesse* von den Unterrichtenden in eine Schülerleistung miteinzubeziehen. Hierfür kann die Lehrkraft während der Beschäftigung mit der Lernstraße entsprechende Eindrücke sammeln.

Hinweise zu einzelnen Stationen

Station 7: »*Sterben an der Hand eines anderen – Hospiz*«   **Station 7**
Der Text M 7.5 stammt aus dem Informationsfaltblatt »Die Würde des Menschen am Ende seines Lebens« der Woche für das Leben 2004. Solange der Vorrat reicht, kann er als bebildertes Faltblatt in der Regel auch im Klassensatz kostenlos bei den zuständigen Kirchenämtern bezogen werden.

Weitere Literatur in Auswahl: I. Lamp (Hg.): Hospiz-Arbeit konkret, Gütersloh 2001. Deutsche Hospiz Stiftung (Hg.): Ergebnisse der Langzeituntersuchung zur Hospizarbeit in Deutschland, Dortmund 1998. D. Tausch-Flammer: Spiritualität der Sterbebegleitung, Freiburg 1997. M. Kurz (Hg.): Kranke und Sterbende begleiten. Gedanken, Gebete und Lieder, Gütersloh 1997, H. Böke: Kranke und Sterbende begleiten. Psalmen, Gebete, Gedichte und Geschichte, Gütersloh 2004, »In Würde sterben – Sterbebegleitung, Sterbehilfe, Euthanasie« (Broschüre mit Informationen zur Orientierung und Meinungsbildung), zu bestellen über das Diakonische Werk Sachsens, Ref. Öffentlichkeitsarbeit, Obere Bergstr. 1, 01445 Radebeul, Tel.: 03 51–83 15, E-Mail: info@diakonie-sachsen.de.

Station 8   Station 8: »*Sterben durch die Hand eines anderen – Sterbehilfe*«
Die für die Beschäftigung mit diesem Thema notwendige Kenntnis über die gesetzlich geregelte Praxis der Sterbehilfe in den Niederlanden kann eingeholt werden über die »Königlich Niederländische Botschaft« – Friedrichstr. 95 – 10117 Berlin – Tel.: 0 30–20 95 60.

Weitere Literatur in Auswahl: »In Würde sterben – Sterbebegleitung, Sterbehilfe, Euthanasie« (Broschüre mit Informationen zur Orientierung und Meinungsbildung), zu bestellen über das Diakonische Werk Sachsens, Ref. Öffentlichkeitsarbeit, Obere Bergstr. 1, 01445 Radebeul, Tel.: 03 51–83 15, E-Mail: info@diakonie-sachsen.de.

Eine interessante Rechercheaufgabe kann sein, die »Gründsätze der Bundesärztekammer zur ärztlichen Sterbebegleitung« mit in die Präsentationsaufgabe einzubinden. Unter www.bundesaerztekammer.de findet sich der Wortlaut der Grundsätze samt einem Leitartikel zur Sterbebegleitung »Wegweiser für ärztliches Handeln« (entnommen dem Deutschen Ärzteblatt 95, Heft 39 vom 25. September 1998).

Station 9   Station 9: »*Der Tod vor dem Tod*«
Das eindrückliche Bild von Sara (farbige Abbildung siehe Seite 103) kann als Postkarte (oder als Poster) bestellt werden bei: Die Brücke e.V. – Stephanstr. 33 – 70173 Stuttgart – Tel.: 07 11– 29 57 11. Mit dem Geld für die Postkarten wird unter anderem die Arbeit mit AIDS-Kranken unterstützt.

Station 10   Station 10: »*Blick ins Jenseits? – Nahtoderlebnisse*«
Vgl. dazu jetzt auch Joachim Faulstich: »Das innere Land«, Knaur-Verlag 2004 (nähere Infos unter www.das-innere-land.de) sowie den Film »Der Tod – Teil 1: Die Antwort der Religionen« (45 Min., 1996, ab 16 J.) mit einem Interview des Heidelberger Neurologen und Psychiater M. Schröter-Kunhardt. Eher für höhere Klassen geeignet sind die Artikel »Mythos Nahtod« der populärwissenschaftlichen Zeitschrift »Gehirn & Geist. Das Magazin für Psychologie und Hirnforschung« 3/2003, S. 46 ff. sowie »An der Schwelle zum Tod«, in: Gehirn & Geist Dossier 1/2003: Angriff auf das Menschenbild, S. 14 ff. Mehr unter www.gehirn-und-geist.de.

Station 11   Station 11: »*Moderne Bestattungsformen*«
Das Bundesland Nordrhein-Westfalen hat Ende 2003 sein Bestattungsgesetz geändert, möglich sind jetzt auch private, öffentlich zugängliche Beisetzungsorte unterschiedlicher Art neben dem Friedhof, solange diese nicht der Totenwürde widersprechen. Zu diesem Themenkomplex vergleiche hierzu unter anderem folgende lesenswerten Artikel:

Michael Nüchtern: Zwischen Kreuz und Asche. Neue Formen und Orte der Bestattung werfen die Frage nach Würde und Gedenken auf. zeitzeichen 11/2003, S. 11–13. Ders.: Bestattungskultur in Bewegung. Deutsches Pfarrerblatt 9/2003, S. 451–454. Ders.: Kirchliche Bestattungskultur im Umbruch. Herausforderungen und Perspektiven. Praktische Theologie 3/2002, S. 167–175. Mythos Baum: Der Traum von der Ewigkeit. Publik-Forum 22/2002, S. 38–40. Ruhe für die Tote, Hilfe für die Lebenden? Publik-Forum 18/2003, S. 44. »Abschied und Neubeginn«. Titelthema der Zeitschrift GEO 12/2003, S. 174–204. Dort auch weitere Literatur zu Trauerritualen in Geschichte und Gegenwart.

Nützlich können auch folgende Internetadressen zur postmodernen Bestattungskultur sein:
- ❐ www.info@my-plan4ever.de (zur Idee des Friedwaldes)
- ❐ www.hall-of-memory.de (eine moderne Form des Totengedenkens mit Seelsorge, Andacht und Gebet)
- ❐ www.ewigesleben.de (Überblick über den Markt der Möglichkeiten in der Bestattungskultur)
- ❐ www.aeternitas.de; www.grabmal-ted.de (Verbraucherberatungen)
- ❐ www.postmortal.de, www.freigeisterhaus.de, www.humanismus.de (Internetportale zu einer Bestattungskultur jenseits der christlichen)

Station 12: »*Dem Tod einen Sinn geben – letzte gute Tat Organspende?*« **Station 12**
Die »Bundeszentrale für gesundheitliche Aufklärung« stellt kostenlos Materialien (bis hin zu Organspendeausweisen) zum Thema zur Verfügung. Bestelladresse: Bundeszentrale für gesundheitliche Aufklärung – 51101 Köln.

Station 14: »*Tod und Poesie*« **Station 14**
Für am Thema besonders Interessierte sei verwiesen auf den Bild- und Gedichtband von Isolde Ohlbaum: Denn alle Lust will Ewigkeit. Erotische Skulpturen auf europäischen Friedhöfen, München 1996. Dieses Buch steht als Modell hinter Station 14. (Vgl. auch Isolde Ohlbaum: Aus Licht und Schatten. Engelbilder, München 1994.)

Station 15: »*Lieder zu Sterben und Tod*« **Station 15**
Wenn die Möglichkeit zum Anhören der Lieder besteht, sollte an dieser Station ein entsprechendes Abspielgerät bereit gestellt werden.

Über die genannten Lieder hinaus eignet sich auch das Lied »Nur zu Besuch« der deutschen Punkband »Die Toten Hosen« (auf der 2002 erschienenen CD »Auswärtsspiel«) für diese Station. Leider hat der Musikverlag der Gruppe keine Abdruckgenehmigung des Textes erteilt. Der Kopf der 1982 gegründeten Band, Andreas Frege alias Campino, schreibt in dem Lied über das Verhältnis zu seiner verstorbenen Mutter. Vorgestellt ist wohl ein so genannter Friedwald, in dem die Mutter liegt – die Sehnsucht nach der Mutter, nach Ruhe und Zeit bestimmen den ruhigen Song.

Station 17: »*Ewig leben als Plastinat?*« – Körperwelten **Station 17**
Die immer wieder neu umstrittene Ausstellung »Körperwelten – Die Faszination des Echten«, in jüngster Zeit aber noch mehr die Frage, woher die ausgestellten Leichen eigentlich stammen, machen das Thema m.E. bleibend aktuell und die Behandlung des Themas attraktiv.

Zu den jüngsten Vorwürfen gegenüber von Hagens vgl. z.B. Der Spiegel 4/2004 vom 19.1.2004. Titelthema: »Dr. Tod. Die horrenden Geschäfte des Leichen-Schaustellers Gunther von Hagens«, S. 36–50. Oder immer wieder die Tagespresse.

Ausstellungskataloge sowie eine vom Institut für Plastination (m.E. allerdings wenig zu empfehlende) »Fachübergreifende Lernwerkstatt« sind zu beziehen beim »Institut für Plastination« – Rathausstraße 18 – 69126 Heidelberg – Tel.: 0 62 21–33 11 55, Fax: 0 62 21–33 11 23. Für die Internetrecherchen sei verwiesen auf www.koerperwelten.de.

Zur für einen guten Unterricht immer wichtiger werdenden Methode »Präsentieren« bzw. zu deren Erlernen gibt es mittlerweile zahlreiche und gute Hilfsmittel. Vergleiche hier beispielsweise: **Hilfsmittel**
❐ PÄDAGOGIK, Themenheft Präsentieren, März 2004.
❐ M. Hartmann / R. Funk / H. Nietmann: Präsentieren. Präsentationen: zielgerichtet und adressatenorientiert, Weinheim/Basel, 6. Auflage 2000.
❐ Methodentrainer. Arbeitsbuch für die Sekundarstufe II Gesellschaftswissenschaften, hg. von B. Kolossa, Berlin 2000.

AV-Medien

AV-Medien zum Einstieg

Die folgenden vier Filme eignen sich besonders für einen gemeinsamen Einstieg in das Thema, bevor es in Freiarbeit weiter behandelt wird:

❐ Papierflieger (15 Min., 1995, ab 6 J.)
Der kleine Jan muss den Tod seines Freundes erleben. Immer wieder stellt er sich und den Erwachsenen die Frage, wo sein Freund denn nun ist. Doch keiner der Großen kann ihm eine zufrieden stellende Antwort geben. Schließlich

gelingt es Jan dank seiner Beharrlichkeit und der Hilfe eines Kirchenbesuchers seine Frage und seine Trauer zum »Fliegen« zu bringen.

❐ Ponette (97 Min., 1996, ab 12 J.)
Ein 4-jähriges Mädchen trauert um seine Mutter, die an den Folgen eines Auto-unfalls starb. Da der Vater ihr keinen Trost zu spenden vermag, wendet sich Ponette in ihrer Trauer an Gott und fleht ihn an, die geliebte Mutter wieder auf die Erde zu schicken. Zunächst erscheint es, als würden die Gebete nicht erhört, der enorme Leidensdruck und die Kraft des unverstellten Glaubens aber erfül-len am Ende doch den Wunsch des Mädchens: Ein letztes Mal kehrt die Mutter zurück, nimmt Abschied und ermöglicht ihrer Tochter die Trauer in das kind-liche Dasein einzuordnen. Ein sensibler und poesievoller Film, der eine kind-lich-naive Perspektive einnimmt, um Glaubensfragen und Glaubensvorstellun-gen zu thematisieren. Auszeichnung 1996 in Venedig.
(→ Nähe zu Station 4: Märchen von Leben und Tod)

❐ Wenn das Leben geht (10 Min., 2000, ab 10 J.)
Was passiert, wenn ein Mensch oder ein geliebtes Haustier stirbt? Verschiedene Kinder berichten über ihre Vorstellungen von Tod und Sterben, aber auch über ihre Hoffnungen und Erwartungen, die sie bei der Erwähnung dieses Themas haben. Der Film setzt alle diese kindlichen Empfindungen in Bildsequenzen um und bietet so einen geeigneten Einstieg zum Nachdenken und Reflektieren über den Tod.

❐ Vater und Tochter (9 Min., 2000, ab 14 J.)
Ein kleines Mädchen verabschiedet sich von seinem Vater, der mit einem Boot auf das Meer hinausrudert und nicht wiederkehrt. Das ganze Leben hindurch kommt die Frau immer wieder an die Stelle zurück, wo sie als Kind von dem Vater Abschied genommen hat, und hält Ausschau. Aber erst im Tod begegnet sie ihm wieder: Alt geworden, geht sie ins Meer hinein und wird dabei immer jünger, um schließlich als Kind von ihrem Vater in die Arme genommen zu wer-den. Der auf zahlreichen Festivals ausgezeichnete Film erhielt 2001 den Oscar für den besten Kurzfilm.

Auswahl an AV-Medien
Das Angebot an AV-Medien zum Themenkomplex und seinen einzelnen Berei-chen ist übergroß. Nachfolgend eine Auswahl von Videokassetten (sämtlich in Farbe), jeweils mit Längenangabe in Minuten, Produktionsjahr und Eignungs-alter:

1) *Sag' mir, wenn ich sterben muss* (45 Min., 1982, ab 14 J.):
   Rechtsanwalt Ziemek, ein erfolgreicher und lebenslustiger Mann, erfährt eines Tages zu seinem Entsetzen von verschiedenen Ärzten, dass er unheil-bar krank ist. Dem Wissen um sein Schicksal stehen er selbst und seine Angehörigen hilflos gegenüber. Der Film konfrontiert mit der Frage, wie wir uns mit dem eigenen Tod auseinandersetzen und uns angesichts des Ster-bens anderer verhalten.

2) *Leben dürfen bis zum Tod* (27 Min., 1987, ab 16 J.):
   Mit Hilfe der modernen Medizin ist das Sterben zu einer eigenen Lebens-phase geworden. Verdrängt aus unserem Alltag und Bewusstsein, wird es oft künstlich hinausgezögert und damit nicht selten zur Qual. Ohne zu große Schmerzen und liebevoll umsorgt die letzten Wochen des Lebens zu verbrin-gen, das möchten so genannte Hospize schwer kranken Menschen anbieten. Nach dem Vorbild des berühmten Londoner St. Christophers Hospice gibt es u. a. in Aachen und Köln vergleichbare Einrichtungen, die u. a. im Film vor-gestellt werden.

3) *Hospiz 1+2* (51 Min., 1991, ab 16 J.):
Teil 1: Eine Idee setzt sich durch (26 Min.). Ausgehend von den Erfahrungen der Gründerin der Hospizbewegung, der englischen Ärztin C. Saunders, werden die Grundgedanken der Betreuung Schwerstkranker und Sterbender an Beispielen aus dem St. Christophers Hospiz in London, aus Montreal und aus Südamerika erläutert.
Teil 2: Im Mittelpunkt: Der Kranke (25 Min.)
Hospiz 3+4 (54 Min., 1991, ab 16 J.):
Teil 3: Ein Zuhause schaffen zum Sterben (26 Min.);
Teil 4: Entwicklungen in Deutschland (28 Min.)
Hospiz 5 (26 Min., 1991, ab 16 J.): AIDS: Neue Herausforderungen.

4) *Sechzig zu vierzig. Menschenwürdiges Sterben* (30 Min., 1992, ab 16 J.):
Eine Produktion des SWF zum 5. Gebot. Dr. Gronau ist unheilbar krank. Er hat Krebs und wird bald sterben. Aus Verzweiflung bittet er einen befreundeten Arzt um ein Mittel, das seinem Leben ein Ende setzt. Doch dieser lehnt ab. Trost und Hoffnung erhält er wenig später in einem Gespräch mit Frau Wegmann, einer Pastoralreferentin der Gemeinde.

5) *Der Tod auf der Warteliste – Menschenleben und Organtransplantation* (44 Min., 1995, ab 16 J.):
Eine Auftragsproduktion des ZDF. Die Bereitschaft zur Organspende nimmt heute in der Gesellschaft rapide ab. Menschen, die seit Jahren sehnlichst auf Organe warten, beobachten die Entwicklung mit wachsender Besorgnis. Im Film sprechen Betroffene, die auf neue Organe warten oder die schon mit neuen Organen leben, offen über ihre Ängste und Hoffnungen.

6) *Einen Grund zum Leben find ich immer wieder* (26 Min., 1994, ab 16 J.):
Die Dokumentation schildert das Sterben einer krebskranken Frau und ihren über 10-jährigen Kampf gegen den Tod. Sie selbst erzählt von ihrem Leben und auch von den Veränderungen darin, nachdem sie von ihrer Krankheit erfahren hat. Auszüge aus dem Tagebuch und verschiedene Fotos ergänzen diesen Bericht eines Menschen, der sich bewusst auf seinen Tod vorbereitet.

7) *Tod auf Verlangen* (57 Min., 1994, ab 16 J.):
Seit dem Frühjahr 1994 gelten in den Niederlanden neue gesetzliche Bestimmungen für den Bereich der Sterbehilfe. Sie erlauben dem Arzt, unter äußerst strengen Bedingungen Sterbehilfe zu leisten. Der Film dokumentiert die Entscheidung für den Tod und schließlich das Sterben eines Mannes, der an einer tödlichen Krankheit leidet. Der Film begegnet dem betroffenen Patienten wie auch der Ehefrau und dem behandelnden Arzt mit großem Respekt und ohne voyeuristische Absicht.

8) *Hirntod und Organtransplantation* (44 Min., 1993, ab 16 J.):
Wann ist der Mensch tot? Wann können ihm Organe entnommen werden? Die Hirntod-Definition wirft enorme ethische Fragen auf. Fachleute aus der Medizin, Eltern hirntoter transplantierter Kinder und Theologen nehmen vor dem Hintergrund der kirchlichen und staatlichen Verlautbarungen kritisch Stellung zu diesen Fragen.

9) *Blick ins Jenseits – Grenzerfahrungen zwischen Leben und Tod* (18 Min., 1995, ab 14 J.):
Erlebnisse während des Sterbeprozesses werden geschildert und analysiert. Dabei kommen drei ganz unterschiedliche Sichtweisen zu Wort: Zunächst eine Frau mit dem persönlichen Erlebnis als Reanimierte, dann ein Psychiater und schließlich ein Theologe. Kultur- und geschichtsübergreifend wird eine gewisse Ähnlichkeit der geschilderten Abläufe beim Sterbevor-

gang festgestellt und vorsichtig nach Deutungsmöglichkeiten gefragt, jedoch ohne eindeutige Festlegung.

10) *Ende oder Anfang. Erfahrungen in einem Sterbehospiz* (30 Min., 1996, ab 14 J.):
Eine Produktion des Saarländischen Rundfunks. Bewohner und Mitarbeiter eines Sterbehospizes sprechen über ihre Erfahrungen und Ängste im Umgang mit dem Tod.

11) *Stationen – Tot oder lebendig. Die ethische Kontroverse um den Hirntod* (45 Min., 1995, ab 15 J.):
Ein Beitrag des Bayerischen Rundfunks. Der Film setzt sich mit der ethischen Kontroverse um den Hirntod auseinander. Angehörige Betroffener sowie Ärzte und Theologen diskutieren die Frage, ob der Hirntod mit dem wirklichen Tod des Menschen gleichzusetzen ist. In diesem Zusammenhang werden unterschiedliche Lösungsmodelle zur Gewissensfrage angeführt, ob einem Menschen im hirntoten Zustand Organe entnommen werden dürfen. Eine wissenschaftlich und theologisch fundierte Dokumentation, die das Thema mit kritischer Genauigkeit angeht.

12) *Auf Leben und Tod: Ein neues Herz für Dieter K.* (30 Min., 1998, ab 15 J.):
Der Ablauf der Vorbereitung sowie die Durchführung einer Herztransplantation werden dokumentiert. Dieter K., der Patient, und seine Frau beantworten vor dem entscheidenden Eingriff noch verschiedene Fragen. Ein Interview mit der Mutter eines anderen Spenders informiert über die Motive für eine Organspende. Nach der Operation beschreibt Dieter K. sein wieder gewonnenes Lebensgefühl.

13) *Tod – Sichtweisen für das dritte Jahrtausend* (58 Min., 1998, ab 16 J.):
Eine Folge der Senderreihe ALPHA, Magazin für Lebenskunst, des Bayerischen Rundfunks. Tod und Sterben werden verdrängt und auch die Trauer hat keinen Platz im Alltagsbewusstsein. Der Film untersucht, warum der Tod in unserem Weltbild weitgehend tabuisiert wird und welche Konsequenzen das für unser Leben hat. Nicht nur die Frage »Gibt es ein Leben nach dem Tod?«, sondern auch die Frage »Gibt es ein bewusstes Leben vor dem Tod?« wird gestellt. Denn wer nach dem Tod fragt, fragt auch immer nach dem Leben. Das Sterblichkeitsbewusstsein ist entscheidend für das Verständnis und den Wert des menschlichen Lebens.

14) *Eine Niere für die beste Freundin* (44 Min., 1999, ab 14 J.):
Eine Produktion im Auftrag des WDR, Reihe »Menschen hautnah«. Seit zwei Jahren wartet die 24-jährige Heike bereits auf eine Spenderniere. Dreimal wöchentlich muss sie einen ganzen Vormittag an die Dialyse in die Klinik. Aber auf die Dauer ist sie auch nicht bereit mit Dialyse zu leben. In dieser für Heike so ausweglosen Situation beschließt ihre beste Freundin Tina, ihr eine Niere zu spenden. Heike ist überglücklich. Die Filmautoren haben die beiden Freundinnen monatelang begleitet: Von ihrem Entschluss über Vorgespräche und Untersuchungen bis hin zur Transplantation.

15) *Der Tod – Teil 1: Die Antwort der Religionen* (45 Min., 1996, ab 16 J.):
Eine Auftragsproduktion des NDR in Zusammenarbeit mit ARTE. Die großen Kulturen und Weltreligionen beantworten sehr unterschiedlich die Frage nach einem Leben über den Tod hinaus. In ihrem Beitrag stellen die Autoren die verschiedenen Religionen zusammen. Darin ein Interview mit dem Heidelberger Neurologen und Psychiater Michael Schröter-Kuhnhardt über so genannte »Nahtoderlebnisse«.

16) *Der Tod – Teil 2: Was Menschen für das Jenseits tun* (45 Min., 1996, ab 16 J.):
Eine Auftragsproduktion des NDR in Zusammenarbeit mit ARTE. Die Hoffnung auf ewiges Glück im Himmel und die Angst vor der Hölle haben die Menschen seit jeher bewegt und ihr Handeln beeinflusst. Wie hat sich die Überzeugung, dass es im Jenseits eine höhere Gerechtigkeit gibt, auf das konkrete Leben der Menschen ausgewirkt? Die Autoren gehen dieser Fragestellung nach und spannen einen Bogen von den Anfängen des Christentums, als Menschen in der Hoffnung auf ein baldiges Himmelsglück bereitwillig den Tod auf sich nahmen, bis zu radikalen jüdischen und christlichen Gruppierungen unserer Zeit.

17) *Jenseitsreisen. Erfahrungen an der Grenze des Lebens* (32 Min., 2001, ab 15 J.):
Menschen, die am Rande des Todes standen, berichten von ihren Erlebnissen, die die Wissenschaft als Nahtoderfahrungen bezeichnet. Es sind stets wiederkehrende Elemente, von denen die Betroffenen erzählen. Entgegen den Erwartungen äußern alle, dass sie die Rückkehr in das Leben als unangenehm empfunden haben, ein Phänomen, dem die Wissenschaft hilflos gegenübersteht.

18) *Wie möchte ich sterben? Die Freiheit des Menschen an seinem Lebensende* (33 Min., 2001, ab 15 J.):
Eine Produktion des BR. Viele Menschen wünschen sich einen selbst bestimmten Tod. Sie haben Angst, die letzten Tage ohne Bewusstsein nur mit Schläuchen und Apparaten am Leben gehalten zu werden. Auch die christlichen Kirchen akzeptieren den Verzicht auf High-Tech-Medizin. Anhand von verschiedenen Beispielen sowie durch Gespräche mit Ärzten, Altenpflegern und Ethikern zeigt der Film die Gratwanderung auf zwischen selbst und fremd bestimmten Sterben.

19) *Der Tod ist ein wunderbares Erlebnis. Franz Alt im Gespräch mit Elisabeth Kübler-Ross* (45 Min., 1998, ab 16 J.):
Eine Folge der TV-Reihe »Querdenker« mit Franz Alt, der 1998 die weltbekannte Sterbeforscherin Elisabeth Kübler-Ross in ihrem Haus in Arizona besucht und mit ihr ein Gespräch angesichts ihres eigenen Todes über das Sterben führt.

20) *Sterben auf Wunsch – Erfahrungen in Holland* (30 Min., 2001, ab 16 J.):
Eine Auftragsproduktion des ZDF. Die Niederlande sind seit kurzem weltweit das erste Land, in dem Ärzte unter bestimmten Bedingungen das Leben von unheilbar Kranken straffrei beenden oder Hilfe zur Selbsttötung leisten dürfen. Diese Gesetzesverabschiedung ist das Ergebnis einer 25 Jahre langen juristischen und gesellschaftlichen Diskussion. Der Film begleitet drei Menschen, die auf dem Sterbebett liegen, in ihren letzten Lebenstagen. Es wird dabei deutlich, wie schwierig die Umsetzung der gesetzlichen Möglichkeiten für alle Beteiligten – für den Sterbenden, für die Ärzte und für die Verwandten – ist.

Ich danke meinen Schülerinnen und Schülern am Geschwister-Scholl-Gymnasium in Waldkirch und am Erasmus-Gymnasium in Denzlingen, die das Entstehen dieser Lernstraße sowohl offen und neugierig als auch kritisch begleiteten.

Präsentationsstationen

Die mit ✍ gekennzeichneten Stationen sind so genannte Präsentationsstationen. Hier geht es darum, in Gruppenarbeit das Material einer Station arbeitsteilig aufzubereiten, sich darüber auszutauschen und es anschließend zu ›präsentieren‹. Da es sich hier vorwiegend um ethische Themen handelt (7: Hospiz, 8: Sterbehilfe, 10: Nahtoderlebnisse, 12: Organspende und 17: die umstrittene Ausstellung »Körperwelten«), geht es auch um eine eigene Positionierung. Dennoch soll hier sinnvollerweise (anders als in der nachfolgenden Definition) die eigene Position in einer Präsentation nicht im Vordergrund stehen – vielmehr gilt es zunächst, die Lerngruppe sachgemäß zu informieren. Die eigene Meinung darf (und soll!) zu einem späteren Zeitpunkt – z.B. in der anschließenden Diskussion – einfließen. Was so verstanden eine Präsentation ist, lässt sich vielleicht wie folgt definieren:

> »*Eine oder mehrere Personen stellen für eine Zielgruppe bestimmte Inhalte, also Sachaussagen oder Produkte, dar. Ziel ist es, diese Gruppe zu informieren oder zu überzeugen. Die Darstellung wird unterstützt durch bildhafte Mittel. An die Darstellung schließt sich eine Fragerunde oder Diskussion an.*«[1]

Die Unterstützung durch bildhafte Mittel heißt Visualisierung. Visualisierungen meinen bildhafte Umsetzungen von Inhalten, die die gesprochenen Worte unterstützen. Dies kommt dem menschlichen Lernen insofern entgegen, als der Mensch lediglich nur rund 20 % dessen behält, was er gehört hat, jedoch rund 50 % dessen, was er gehört *und* gesehen hat. Die Prozentzahlen lassen sich noch steigern: Man behält rund 70 % von dem, worüber man selbst gesprochen oder es einer anderen Person erklärt hat; man behält rund 90 % von dem, was man selbst ausprobiert und ausgeführt hat (›Handlungsorientierung‹).

Visualisierungsmedien

Visualisierungsmedien können beispielsweise sein:
- Tafel (zum Sammeln, Entwickeln, Strukturieren)
- Pin-Wand (zum Variieren, Verändern, Umstrukturieren)
- Wandzeitung (Plakat, Poster, Stellwand)
- Flip-Charts (für Übersichten und/oder Gliederungen)
- Tageslichtprojektor mit Folien (zum Gestalten, Verdeutlichen, Hervorheben)
- Bilder (z.B. Dias, Filmausschnitte)
- Computer (z.B. PowerPoint).

Präsentationsmöglichkeiten gehen darüber aber noch hinaus. Auch Rollenspiele, Interviews, Standbilder, Lieder und dergleichen zählen hierzu und können so eine Präsentationen noch lebendiger werden lassen.

Dabei geht es nicht um eine ›Materialschlacht‹, sondern alles Visualisieren soll geleitet sein von der Frage: ›Was ist das angemessene Medium, um das, was ich jetzt zu diesem Punkt zu sagen habe, sinnvoll medial zu unterstützen?‹ Umgekehrt zeigt sich aber auch: Gelungene Präsentationen bedürfen der Variation in der Darstellung; deshalb sollten mindestens drei Medien die Präsentation unterstützen.

Tipps

Einige Tipps für gelingende Textvisualisierungen:
- Nur wichtige Kernaussagen aufschreiben
- einfach formulieren
- stichwortartig aufzählen
- ausreichend Abstand zwischen den Zeilen lassen
- auf Lesbarkeit achten (nicht nur Großbuchstaben, nüchternes Schriftbild, Beschränkung: das Plakat/die Folie nicht zu voll gestalten).

---

1 Vergleiche M. Hartmann / R. Funk / H. Nietmann: Präsentieren. Präsentationen: zielgerichtet und adressatenorientiert. Beltz Verlag Weinheim und Basel, 6. Auflage 2000, S. 12.

Überblick Lernstraße: Sterben – Tod – Auferstehung

Die Symbole in der rechten Spalte geben an, ob du die Stationen in Einzelarbeit 👍 *, in Partnerarbeit* ✌️
oder in Gruppenarbeit als Präsentation 🖐️ *erarbeiten kannst.*

Station	Thema	Materialien		Schüler/innen
1	Schriftzüge »Tod«	M 1	Schriftzüge »Tod«	👍
2	Zehn Sätze zum Tod	M 2	Zehn Sätze zum Tod	👍
3	Was ist der Tod? – Meinungen	M 3	Was ist der Tod? – Meinungen	👍 ✌️
4	Märchen von Leben und Tod	M 4.1 M 4.2 M 4.3 M 4.4 M 4.5	Infoblatt »Märchen« Die Boten des Todes Das Totenhemdchen Der gestohlene Heller Der Tod und der Gänsehirt	👍 ✌️
5	Der Tod in anderen Religionen	M 5.1 M 5.2a M 5.2b M 5.3 M 5.4a M 5.4b	Tod und Trauer im Judentum Tod und Trauer im Islam Zum Thema »Islamische Friedhöfe« Tod und Trauer im Hinduismus Tod und Trauer im Buddhismus Dalai Lama: Der Tod	👍 ✌️
6	Auferstehungsglaube – nur Vertröstung auf ein besseres Jenseits?	M 6	D. Bonhoeffer: Widerstand und Ergebung (Brief vom 27.6.1944)	👍 ✌️
7	Sterben an der Hand eines anderen – Hospiz	M 7.1 M 7.2 M 7.3 M 7.4 M 7.5	Der Hospizgedanke und seine Geschichte »Sterben mit dir macht Spaß« Die letzte Lebensreise Aus den Grundsätzen eines Hospizvereins Die Würde des Menschen am Ende seines Lebens	🖐️
8	Sterben durch die Hand eines anderen – Sterbehilfe	M 8.1 M 8.2 M 8.3 M 8.4	Wer bestimmt die Zeit zum Sterben? »Euthanasie als Ausdruck von Selbstbestimmung« Testamentarische Erklärung »Selbstbestimmung erzeugt nur neue Zwänge«	🖐️
9	»Der Tod vor dem Tod«	M 9	Bild von Sara: »Der Tod vor dem Tod«	👍 ✌️
10	»Blick ins Jenseits?« – Nahtoderlebnisse	M 10.1 M 10.2 M 10.3 M 10.4	Ein Standardmodell der Nahtoderfahrung Todesnäheerfahrungen im Kulturvergleich Interview »Irrlichter im Kopf« oder »Einblicke ins Jenseits«? »Kein Hinweis auf ein Jenseits«	🖐️

Station	Thema	Materialien	Schüler/innen
11	Moderne Bestattungsformen	M 11.1 »Preiswerte Entsorgung« M 11.2 »Die letzte Reise« M 11.3 Bestattung im Friedwald M 11.4 »Wenn der Mensch zum Dünger wird«	
12	»Dem Tod einen Sinn geben« – letzte gute Tat Organspende?	M 12.1 »Ungewissheit ist das Schlimmste« M 12.2 »Ich bin keine Kannibalin« M 12.3 »Wann ist der Mensch tot?« – Drei Standpunkte M 12.4 Organspende – Ein Vorschlag M 12.5 Organspendeausweis	
13	Todesanzeigen	M 13 Absonderliche Traueranzeigen	
14	Tod und Poesie	M 14.1 Tod und Poesie M 14.2 Auswahl von Friedhofsbildern	
15	Lieder zu Sterben und Tod	M 15.1 Ludwig Hirsch: I lieg am Ruckn M 15.2 Ludwig Hirsch: Komm großer schwarzer Vogel M 15.3 Joachim Witt: Die Flut M 15.4 Eric Clapton: Tears in Heaven	
16	Trauerpredigt	M 16 Trauerpredigt zu Versen aus Jesaja 38	
17	»Ewig leben als Plastinat?« – Körperwelten	M 17.1 »Würde der Toten, Angst der Lebenden« M 17.2 Interview mit Gunther von Hagens M 17.3 »Den Menschen verewigen«	
18	»Sterben – wie eine Geburt«	M 18.1 M. Luther: Ein Sermon von der Bereitung zum Sterben (1519) M 18.2 Anfang einer Mind-Map	
19	Auferstehung – Annäherungen an die christliche Bilderrede	M 19.1 Die christliche Bilderrede vom ewigen Leben M 19.2 »Leben danach?« – Die Geschichte von den zwei Knaben M 19.3 Auferstehung in der Bibel	

Station 1

Schriftzüge »Tod«

Du findest auf dem Arbeitsblatt insgesamt 15 Variationen des Schriftzuges »Tod«.

Arbeitsaufgaben

- Wähle den Schriftzug aus, der deiner persönlichen Auffassung vom Tod am nächsten kommt. Übertrage ihn in deinen Ordner.

- Wenn du keinen für dich passenden Schriftzug findest, wähle einen eigenen, der deiner Auffassung nahe kommt.

- Begründe deine Auswahl schriftlich.

Station 2

Zehn Sätze zum Tod

Diese zehn Zitate vertreten unterschiedliche Meinungen über den Tod.

Arbeitsaufgaben

- Wähle das Zitat, dem du zustimmen kannst, aus. Schreibe es mit **grüner** Farbe in deinen Ordner. Begründe deine Wahl schriftlich.

- Wähle dann auch das Zitat aus, mit dem du am wenigsten anfangen kannst. Schreibe es mit **roter** Farbe in deinen Ordner. Begründe auch hier deine Auswahl schriftlich.

Station 1

Materialien

M 1:   Schriftzüge »Tod«

Station 2

Materialien

M 2 mit 10 unterschiedlichen Positionen aus rund drei Jahrtausenden zum Thema »Tod«

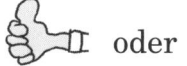 oder

Was ist der Tod? – Meinungen

In dieser Station begegnen dir vier unterschiedliche Positionen zum Thema Tod.

Arbeitsaufgaben

- Lies die Meinungen sorgfältig mehrmals durch. Welche Ansicht über den Tod begegnet dir jeweils?

- Ordne die Texte den folgenden Quellen zu:
  1) Der stoisch-gelassene Philosoph L. Annaeus Seneca (4 v. Chr.–65 n. Chr.)
  2) Die auf ein Leben nach dem Tod hoffende Position des Dichters Rainer Maria Rilke (1875–1926)
  3) Die zweifelnde Position des Dichters Heinrich Heine (1797–1856)
  4) Der frühchristliche Denker Augustinus (354–430 n. Chr.)

- Schreibe dann mit eigenen Worten in deinen Ordner, wie der Tod in den vier Texten jeweils gesehen wird (z.B. als Bedrohung, Ziel des Lebens). Finde zu dem, was du schreibst, Belege beim Verfasser und schreibe sie (in Klammern) dazu.

 oder

Märchen von Leben und Tod

Märchen sind mehr als bloße Geschichten. Märchen wollen auf ihre eigene Weise etwas mitteilen über die Grundthemen der menschlichen Existenz wie Freude, Glück, Trauer und Tod. Deshalb ist es interessant festzustellen, wie der Tod im Märchen dargestellt wird und begegnet.

Arbeitsaufgaben

- Lies zunächst das Infoblatt über den Tod im Märchen aufmerksam durch. Notiere in deinen Ordner, was dir für ein Verständnis des Todes im Märchen wichtig erscheint.

- Wähle ein Märchen aus und lies es aufmerksam durch. Was will dieses Märchen über Trauer und Tod mitteilen? Zu welcher Haltung gegenüber dem Tod will es anleiten?

Station 3

Materialien

M 3:   Was ist der Tod? – Meinungen

Station 4

Materialien

M 4.1:   Infoblatt über die Rolle des Todes in Märchen

Vier Märchen zum Bearbeiten:
M 4.2:   Die Boten des Todes
M 4.3:   Das Totenhemdchen
M 4.4:   Der gestohlene Heller
M 4.5:   Der Tod und der Gänsehirt

Station 5

 oder

Der Tod in anderen Religionen

Alle Religionen eint die Auffassung, dass das Leben mit dem Tod nicht völlig »aus« ist. Neben dieser grundsätzlichen Gemeinsamkeit gibt es aber auch charakteristische Unterschiede der Religionen im Verhältnis zum Tod.

Arbeitsaufgaben

● Lies die verschiedenen Auffassungen zum Tod in den vier großen Religionen aufmerksam durch.

● Notiere dann,
  – wie der Tod in den jeweiligen Religionen gesehen wird,
  – wie man sich auf ihn vorbereitet,
  – was über das Weiterleben nach dem Tod ausgesagt wird,
  – welche (Trauer-)Rituale Sterben und Tod begleiten und
  – welche Bedeutung dem Friedhof zukommt.

Station 6

 oder

Auferstehungsglaube – nur Vertröstung auf ein besseres Jenseits?

Dietrich Bonhoeffer wurde wegen seines Widerstandes gegen Adolf Hitler am 9. 4. 1945 hingerichtet. In einem Brief aus der Haft schreibt der Theologe über die christliche Auferstehungshoffnung und über die Verantwortung, die Christen schon im Diesseits haben.

Arbeitsaufgaben

Es gibt verschiedene Techniken, Texte zu erfassen und zu bearbeiten. Eine Möglichkeit ist, einen bestimmte Textform in eine andere Textform umzuarbeiten.

● Formuliere den Brief D. Bonhoeffers in ein Interview um. Lies den Brief dazu mehrmals sorgfältig durch, überlege dir sinnvolle Fragen, die zu einzelnen Textabschnitten passen und schreibe das »Interview« mit deinen Fragen und den Antworten D. Bonhoeffers in deinen Ordner.

Station 5

Materialien

Vier Textblätter mit Information zum Verständnis des Todes in den vier großen Religionen:

M 5.1: Tod und Trauer im Judentum

M 5.2: Tod und Trauer im Islam

M 5.3: Tod und Trauer im Hinduismus

M 5.4: Tod und Trauer im Buddhismus

Station 6

Materialien

M 6: Auszüge eines Briefes von Dietrich Bonhoeffer vom 27.6.1944

Station 7

Sterben an der Hand eines anderen – Hospiz

»*Der Mensch will nicht durch die Hand eines anderen sterben, sondern an der Hand eines anderen!*« *Diesen Grundsatz verfolgt die Hospizbewegung, indem Menschen in der letzten Phase ihres Lebens nicht alleine gelassen werden und ihnen ein Sterben in Würde ermöglicht wird.*

Arbeitsaufgaben

● Informiert euch anhand der Materialien über Geschichte und Ziele der Hospiz-Bewegung und bereitet so eine ca. 15-minütige Gruppenpräsentation zum Thema vor.

Station 8

Sterben durch die Hand eines anderen – Sterbehilfe

»*Ich jedenfalls möchte das Ende meines Lebens selbst bestimmen! Dies gilt umso mehr, wenn ich keine Aussicht auf Heilung mehr habe. Dann ist das Leben doch sinn- und wertlos.*« *Die Konfrontation mit Leid, Sterben und Tod lässt immer wieder den Ruf nach aktiver Sterbehilfe (»Euthanasie«) laut werden. Was in den Niederlanden 2001 gesetzlich erlaubt wurde, sorgt auch in Deutschland zunehmend für Diskussionsstoff.*

Arbeitsaufgaben

● Erarbeitet anhand der Materialien zu dieser Station die Positionen der Befürworter und Gegner der aktiven Sterbehilfe. Klärt für euch die jeweiligen Argumente und stellt anschließend das Thema in einer ca. 15-minütigen Präsentation vor der Klasse vor.

● Bestimmt eine(n) Diskussionsleiter(in), diskutiert über das Vorgestellte und findet euer eigenes Urteil.

Station 7

Station 8

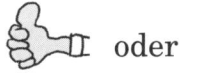 oder

»Der Tod vor dem Tod«

*»Der Tod vor dem Tod« – so nannte die HIV-infizierte Sara das Bild, das sie 1985 malte. Sie drückt damit aus: Es ist ja gar nicht so sehr der Tod **nach dem** Leben, der uns bedroht, sondern vielmehr der Tod **mitten im** Leben. Ihr Bild zeigt Beispiele eigener Erfahrungen und Gefühle.*

Arbeitsaufgaben

● Nimm dir Zeit, möglichst viele Einzelheiten auf dem Bild von Sara zu deuten und zu erklären. Lege in deinem Ordner eine Tabelle mit zwei Spalten an: in die linke Spalte trägst du die einzelnen Szenen des Bildes ein, in die rechte Spalte die Erklärung.

● Überlege: Was heißt es, mitten im Leben zu sterben? Suche noch nach anderen Möglichkeiten und Ursachen, »lebendig tot« zu sein.

»Blick ins Jenseits?« – Nahtoderlebnisse

So genannte Nahtoderlebnisse beschäftigen heute nicht nur Theologen. Auch Mediziner und Soziologen befassen sich mehr und mehr mit diesem Phänomen. Dabei geht es vorrangig darum, Gemeinsamkeiten zwischen den jeweiligen Erlebnissen zu erforschen. Der Blick richtet sich dabei auch auf kulturübergreifende Strukturen. Doch es bleiben viele Fragen. Sind Nahtoderlebnisse ein »Blick ins Jenseits« oder zeigen sie schlicht, dass der »Tote« noch lebt?

Arbeitsaufgaben

● Informiert euch anhand der Arbeitsblätter über so genannte Nahtoderlebnisse.

● Sind Nahtoderlebnisse ein Beweis für ein Weiterleben nach dem Tod? Teilt euch dabei in eine Pro- und eine Contra-Gruppe auf und notiert jeweils wichtig erscheinende Aussagen.

● Bereitet eine ca. 15-minütige Gruppenpräsentation zum Thema vor der Klasse vor. Formuliert dabei in jeder Gruppe eine eigenständige Meinung zu der Frage, ob Nahtoderlebnisse als *Beweis* für ein Weiterleben nach dem Tod angesehen werden können.

Station 9

Materialien

M 9:   Bild »Der Tod vor dem Tod«

Station 10

Materialien

Informationen und Meinungen zu so genannten Nahtoderlebnissen:

M 10.1:   Ein Standardmodell der Nahtoderfahrung

M 10.2:   Todesnäheerfahrungen im Kulturvergleich

M 10.3:   Interview »Irrlichter im Kopf« oder »Einblicke ins Jenseits«?

M 10.4:   »Kein Hinweis auf ein Jenseits«

Station 11

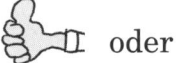 oder

Moderne Bestattungsformen

Die traditionelle Friedhofskultur bekommt Konkurrenz: Heute ist es beispielsweise möglich, in einem Fußballsarg beigesetzt oder per Rakete in den Weltraum geschossen zu werden. Auch die Zahl so genannter anonymer Bestattungen – das Beisetzen von Urnen ohne Grabstein oder andere Erinnerungszeichen – nimmt in Deutschland zu.

Arbeitsaufgaben

● Verschaffe dir mit Hilfe der Infotexte einen Überblick über moderne Formen der Bestattung Verstorbener.

● Überlege: Weshalb fällt vielen Angehörigen die »anonyme Bestattung« so schwer, dass sie sie im Nachhinein wieder rückgängig machen (wollen)?

● Überlege für dich: Wolltest du lieber »modern« oder »traditionell« bestattet werden? Halte deine Meinung schriftlich fest und begründe sie.

Station 12

»Dem Tod einen Sinn geben« – letzte gute Tat Organspende?

Wie hältst du es mit der Organspende? Dass dies keine rein theoretische Frage ist, merkst du, wenn du die Fälle in den Materialien liest. Um diese Frage für dich verantwortlich beantworten zu können, ist es auch notwendig, dass du dich über das so genannte »Hirntod-Kriterium« informierst.

Arbeitsaufgaben

● Informiert euch über die Praxis der Organspende in Deutschland: Wer kommt als Empfänger in Frage, wer als Spender? Wie ist das Verhältnis von Angebot und Nachfrage?

● Lest die unterschiedlichen Standpunkte zur Frage, ob das »Hirntod-Kriterium« ein geeignetes Kriterium ist, um den Tod eines Menschen festzustellen. Teilt euch dazu in eine Pro- und eine Contra-Gruppe auf.

● Bereitet nun eine ca. 15-minütige Präsentation vor der Klasse zum Thema »Organspende – ja oder nein?« vor. Hilfreich kann dabei die Frage sein: Möchte ich einen Organspenderausweis ausfüllen? Wenn ja, weshalb? – Wenn nein, weshalb nicht?

Station 11

Materialien

Informationen und Meinungen zu modernen/alternativen Bestattungsformen:

M 11.1:   »Preiswerte Entsorgung«

M 11.2:   »Die letzte Reise«

M 11.3:   Bestattung im Friedwald

M 11.4:   »Wenn der Mensch zum Dünger wird«

Station 12

Materialien

Informationen und Meinungen zur Organspende:

M 12.1:   »Ungewissheit ist das Schlimmste« – Viele Kranke warten verzweifelt auf Spender-organe

M 12.2:   »Ich bin keine Kannibalin«

M 12.3:   »Wann ist der Mensch tot?« – Drei Standpunkte

M 12.4:   Organspende – Ein Vorschlag

M 12.5:   Organspendeausweis

Station 13

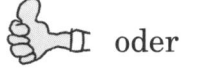 oder

Todesanzeigen

Wie soll man eigentlich eine Todesanzeige gestalten? Was gehört unbedingt dazu, was kann man weglassen? Und was bedeuten die Symbole, die man manchmal auf Todesanzeigen sieht?
Auch Todesanzeigen gehören dazu, wenn man sich mit dem Thema »TOD« auseinandersetzt. Dies bestätigt dir auch der einleitende Text zum Thema.

Arbeitsaufgaben

● Lies den Bericht über W. Grüb sorgfältig durch. Teilst du seine Auffassung, dass auf Todesanzeigen lediglich Name und höchstens noch der Beruf des Verstorbenen stehen sollen?

● Versuche anhand von Todesanzeigen aus verschiedenen Zeitungen herauszufinden, was den Verfassern der Anzeige jeweils zu sagen wichtig war. Denke dabei auch an die Aussagen von W. Grübs.

Station 14

 oder

Tod und Poesie

Schon immer hat der Tod Menschen nicht nur erschreckt, sondern auch fasziniert und zu Gedichten und Liedern veranlasst.

Arbeitsaufgaben

● Lies den einleitenden Infotext sorgfältig durch.

● Versuche dich selbst in der Formulierung eines Gedichtes: Suche dir dazu eines der Friedhofsbilder aus. Lass deinen Gedanken und Phantasien freien Lauf und formuliere dann dein eigenes »Todes-Gedicht«.

Station 13

Materialien

M 13:   Absonderliche Traueranzeigen

Mitgebrachte Zeitungen mit Todesanzeigen zur Auswertung

Station 14

Materialien

M 14.1:   Infoblatt »Tod und Poesie«
M 14.2:   Auswahl von Friedhofsbildern

Station 15

 oder

Lieder zu Sterben und Tod

Der Tod ist auch ein Thema für viele Musiker. Eigene Erfahrungen mit dem Tod oder Phantasien rund um das Thema Tod schaffen sich in Liedern Raum und Wirklichkeit und wirken damit zugleich auf das jetzige Leben zurück.

Arbeitsaufgaben

- Wähle dir ein Lied aus, das dich besonders interessiert.

- Lies es in Ruhe durch. Wie wird der Tod hier gesehen?

- Male zu dem von dir ausgesuchten Lied ein Bild! Lass dich dabei von der Aussage des Liedes anregen, z.B.: Wie ist es, wenn ich tot im Sarg liege? Wie mag es im Himmel wohl aussehen? ...

Station 16

 oder

Worte angesichts des Todes – eine Trauerpredigt

Bei jeder kirchlichen Bestattung wird auch eine Trauerpredigt gehalten. Dabei wird zum einen das Leben des Verstorbenen nachgezeichnet. Und zum anderen sollen mit ihr die Hinterbliebenen getröstet werden.

Arbeitsaufgaben

- Lies die Trauerpredigt zu Jesaja 38 aufmerksam durch.

- Was erfahren wir – positiv wie negativ – aus dem Leben bzw. über das Leben der Verstorbenen? Notiere so viele Einzelheiten wie möglich.

- Mit welchen Bildern wird das Leben der Verstorbenen verglichen? Wo begegnet in der Predigt eine Hoffnung über den Tod hinaus? Wie wird sie ausgedrückt?

- Geht der Verfasser der Predigt deiner Meinung nach angemessen mit der Verstorbenen sowie den Gefühlen der Hinterbliebenen um?

- Male eine Lebenskurve der Verstorbenen mit Farben, Pfeilen, Brüchen ...

Station 15

Materialien

Liedtexte und Informationen zu Liedern über Sterben und Tod:

M 15.1: Ludwig Hirsch: I lieg am Ruckn

M 15.2: Ludwig Hirsch: Komm großer schwarzer Vogel

M 15.3: Joachim Witt: Die Flut

M 15.4: Eric Clapton: Tears in Heaven

DIN A3-Papier

Farbstifte

Station 16

Materialien

M 16: Trauerpredigt

Station 17

»Ewig leben als Plastinat«? – Körperwelten

Die Ausstellungen »Körperwelten – Die Faszination des Echten« des Heidelberger Mediziners Gunther von Hagens sind heftig umstritten. »Wichtige und notwendige Aufklärung«, sagen die Befürworter, »Leichenfledderei und Verletzung der Würde des Menschen«, halten die anderen dagegen. Die Geister scheiden sich vor allem an den so genannten Ganzkörperplastinaten.

Arbeitsaufgaben

Informiert euch anhand einer Internetrecherche über die Konservierungsmethode der so genannten Plastination sowie über Ziele und Inhalte der Ausstellung Körperwelten (www.koerperwelten.de). Bereitet unter Einbeziehung folgender Fragen eine ca. 15-minütige Präsentation zum Thema in der Klasse vor:

● Wie argumentiert G. von Hagens in dieser Frage, wie die Kritiker und Gegner?

● Soll man eurer Meinung nach so mit Menschenleichen umgehen?

● Wärst du bereit, deinen toten Körper dem Heidelberger »Institut für Plastination« gratis zur Verfügung zu stellen? Falls ja – weshalb? Falls nein – weshalb nicht?

Station 18  oder

»Sterben – wie eine Geburt«

1519 schrieb Martin Luther die bekannte Schrift »Ein Sermon von der Bereitung zum Sterben«. Sie wollte nicht weniger als eine kurze ›Anleitung zum richtigen Sterben‹ sein.

Arbeitsaufgaben

● Lies die Auszüge aus Martin Luthers Sermon aufmerksam durch.
● Beantworte folgende Fragen schriftlich im Ordner:
  - Wie kann man sich nach Martin Luther auf das Sterben vorbereiten?
  - Was versteht Martin Luther unter »richtigem« Sterben?
● Erstelle anschließend eine »Mind-Map« zu Martin Luthers Sermon von der Bereitung zum Sterben. Wenn du willst, kannst du die vorgegebene Mind-Map (M 18.2) vervollständigen.
● Klärt in Partnerarbeit: Ist Martin Luthers »Anleitung« eine Hilfe, sich richtig mit dem Sterben zu beschäftigen?

Station 17

Materialien

Informationen zur »Körperwelten«-Ausstellung:

M 17.1: »Würde der Toten, Angst der Lebenden«

M 17.2: Interview mit Gunther von Hagens

M 17.3: »Den Menschen verewigen«

Station 18

Materialien

M 18.1: Auszüge aus Martin Luthers »Ein Sermon von der Bereitung zum Sterben« aus dem Jahr 1519

M 18.2: Anfang einer Mind-Map zu Martin Luthers Schrift »Ein Sermon von der Bereitung zum Sterben«

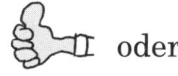 
Auferstehung – Annäherungen an die christliche Bilderrede

Wie kann ich mir »Auferstehung« oder »auferstehen« eigentlich vorstellen? – Wo Worte versagen, können Bilder weiterhelfen. Die drei Texte, die dir in dieser Station begegnen, versuchen das, was so schwer mit Worten auszudrücken ist, in Bild-Worte zu fassen.

Arbeitsaufgaben

- Entscheide dich zwischen den Texten M 19.1 und M 19.2 und lies diesen dann sorgfältig durch. Schreibe die Bilder bzw. die Bild-Worte, die der Verfasser verwendet, in dein Heft.

- Erstelle jetzt eine Mind-Map für deinen Text! Schreibe hierfür das zentrale Bild-Wort in die Mitte deines Heftes. Kläre, was der Verfasser damit meint und wovon er sich (in seinem Text) abgrenzt.

- Bearbeite abschließend M 19.3 mit den dazu gehörenden Fragen.

Station 19

Materialien

Informationen zum Auferstehungsglauben:

M 19.1:   Die christliche Bilderrede vom ewigen Leben. – Was Christenmenschen hoffen dürfen

M 19.2:   »Leben danach?« – Die Geschichte von den zwei Knaben

M 19.3:   Auferstehung in der Bibel und mitgebrachte Zeitungen

Farbbilder

1

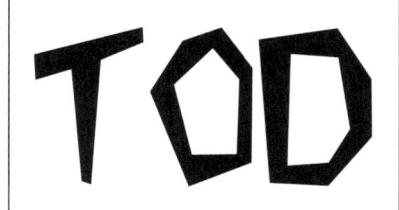

2

3

4

5

6

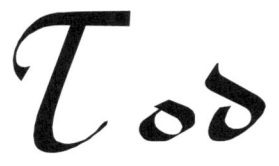

7

8

9

10

11

12

13

14

15

Foto: Isolde Ohlbaum

*M*itten wir im Leben
sind mit dem Tod umfangen.

(Mittelalterlicher Hymnus aus dem Kloster St. Gallen)

*W*er stirbt, ehe er stirbt,
der stirbt nicht,
wenn er stirbt.

(Abraham a Sancta Clara, 1644–1709)

*F*ürwahr,
bitter ist der Tod!

(1. Samuel 15,32)

*W*enn du das Leben aushalten willst,
richte dich auf den Tod ein.

(Sigmund Freud, 1856–1939)

*S*olange wir sind, ist der Tod nicht da, und wenn
er da ist, sind wir nicht da. Er geht also weder die
Lebenden noch die Gestorbenen an; für die einen
ist er ja nicht vorhanden, die andern aber sind für
ihn nicht mehr vorhanden.

(Epikur, 341–270 v. Chr.)

*N*ichts ist gewisser als der Tod,
nichts ungewisser als seine Stunde.

(Anselm von Canterbury, 1033–1109)

*W*ir wissen noch nichts vom Leben,
wie können wir etwas
über den Tod wissen?

(Konfuzius, 6. / 5. Jh. v. Chr.)

*K*ommt, reden wir zusammen,
wer redet, ist nicht tot.

(Gottfried Benn, 1886–1956)

*G*ott hat den Tod nicht gemacht …
und der Tod hat auf der Erde kein Recht.

(Buch der Weisheit 1,13+14)

*D*ie Suche nach der Wahrheit
ist die echte Frömmigkeit …
Die Wahrheit ist ein Talisman,
der bewirkt, dass der Tod eine Pforte
zum ewigen Leben wird.

(Mahatma Gandhi, 1869–1948)

Totentanz-Szene: Der Tod holt weltliche und geistliche Regenten, Reiche und Arme. Foto: kna-bild

Denn in demselben Augenblick, in dem jemand in dieses sterbliche Leben eintritt, fängt der Tod an sich vorzubereiten. Die Wandelbarkeit nämlich, der jeder die ganze Zeit seines Lebens – falls man es überhaupt Leben nennen soll – unterliegt, führt uns dem Tod entgegen. Niemand, der dem Tod nicht nach einem Jahre näher wäre als vor einem Jahre, morgen näher als heute, heute als gestern.

1

Und ist man tot, so muss man lang
Im Grabe liegen; ich bin bang,
Ja, ich bin bang, das Auferstehen
Wird nicht so schnell vonstatten gehen.

2

Wer der Tod fürchtet, wird in seinem Leben nie etwas Rechtes leisten; wer aber bedenkt, dass der Tod ihm schon von Geburt an bestimmt war, der wird nach dieser Richtschnur leben und wird mit derselben Geistesstärke es dahin bringen, dass die Zukunft ihm nichts Unerwartetes bringt. Alles, was kommen kann, sieht er voraus, und damit schwächt er den Anprall aller Übel. Was denjenigen, die gefasst und vorbereitet sind, nichts Neues ist, das erscheint denen schwer, die sich in Sicherheit wiegen, die immer nur auf das Glück hoffen.

3

Die Blätter fallen, fallen wie von weit,
als welkten in den Himmeln ferne Gärten;
sie fallen mit verneinender Gebärde.

Und in den Nächten fällt die schwere Erde
aus allen Sternen in die Einsamkeit.

Wir alle fallen. Diese Hand da fällt.
Und sieh dir andre an: es ist in allen.

Und doch ist Einer, welcher dieses Fallen
unendlich sanft in seinen Händen hält.

4

Es gibt keine Seite der menschlichen Existenz, die nicht in einem Märchen beschrieben würde, so auch der Tod. Der Tod gehört zum Leben wie die Nacht zum Tag; auch wenn diese Vorstellung vielen Menschen heute fremd geworden ist.

Unser Verhältnis zum Tod ist ein unnatürliches geworden. Der Tod wird aus dem Bewusstsein ausgeklammert und tabuisiert. Wird er in Kunst und Literatur dargestellt, so tritt er oft als der schreckliche, sensenschwingende Knochenmann auf. Aus den Märchen der Brüder Grimm ist uns die Gestalt des Gevatters Tod bekannt. In Bildern wird er oft als Furcht einflößendes Skelett gezeigt. Damit wird die »dunkle« Seite des Todes eindrücklich illustriert. Nach Paulus ist der Tod »der Sünde Sold« (vgl. Römerbrief des Apostels Paulus, Kapitel 6, Vers 23). Auch wurde dem Tod der Part des Teufels zugeordnet. Über die Qualen des Fegefeuers führt die Herrschaft des Todes ins Paradies oder die armen Seelen wurden in die Hölle verbannt. Im abendländischen Denken herrscht die Angst vor dem Tod vor.

Doch in den Märchen sind auch andere Motive enthalten. Sie zeigen uns den Tod als Freund, mit dem wir ein neues, ein anderes Leben beginnen; als Erlöser von dem irdischen Leben, dessen wir überdrüssig geworden sind; als Geleiter in die Jenseitswelt. Im Märchen ist der Tod ein Teil des Lebens, der oft den Übergang in eine andere Form des Daseins einleitet.

Folgendes gilt es bei der Lektüre von Märchen zum Thema Leben und Tod zu beachten:

- Wenn der personifizierte Tod in Märchen auftritt, erscheint er selten hässlich und abschreckend, sondern er wird als schön und göttergleich geschildert. Menschen, die ihm begegnen, sind von ihm fasziniert.
- Schon immer hat sich der Mensch Gedanken und Vorstellungen über das Jenseits gemacht. Viele davon sind in Märchen und Sagen eingegangen. Oft wurde die vertraute Umgebung auf das Leben im Jenseits übertragen.
- In der Symbolsprache erzählen die Märchen von Tod und Wiederkehr, von »Stirb und werde!«. Das Ufer eines Flusses oder der Meeresrand bedeuten die Grenze zwischen Diesseits und Jenseits; der Sprung in den Brunnen, der Gang in die Tiefe beschreibt eine Todeserfahrung. Auch Märchen, die das Motiv vom Glasberg oder Kristallpalast enthalten, erzählen verschlüsselt von einem Todeserlebnis.

Vor alten Zeiten wanderte einmal ein Riese auf der großen Landstraße, da sprang ihm plötzlich ein unbekannter Mann entgegen und rief: »Halt! Keinen Schritt weiter!« »Was«, sprach der Riese, »du Wicht, den ich zwischen den Fingern zerdrücken kann, du willst mir den Weg vertreten? Wer bist du, dass du so keck reden darfst?« »Ich bin der Tod«, erwiderte der andere, »mir widersteht niemand, und auch du musst meinen Befehlen gehorchen.« Der Riese aber weigerte sich und fing an, mit dem Tod zu ringen. Es war ein langer, heftiger Kampf, zuletzt behielt der Riese die Oberhand und schlug den Tod mit seiner Faust nieder, dass er neben einen Stein zusammensank.

Der Riese ging seiner Wege, und der Tod lag da besiegt und war so kraftlos, dass er sich nicht wieder erheben konnte. »Was soll daraus werden«, sprach er, »wenn ich da in der Ecke liegen bleibe? Es stirbt niemand mehr auf der Welt, und sie wird so mit Menschen angefüllt werden, dass sie nicht mehr Platz haben, nebeneinander zu stehen.« Indes kam ein junger Mensch des Wegs, frisch und gesund, sang ein Lied und warf seine Augen hin und her. Als er den halb Ohnmächtigen erblickte, ging er mitleidig heran, richtete ihn auf, flößte ihm aus seiner Flasche einen stärkenden Trank ein und wartete, bis er wieder zu Kräften kam. »Weißt du auch«, fragte der Fremde, indem er sich aufrichtete, »wer ich bin und wem du wieder auf die Beine geholfen hast?« »Nein«, antwortete der Jüngling, »ich kenne dich nicht.« »Ich bin der Tod«, sprach er, »ich verschone niemand und kann auch mit dir keine Ausnahme machen. Damit du aber siehst, dass ich dankbar bin, so verspreche ich dir, dass ich dich nicht unversehens überfallen, sondern dir erst meine Boten senden will, bevor ich komme und dich abhole.«

»Wohlan«, sprach der Jüngling, »immer ein Gewinn, dass ich weiß, wann du kommst, und so lange wenigstens sicher vor dir bin.« Dann zog er weiter, war lustig und guter Dinge und lebte in den Tag hinein. Allein Jugend und Gesundheit hielten nicht lange aus, bald kamen Krankheiten und Schmerzen, die ihn bei Tag plagten und ihm nachts die Ruhe wegnahmen. »Sterben werde ich nicht«, sprach er zu sich selbst, »denn der Tod sendet erst seine Boten, ich wollte nur, die bösen Tage der Krankheit wären erst vorüber.« Sobald er sich gesund fühlte, fing er wieder an, in Freuden zu leben.

Da klopfte ihm eines Tages jemand auf die Schulter: Er blickte sich um, und der Tod stand hinter ihm und sprach: »Folge mir, die Stunde deines Abschieds von der Welt ist gekommen.« »Wie«, antwortete der Mensch, »willst du dein Wort brechen? Hast du mir nicht versprochen, dass du mir, bevor du selbst kämest, deine Boten senden wolltest? Ich habe keinen gesehen.« »Schweig«, erwiderte der Tod, »habe ich dir nicht einen Boten über den andern geschickt? Kam nicht das Fieber, stieß dich an, rüttelte dich und warf dich nieder? Hat der Schwindel dir nicht den Kopf betäubt? Zwickte dich nicht die Gicht in allen Gliedern? Brauste dir's nicht in den Ohren? Nagte nicht der Zahnschmerz in deinen Backen? Ward dir's nicht dunkel vor den Augen? Über das alles, hat nicht mein leiblicher Bruder, der Schlaf, dich jeden Abend an mich erinnert? Lagst du nicht in der Nacht, als wärst du schon gestorben?« Der Mensch wusste nichts zu erwidern, ergab sich in sein Geschick und ging mit dem Tode fort.

Brüder Grimm: Kinder- und Hausmärchen. Jubiläumsausgabe in 3 Bänden, Band 2. Verlag Philipp Reclam, Stuttgart 1989, S. 332–334

Das Totenhemdchen

Es hatte eine Mutter ein Büblein von sieben Jahren, das war so schön und lieblich, dass es niemand ansehen konnte, ohne ihm gut zu sein, und sie hatte es auch lieber als alles auf der Welt. Nun geschah es, dass es plötzlich krank ward und der liebe Gott es zu sich nahm; darüber konnte sich die Mutter nicht trösten und weinte Tag und Nacht. Bald darauf aber, nachdem es begraben war, zeigte sich das Kind nachts an den Plätzen, wo es sonst im Leben gesessen und gespielt hatte; weinte die Mutter, so weinte es auch, und wenn der Morgen kam, war es verschwunden. Als aber die Mutter gar nicht aufhören wollte zu weinen, kam es in einer Nacht mit seinem weißen Totenhemdchen, in welchem es in den Sarg gelegt war, und mit dem Kränzchen auf dem Kopf, setzte sich zu ihren Füßen auf das Bett und sprach: »Ach Mutter, höre doch auf zu weinen, sonst kann ich in meinem Sarge nicht einschlafen, denn mein Totenhemdchen wird nicht trocken von deinen Tränen, die alle darauf fallen.« Da erschrak die Mutter, als sie das hörte, und weinte nicht mehr. Und in der andern Nacht kam das Kindchen wieder, hielt in der Hand ein Lichtchen und sagte: »Siehst du, nun ist mein Hemdchen bald trocken, und ich habe Ruhe in meinem Grab.« Da befahl die Mutter dem lieben Gott ihr Leid und ertrug es still und geduldig, und das Kind kam nicht wieder, sondern schlief in seinem unterirdischen Bettchen.

Brüder Grimm: Kinder- und Hausmärchen. Jubiläumsausgabe in 3 Bänden, Band 2. Verlag Philipp Reclam, Stuttgart 1989, S. 123 f.

Es saß einmal ein Vater mit seiner Frau und seinen Kindern mittags am Tisch, und ein guter Freund, der zu Besuch gekommen war, aß mit ihnen. Und wie sie so saßen und es zwölf Uhr schlug, da sah der Fremde die Tür aufgehen und ein schneeweiß gekleidetes, ganz blasses Kindlein hereinkommen. Es blickte sich nicht um und sprach auch nichts, sondern ging geradezu in die Kammer nebenan. Bald darauf kam es zurück und ging ebenso still wieder zur Tür hinaus. Am zweiten und am dritten Tag kam es auf eben diese Weise. Da fragte endlich der Fremde den Vater, wem das schöne Kind gehörte, das alle Mittag in die Kammer ginge. »Ich habe es nicht gesehen«, antwortete er, »und wüsste auch nicht, wem es gehören könnte.« Am andern Tage, wie es wieder kam, zeigte es der Fremde dem Vater, der sah es aber nicht, und die Mutter und die Kinder alle sahen auch nichts. Nun stand der Fremde auf, ging zur Kammertür, öffnete sie ein wenig und schaute hinein. Da sah er das Kind auf der Erde sitzen und emsig mit den Fingern in den Dielenritzen graben und wühlen. Wie es aber den Fremden bemerkte, verschwand es. Nun erzählte er, was er gesehen hatte, und beschrieb das Kind genau. Da erkannte es die Mutter und sagte: »Ach, das ist mein liebes Kind, das vor vier Wochen gestorben ist.« Sie brachen die Dielen auf und fanden zwei Heller, die hatte einmal das Kind von der Mutter erhalten, um sie einem armen Manne zu geben, es hatte aber gedacht: »Dafür kannst du dir einen Zwieback kaufen«, die Heller behalten und in die Dielenritzen versteckt; und da hatte es im Grabe keine Ruhe gehabt und war alle Mittage gekommen, um nach den Hellern zu suchen. Die Eltern gaben darauf das Geld einem Armen, und nachher ist das Kind nicht wieder gesehen worden.

Brüder Grimm: Kinder- und Hausmärchen. Jubiläumsausgabe in 3 Bänden, Band 2. Verlag Philipp Reclam, Stuttgart 1989, S. 270 f.

Der Tod und der Gänsehirt

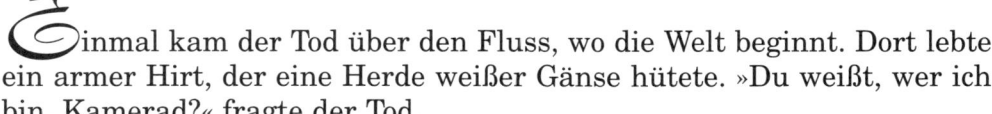

Einmal kam der Tod über den Fluss, wo die Welt beginnt. Dort lebte ein armer Hirt, der eine Herde weißer Gänse hütete. »Du weißt, wer ich bin, Kamerad?« fragte der Tod.

»Ich weiß, du bist der Tod. Ich habe dich auf der anderen Seite hinter dem Fluss oft gesehen.« »Du weißt, dass ich hier bin, um dich zu holen und dich mitzunehmen auf die andere Seite des Flusses.«

»Ich weiß. Aber das wird noch lange nicht sein.«

»Oder wird nicht lange sein. Sag, fürchtest du dich nicht?« »Nein«, sagte der Hirt. »Ich habe immer über den Fluss geschaut, seit ich hier bin, ich weiß, wie es dort ist.«

»Gibt es nichts, was du mitnehmen möchtest?«

»Nichts, denn ich habe nichts.«

»Nichts, worauf du hier noch wartest?«

»Nichts, denn ich warte auf nichts.«

»Dann werde ich jetzt weitergehen und dich auf dem Rückweg holen. Brauchst du noch etwas, wünschst du dir noch was?« »Brauche nichts, hab' alles«, sagte der Hirt. »Ich habe eine Hose und ein Hemd und ein Paar Winterschuhe und eine Mütze. Ich kann Flöte spielen, das macht mich lustig. Meine Gänse verstehen nicht viel von Musik.«

Als dann der Tod nach langer Zeit wiederkam, gingen viele hinter ihm her, die er mitgebracht hatte, um sie über den Fluss zu führen. Da war ein Reicher dabei, ein Geizhals, der Zeit seines Lebens wertvolles und wertloses Zeug an sich gerafft hatte: Klamotten, auch Gold und Aktien und fünf Häuser mit etlichen Etagen. Der Mann jammerte und zeterte: »Noch fünf Jahre, nur noch fünf Jahre hätte ich gebraucht, und ich hätte noch fünf Häuser mehr gehabt. So ein Unglück, so ein Unglück!« Das war schlimm für ihn.

Ein Rennfahrer war unter ihnen, der Zeit seines Lebens trainiert hatte, um den großen Preis zu gewinnen. Fünf Minuten hätte er noch gebraucht bis zum Sieg. Da erwischte ihn der Tod. Ein Berühmter war dabei, dem ein Orden gefehlt hatte, nur ein einziger Orden, für den er Jahre aufgewendet hatte, da holte ihn der Bruder Tod. Das war schlimm für ihn. Schlimm für sie alle.

Als sie an den Fluss kamen, wo die Welt aufhört, saß dort der Hirt. Und als der Tod ihm die Hand auf die Schulter legte, stand er auf, ging mit ihm über den Fluss, als wäre nichts, und die andere Seite hinter dem Fluss war ihm auch nicht fremd. Er hatte Zeit genug gehabt, hinüberzuschauen, er kannte sich hier aus, und die Töne waren noch da, die er immer auf der Flöte gespielt hatte; er war sehr fröhlich. Das war schön für ihn.

Was mit den Gänsen geschah?

Ein neuer Hirt kam.

Aus: Was Mut macht. Ein Arbeits- und Lesebuch für den Religionsunterricht im 3. und 4. Schuljahr, Verlage Ernst Kaufmann / Moritz Diesterweg, Lahr/Frankfurt 1984, S. 95

Wenn ein Mensch dem Sterben nahe ist, treten Mitglieder der *Chewra Kadischa*, der »heiligen Gemeinschaft«, an sein Bett – Männer zu einem männlichen, Frauen zu einem weiblichen Patienten – und halten bei ihm rund um die Uhr Wache. Kurz vor seinem Tod sprechen sie das Glaubensbekenntnis »Höre, Israel (*Sch'ma Jisrael*), der Ewige ist unser Gott, der Ewige ist einzig« (5. Mose 6,4), wobei sie es so einrichten, dass das Wort »einzig« dann gesprochen wird, wenn der Sterbende seinen letzten Atemzug tut. Die Chewra Kadischa kümmert sich um das Einkleiden des oder der Verstorbenen in das weiße, linnene Totengewand (Sargenes) und um die Beerdigung. Das Totengewand ist für alle gleich. Die sozialen Unterschiede fallen nach dem Tod dahin. Entsprechend darf der einfache Sarg nicht mit Silber beschlagen sein. Schmuck wird im Übrigen dem Toten nicht ins Grab gegeben. Im Staat Israel werden die Verstorbenen nur im Sargenes, d.h. ohne Sarg, beerdigt – ein Mann ist zudem in den *Tallit*, den Gebetsmantel, gehüllt. Im Grab selber wird durch Steinplatten ein Gewölbe um den Toten gebildet, der auf dem Erdboden liegt: »denn Staub bist du und zum Staub sollst du zurückkehren« (1. Mose 3,19).

Eine Kremation kennt das Judentum nicht, nur die Erdbestattung wird toleriert. Nach alter Auffassung »erwirbt der Tote sein Grab«, eine Exhumierung ist nicht erlaubt.

Nach der Beerdigung beginnt für die Hinterbliebenen die siebentägige Trauerwoche (Schiw'a). Sie wird begonnen mit dem Essen eines Hühnereis, das zuvor mit Asche (Zeichen der Trauer) bestreut worden ist. Morgens und abends findet im Trauerhaus ein Gottesdienst statt. Die Trauernden sprechen das Kaddisch, das Gebet der »Heiligung« Gottes. Es hat nichts mit dem Tod zu tun und wird auch sonst während des Gemeindegottesdienstes vom Vorbeter vorgetragen. Dass die Trauernden es sprechen sollen – und zwar für die Eltern ein volles Jahr –, hat einen tiefen Sinn. Gerade in der Zeit ihrer seelischen Not preisen sie Gott und bekennen sich zu Ihm. Sie rebellieren

Auf jüdische Gräber werden in der Regel keine Blumen gepflanzt, sondern kleine Steine als Zeichen des Gedenkens gelegt. Foto: kna-bild

nicht, sondern akzeptieren das Unabänderliche.

Während der Trauerwoche sitzen die Trauernden auf niedrigen Stühlen oder (wie der biblische Hiob) auf der Erde. Entferntere Angehörige und Freunde bringen ihnen Speise und Trank. Trauerbesuche sind erwünscht, weil die Trauernden spüren sollen, dass sie nicht allein stehen. Am Sabbat nehmen die Trauernden am Synagogen-Gottesdienst teil. Im Trauerhaus brennt eine kleine Lampe, das »Seelenlicht«, zur Erinnerung an den verstorbenen Menschen. Am dreißigsten Tag (Schloschim) wird im Staat Israel der Grabstein eingeweiht, in anderen Ländern in der Regel erst nach einem Jahr.

Wenn der Todestag sich jährt, ist »Jahrzeit«. Wie im Trauerjahr sprechen die Angehörigen das Kaddisch während des Gemeindegottesdienstes. Vierundzwanzig Stunden lang – von Abend zu Abend – brennt das kleine »Seelenlicht«.

Das Judentum kennt, wie viele andere Religionen, den Glauben an die Unsterblichkeit der Seele, an ein Paradies (Garten Eden), und an die leibliche Auferstehung der Toten zu einem unbestimmten Zeitpunkt. Mit dem Tod des Körpers ist – so lehrt das Judentum – die Existenz eines Menschen nicht zu Ende.

Roland Gradwohl: Der jüdische Glaube, Calwer Verlag Stuttgart 2000, S. 59 f.

Nach der Lehre des Koran (arabisch = Lesung) ist der Mensch nicht unsterblich. Dies ist allein Allah, während seine gesamte Schöpfung vergänglich ist. Dennoch ist mit dem Tod des Menschen nicht alles aus, vielmehr spricht auch der Koran von Auferstehung und meint damit eine Fortdauer des Lebens nach dem Tod in einer neuen Bewusstseinsstufe. ›Auferstehung‹ bzw. ›auferstehen‹ bezeichnet dabei keine unsterbliche Seele, die im Gegensatz zum Körper den Tod überlebt, sondern die gesamte menschliche – und damit zugleich leibliche – Persönlichkeit.

Foto: reporters/laif

Wie man sich dies vorstellen kann, darüber gibt der Koran keine genaue Auskunft. Wohl aber deutet er in Bildern an, was gemeint ist: Es geht bei der Auferstehung um die Fortdauer unseres je individuellen Lebens, für das ich auch noch über den Tod hinaus verantwortlich bin. Es heißt, dass die Menschen nach ihrem Tod über eine messerscharfe Brücke gehen müssen. Die, die ihr Leben nach den Vorschriften des Islam lebten, gelangen über diese Brücke (und zwar um so schneller, je untadeliger sie gelebt haben), während die Verdammten hinunterstürzen. Maßstab dafür, ob ich über diese messerscharfe Brücke gehen kann, ist die Befolgung der fünf Säulen des Islam (arabisch = Hingebung an Gott).

Wieder in einem Bild ausgedrückt und mit den Säulen des Islam verbunden kann man sagen: Unser Leben ist ein Weg zum Paradies. Wenn wir fasten, gelangen wir an die Pforten des Paradieses; wenn wir Almosen geben, wird uns der Eingang zum Paradies geöffnet; wenn wir die Pilgerfahrt nach Mekka gemacht haben, werden wir nach dem Tod im Paradies weiter leben.

Interessant ist dabei der *Zeitpunkt* der Auferstehung: Nach islamischer Auffassung ruht der gestorbene Mensch bis zum Tag des Gerichts, an dem er dann für sein Leben Rechenschaft ablegt, bewusstlos im Staub der Erde. Dann folgt die Auferstehung und der Tag des ›Jüngsten Gerichtes‹, an dem die Menschen zum ersten Mal Allah von Angesicht zu Angesicht gegenüber stehen. Hier entscheidet sich für ihn dann Lohn oder Strafe, Paradies oder Hölle, je nachdem, wie er sein Leben gelebt hat. Der Tag der Auferstehung ist also nicht zugleich der je eigene Todestag – dies gilt allein für den so genannten Märtyrer, der im Heiligen Krieg (›Dschihad‹) für die Ausbreitung des Islam gestor-

ben ist. Er darf ohne jede Zwischenzeit unmittelbar nach seinem Tod ins Paradies eingehen, da er bereits von allen seinen Sünden und Verfehlungen losgesprochen wurde.

Die islamische Totenfeier folgt im Allgemeinen einem bestimmten Ablauf:

Der Muslim sollte mit Blick zur Kaaba in Mekka gewandt und mit dem muslimischen Glaubensbekenntnis, der Schahada (»Ich bezeuge, dass es keine Gottheit gibt außer Gott; ich bezeuge, dass Mohammed der Gesandte Gottes ist.«) auf den Lippen sterben.

Ist der Muslim gestorben, wird er gewaschen. Die Leichentücher werden ausgebreitet und der Tote wird darauf gelegt. Die Hände werden ihm in Gebetshaltung übereinander gelegt. Es folgt ein Gebet für den Verstorbenen. Manchmal werden alle Körperöffnungen mit duftenden Baumwollbüscheln verschlossen. Die Beerdigung soll binnen eines Tages nach dem Tod vollzogen werden. Meistens wird der Verstorbene ohne Sarg in das Erdgrab gelegt, und zwar mit dem Gesicht Richtung Mekka. Überhaupt ist die Erdbestattung für die meisten Muslime die einzig mögliche Form der Bestattung.

Auch hinsichtlich der Totenfeier bilden der Märtyrer und das Kind eine Ausnahme: Kinder gelten als nicht verantwortlich für ihr Handeln und Verhalten, deshalb enthält das Totengebet keine Bitte um Vergebung der Sünden. Ähnlich ist es auch beim Märtyrer (s.o.), weshalb er noch nicht einmal gewaschen, sondern in der Kleidung, die er zum Zeitpunkt seines Todes trug, bestattet wird.

Nach G. Szczesny (Hg.): Die Antwort der Religionen, München 1964, S. 128–129 sowie J.J. Elias: Islam, Freiburg 2000, S. 120–121

Stellungnahme des Vorsitzenden des Zentralrats der Muslime in Deutschland, Dr. Nadeem Elyss,
anlässlich der Diskussion um eine geplante Einebnung von muslimischen Gräbern
in Köln im November 1995

I.
Die islamische Bestattung

1. Den Muslimen ist nur die sarglose Erdbestattung erlaubt. Jede andere Art der Bestattung darf nur im Notfall als Ausnahme verwendet werden.
2. Muslimische Gräber müssen auf eigenen Friedhöfen bzw. auf räumlich gesonderten Gräberfeldern liegen. Die einzelnen Gräber sind so anzulegen, dass die rechte Seite des Leichnams der Kibla (Richtung Mekka) zugewandt ist. Eine Trennung nach den Geschlechtern besteht nicht. Sie würde im Widerspruch zur prophetischen Tradition stehen.
3. Durch die schlichte Gestaltung der Friedhöfe und der einzelnen Gräber und sogar durch die erwünschte anonyme Bestattung will der Islam Gräber- und Totenkult verhindern. Friedhöfe sollen Stätten des Gedenkens an das Jenseits sein.

II.
Die Totenruhe darf nicht gestört werden

1. Grundstücke, auf denen muslimische Gräber oder Friedhöfe liegen, gelten als Wakf (islamisch zweckgebundenes Allgemeingut) und dürfen nicht zweckentfremdet werden, insbesondere nicht zur Wohnbebauung oder zur Bewirtschaftung.
2. Nur im Ausnahmefall, z. B. bei unabdingbarer Straßenführung oder im Falle unrechtmäßiger Aneignung, dürfen Friedhöfe und Grabstätten für veränderte Zwecke freigegeben werden.
3. Bei Grabstätten der Propheten – bei der Schiitischen Rechtsschule, auch bei Grabstätten der Imame, der Märtyrer und besonderer Gelehrten – gelten diese Ausnahmen nicht.

III.
Wiederbenutzung des Grabes

1. Muslimische Gräber dürfen zum Zwecke einer erneuten islamischen Bestattung nur dann ausgehoben werden, wenn man anhand von gesicherten Erfahrungen davon ausgehen kann, dass keine menschlichen Überreste mehr vorhanden sind.
2. Bei Auffinden von umfangreichen Überresten wider Erwarten muss das Weitergraben eingestellt, und das Grab wieder zugeschüttet werden. Einzelne kleine Funde sind allerdings kein Hindernis für Wiederbenutzung des Grabes. Diese Funde sollen aber pietätvoll tiefer oder seitlich bestattet werden.
3. Die Liegezeit hängt von den klimatischen und geographischen Bedingungen ab. Aufgrund der besonderen Bestattungsrituale der Muslime ist die Zeitspanne bis zum Verfall der meisten Überreste in muslimischen Gräbern erfahrungsgemäß sehr lang.
4. Prinzipiell sollte man von einer Wiederbenutzung alter Grabstätten absehen, solange kein dringender Bedarf dazu besteht.

Ist jemand gestorben, so richten die Angehörigen den Leichnam des Verstorbenen her, tragen ihn in einer Prozession an die Verbrennungsstätte und verrichten spezielle Gebete, während er verbrannt wird. Dabei wird der Totengott angerufen, er solle dem Verstorbenen einen guten Platz unter den Ahnen verschaffen. Es werden auch andere Gottheiten angerufen, dem geliebten Verstorbenen beizustehen. Der Feuergott wird gebeten, den Toten sicher ins Reich der Ahnen zu tragen. Ist der Verstorbene ganz verbrannt, so werden seine Asche und Knochen entweder einem heiligen Fluss anvertraut oder im Boden bestattet. Sadhus (= Asket, Entsagender, Heiliger Mann – Sadhus sind Männer, die auf alles Irdische verzichtet und sich ganz dem Hinduismus hingegeben haben) und kleine Kinder werden gewöhnlich ohne Verbrennung bestattet.

Der Geist des Verstorbenen ist in den ersten Tagen nach seiner Bestattung noch anwesend und muss in einem Ritual namens *shradda* weiter mit Speisen versorgt werden, bis er sich ins Reich der Ahnen entfernt. Im Mittelpunkt dieses Ritus stehen Lebensmittelgaben und Gebete zum Wohl der verstorbenen Angehörigen. Der älteste Sohn opfert dem Geist Wasser und Reisbällchen, um ihn nach der Verbrennung abzukühlen und ihm Kraft für seine Reise zu geben. Ist der Geist dann in die nächste Welt fortgezogen, so muss der älteste Sohn während des ersten Jahres nach dem Tod eines Elternteils am Neumondtag jedes Monats weiterhin den shradda-Ritus für seine Ahnen vollziehen. Ist dieses Jahr vorüber, so wird der Ritus einmal jährlich gehalten. Weil die shradda die Pflicht des Sohnes ist, legen die Hindus großen Wert auf die Geburt eines männlichen Kindes. Gäbe es keinen Sohn zum Vollzug der shradda-Riten mehr, so würden die Verstorbenen für immer Geister bleiben müssen.

Nach C. Shattuck: Hinduismus, Freiburg 2000, S. 124–125

Leichenverbrennung in Varanasi

Tausende von Hindus kommen im Alter nach Varanasi, um hier zu sterben; Tausende, um hier

Foto: kna-bild

Foto: kna-bild

die Asche ihrer Verwandten in den Ganges zu werfen; Tausende, um gerade an dieser Stelle eine Leiche zu verbrennen. Aber warum gerade hier höchst kostspielig die Leiche verbrennen? Der Hintergrund ist folgender: Es ist die aus dem indischen Mittelalter stammende Lehre vom Karma, die erklärt, warum die Anlagen, Chancen und Schicksale der Menschen so ungleich sind. Warum? Weil jeder sein jetziges Schicksal in einem früheren Erdenleben durch gute oder böse Taten selber verursacht hat. Denn jede Tat ist Ursache von Dingen und Handlungen, die folgen, und zugleich Wirkung einer Ursache, die vorher war. So sind dem Menschen für sein Leben immer ganz bestimmte Bedingungen und Bedingtheiten vorgegeben, und der Hindu kann damit erklären, warum es dem Guten so oft schlecht geht (wegen früherer Schuld) und dem Bösen gut (wegen früherer guter Taten)! Letztes Ziel ist jedoch, aus dem Kreislauf der Geburten, dem Samsara, für immer auszutreten.

Für den einfachen Hindu spielen solche Spekulationen über frühere und zukünftige Wiedergeburten freilich häufig eine untergeordnete Rolle: sündige Taten führen für ihn schlicht zur Hölle, gute Taten und Verdienste in den Himmel.

Das Sterben oder die Verbrennung an einem heiligen Ort kann so oder anders einen entscheidenden Schritt über den Geburtenkreislauf hinaus bedeuten. In Varanasi soll es nämlich Shiva selber sein, der dem Sterbenden ein erlösendes Mantra (magische Formel) ins Ohr flüstert, damit dieser ohne weitere Wiedergeburt direkt in den Himmel kommt. Für die Hindus ist erst das Knacken des Schädels das sichere Zeichen, dass die Seele entwichen ist, die man sich als eine vom Leib unabhängige, von Leben zu Leben wandernde feinstoffliche Substanz vorstellt: entwichen an dem Punkt des Kopfes, an dem sie bei der Geburt in den Leib einging.

Nach Hans Küng: Spurensuche. Die Weltreligionen auf dem Weg, © Piper Verlag GmbH, München 1999, S. 81–83

Traditionelles konfuzianisches Beerdigungsritual. Foto: Sasse/laif

Zu der Frage, ob der einzelne Mensch als Individualität schon vor seiner Geburt in irgendeiner Form vorhanden war und wie man sich die Fortexistenz nach dem Tode vorzustellen hat, gibt der Buddhismus eine klare, auf Beobachtung und innerer Erfahrung beruhende (und durch meditative Erfahrung nachprüfbare) Antwort. Diese ist, dass Geburt und Tod denselben Vorgang darstellen – nur von zwei verschiedenen Seiten gesehen: So wie dieselbe Türe als Eingang oder Ausgang bezeichnet werden kann, je nachdem wir sie vom Äußeren oder Inneren eines Raumes betrachten. In anderen Worten: Wir sind schon unzählige Male durch die Pforte des Todes und der Geburt gegangen, und unser jetziges Leben ist nichts anderes als das »Jenseits« oder richtiger, die Fortsetzung unserer vorigen und aller vorhergegangenen Existenzen.

Individuelle Fortdauer ist jedoch nicht als das Fortbestehen einer unveränderlichen, sich ewig gleichbleibenden Seelensubstanz einer für sich bestehenden, einmaligen Persönlichkeit zu verstehen, sondern als die Kontinuität einer ständig wachsenden und im Wachstum sich verwandelnden Bewusstseinskraft, in der jede neue Erfahrung zur Erweiterung des geistigen Horizontes und zur Bereicherung des inneren Lebens und seiner Beziehungen zur Umwelt beiträgt, bis der Zustand des vollen Erwachens zur Universalität, zum Erlebnis der Ganzheit, verwirklicht ist.

Der Übergang von einer Existenz zur anderen hat jedoch nach buddhistischer Vorstellung nichts mit einer »Seelenwanderung« zu tun, in der eine seelische Wesenheit von einem Körper zum anderen wandert, sondern ist eher als eine Art Zentrumsverschiebung einer räumlich und zeitlich nicht begrenzten Bewusstseinskraft auf der Achse ihrer Entwicklungsrichtung zu verstehen. Wir können

also eher von einer kontinuierlichen »Seelenwandlung« reden, deren einzige Konstante die auf innerer Kausalität beruhende Richtung oder »Achse« ihres Wachstums, ihrer Entwicklung, ist.

Das »hier Verschwinden« und »dort in Erscheinung Treten« (wie das Sterben und Wiedergeborenwerden in den buddhistischen Texten oft genannt wird) ist also mit keinerlei räumlicher Bewegung oder »Wanderung« einer Geisteswesenheit verbunden und kann daher auch kein zeitliches Problem sein. Die Zentrumsverschiebung des Bewusstseins mag durch das folgende Gleichnis verständlicher gemacht werden: Das Bewusstsein des Menschen gleicht einem großen Banyan-Baum, der unzählige Luftwurzeln hat. Der Hauptstamm stellt das augenblickliche Bewusstseinszentrum des Menschen dar, in dem er sich als Individuum bewusst ist. Die unzähligen Luftwurzeln stellen die Beziehungen seines nach allen Seiten ausstrahlenden Bewusstseins zu anderen Wesen oder potenziellen Lebenszentren dar. Der Hauptstamm altert, und wenn er eines Tages zerfällt, wird automatisch die nächstgrößte Luftwurzel zum Hauptstamm und Zentrum (»Ich«) des Baumes. So kann eine Zentrumsverschiebung stattfinden ohne Bewegung des Zentrums.

Es hängt somit von unserem Geisteszustand ab, d.h. von der Reife und Richtung unseres Bewusstseins, in welchem Boden wir Wurzel schlagen: in dem einer höheren Wirklichkeits- und Wesensstufe (einer höheren Bewusstseinsdimension), die uns dem Erwachen zur Ganzheit näher bringt und somit zu unserer wahren Unsterblichkeit – oder zu einer größeren Verhaftung und Identifizierung mit den kleinen Zielen und Grenzen unseres sterblichen Daseins, unserer vergänglichen Persönlichkeit.

Nach G. Szczesny (Hg.): Die Antwort der Religionen, München 1964, S. 131–136

Der Buddha sagte, dass von all den verschiedenen Zeiten für das Pflügen der Herbst die beste ist und dass von all den verschiedenen Brennstoffen Kuhdung der beste ist und dass von all den verschiedenen Arten des Bewusstseins das Bewusstsein von Unbeständigkeit und Tod das beste ist. Der Tod ist gewiss, aber wann er uns ereilen wird, ist ungewiss. Wenn wir wirklich den Gegebenheiten ins Auge sehen, dann müssen wir zugeben, nicht zu wissen, was als erstes kommen wird – der morgige Tag oder der Tod. Wir können nicht ganz sicher sein, dass die Alten zuerst sterben und die Jungen übrigbleiben werden. Die realistischste Einstellung, die wir herausbilden können, besteht darin, das Beste zu hoffen, aber auf das Schlimmste vorbereitet zu sein. Wenn das Schlimmste nicht eintritt, ist alles in Ordnung, aber wenn es geschieht, wird es uns nicht unvermutet treffen. Dies gilt auch für die Ausübung des Dharma [Lehren des Buddha]. Sei auf das Schlimmste vorbereitet, denn keiner von uns weiß, wann er sterben wird.

Wenn die Zeit des Todes gekommen ist, lässt er sich durch keinerlei Umstände verhindern. Wie es die alten buddhistischen Aphorismen sagen: Ob wir uns unter die Erde oder ins Meer oder ins All begeben, wir werden niemals imstande sein, dem Tod zu entgehen. Die Mitglieder unserer eigenen Familie werden früher oder später voneinander getrennt werden wie eine Handvoll Blätter, die der Wind umherwirbelt. Schon innerhalb der nächsten Monate werden einige von uns sterben, und andere werden innerhalb weniger Jahre sterben. In achtzig oder neunzig Jahren werden wir alle, einschließlich des Dalai Lama, gestorben sein. Dann werden uns nur unsere spirituellen Verwirklichungen helfen.

Im Laufe meines Lebens bin ich so vielen Menschen begegnet. Jetzt sind sie nur noch Gegenstände meiner Erinnerung. Heute begegne ich einer wachsenden Anzahl anderer Menschen. Es ist gerade so, als ob man einem Schauspiel zusähe: Nachdem die Menschen ihre Rolle gespielt haben, wechseln sie das Kostüm und treten erneut auf. Wenn wir unser kurzes Leben unter dem Einfluss von Begierde und Hass hinbringen, wenn wir um dieses kurzen Lebens willen unsere Verblendungen vermehren, ist der Schaden, den wir anrichten werden, sehr langfristig, weil er unsere Aussichten auf Erlangung endgültiger Glückseligkeit vernichtet.

Manche Menschen sagen, die buddhistische Praxis lege offenbar besonderen Nachdruck auf Leid und Pessimismus. Ich finde das völlig unzutreffend. Tatsächlich ist die buddhistische Praxis bestrebt, einen immerwährenden Frieden zu erlan-

Der Dalai Lama, das Oberhaupt des tibetanischen Buddhismus. Foto: epd-bild

gen – etwas, das für einen durchschnittlichen Geist unfassbar ist – und Leiden ein für allemal loszuwerden. Buddhisten geben sich nicht allein mit weltlichem Glück in diesem Leben oder mit der Aussicht auf weltliches Glück in einem künftigen Leben zufrieden, sondern sie trachten vielmehr nach einer endgültigen Glückseligkeit. Nun besteht die grundlegende buddhistische Anschauung darin, dass das Leiden eine Realität ist und daher seine bloße Vermeidung das Problem nicht lösen wird. Es ist erforderlich, sich dem Leiden zu stellen, es als Gegebenheit hinzunehmen und es zu analysieren, es zu erforschen, seine Ursachen zu bestimmen und herauszufinden, wie es sich meistern lässt. Wenn jene, die es vermeiden, über das Elend nachzudenken, von diesem tatsächlich getroffen werden, sind sie unvorbereitet und leiden mehr als jene, die sich mit dem Leiden, seinem Ursprung und seinen Auswirkungen vertraut gemacht haben.

Dalai Lama: Der Weg zur Freiheit. Zentrale tibetisch-buddhistische Lehren, © Droemersche Verlagsanstalt Th. Knaur Nachf. GmbH & Co. KG, München 1996, S. 55–58.60–61 in Auszügen

Dietrich Bonhoeffer:
Widerstand und Ergebung (Brief vom 27.6.1944)

Dietrich Bonhoeffer (*4.2.1906) wurde als Mitglied der Widerstandsbewegung Opfer des NS-Staates. Schon früh warnte er die evangelische Kirche vor dem Nationalsozialismus. Als einer der ersten erkannte er die Gefahr für die in Deutschland lebenden Juden (April 1933). Ab 1938 war er im politischen Widerstand tätig. 1943 wurde er – zusammen mit anderen Widerstandskämpfern – verhaftet und ins Militärgefängnis Tegel gebracht. Aus dieser Zeit stammen viele seiner Briefe, auch der unten stehende. Nach dem missglückten Attentat auf Adolf Hitler vom 20. Juli 1944 wurde seine Haft verschärft. Am 9. April 1945, also kurz vor Ende des Krieges, wurde er auf persönlichen Befehl Hitlers durch den Strang hingerichtet. Dietrich Bonhoeffer geht in diesem Brief der Frage nach, ob die christliche Auferstehungshoffnung den Menschen aus dieser Welt heraus nimmt, also vertröstet, oder ihn auf diese Welt verweist.

Noch etwas zu unseren Gedanken über das Alte Testament. Im Unterschied zu den anderen orientalischen Religionen ist der Glaube des Alten Testaments keine Erlösungsreligion. Auf den Einwand, dass auch im AT die Erlösung (aus Ägypten und später aus Babylon) eine entscheidende Bedeutung habe, ist zu erwidern, dass es sich hier um geschichtliche Erlösungen handelt, d.h. diesseits der Todesgrenze, während überall sonst die Erlösungsmythen gerade die Überwindung der Todesgrenze zum Ziel haben. Israel wird aus Ägypten erlöst, damit es als Volk Gottes auf Erden vor Gott leben kann. Die Erlösungsmythen suchen ungeschichtlich eine Ewigkeit nach dem Tod. Die »Scheol«, der Hades sind die Bilder, unter denen irdisch das »Gewesene« als zwar existent, aber doch nur schattenhaft in die Gegenwart hineinreichend, vorgestellt wird.

Nun sagt man, das Entscheidende sei, dass im Christentum die Auferstehungshoffnung verkündigt würde, und dass also damit eine echte Erlösungsreligion entstanden sei. Das Schwergewicht fällt nun auf das Jenseits der Todesgrenze. Und eben hierin sehe ich den Fehler und die Gefahr. Erlösung heißt nun Erlösung aus Sorgen, Nöten, Ängsten und Sehnsüchten, aus Sünde und Tod in einem besseren Jenseits. Sollte dieses aber wirklich das Wesentliche der Christusverkündigung der Evangelien und des Paulus sein? Ich bestreite das. Die christliche Auferstehungshoffnung unterscheidet sich von der mythologischen darin, dass sie den Menschen in ganz neuer und gegenüber dem Alten Testament noch verschärfter Weise an sein Leben auf der Erde verweist. Der Christ hat nicht wie die Gläubigen der Erlösungsmythen aus den irdischen Aufgaben und Schwierigkeiten immer noch eine letzte Ausflucht ins Ewige, sondern er muss das irdische Leben wie Christus (»Mein Gott, warum hast du mich verlassen?«) ganz auskosten, und nur indem er das tut, ist der Gekreuzigte und Auferstandene bei ihm und ist er mit Christus gekreuzigt und auferstanden. Das Diesseits darf nicht vorzeitig aufgehoben werden. Darin bleiben Neues und Altes Testament verbunden. Erlösungsmythen entstehen aus den menschlichen Grenzerfahrungen. Christus aber fasst den Menschen in der Mitte seines Lebens.

Dietrich Bonhoeffer, aus: Widerstand und Ergebung. Briefe und Aufzeichnungen aus der Haft. Herausgegeben von Eberhardt Bethge, © Chr. Kaiser/Gütersloher Verlagshaus GmbH, Gütersloh, 12. Auflage 1983, S. 166–167

Der Hospizgedanke und seine Geschichte

Sie sind wichtig, weil Sie eben Sie sind.
Sie sind bis zum letzten Augenblick Ihres Lebens wichtig, und wir werden alles tun,
damit Sie nicht nur in Frieden sterben, sondern auch bis zuletzt gut leben können.

Cicely Saunders (Begründerin des ersten Hospizes für sterbende Menschen)

»Hospize bejahen das Leben. Hospize machen es sich zur Aufgabe, Menschen in der letzten Phase einer unheilbaren Krankheit zu unterstützen und zu pflegen, damit sie in dieser Zeit so bewusst und zufrieden wie möglich leben können. Hospize wollen den Tod weder beschleunigen noch hinauszögern. Hospize leben aus der Hoffnung und Überzeugung, dass sich Patienten und ihre Familien so weit geistig und spirituell auf den Tod vorbereiten können, dass sie bereit sind, ihn anzunehmen. Voraussetzung hierfür ist, dass eine angemessene Pflege gewährleistet ist und es gelingt, eine Gemeinschaft von Menschen zu bilden, die sich ihrer Bedürfnisse verständnisvoll annimmt.« So definiert die *Nationale Hospiz-Organisation der USA* den Begriff »Hospiz« und das Selbstverständnis der gesamten Hospiz-Bewegung.

Die Hospiz-Bewegung nahm ihren Anfang in England. Hier gründete im Jahr 1967 die Ärztin, Krankenschwester und Sozialarbeiterin Cicely Saunders das erste Hospiz in London, das St. Chostopher's Hospice, das ganz auf die Wünsche und Bedürfnisse sterbender Menschen ausgerichtet war. Dieses Hospiz ist noch heute Vorbild für viele Initiativen in der ganzen Welt. Im Namen »Hospiz« drückt sich die christliche Tradition der Bewegung aus. Er erinnert an die Hospize des Mittelalters – Gasthäuser entlang wichtiger Straßen, in denen Pilger auf ihren Reisen ruhen und rasten konnten. Seither hat sich die Hospiz-Bewegung weltweit ausgebreitet: In den Vereinigten Staaten wurde mit Unterstützung der Sterbeforscherin Elisabeth Kübler-Ross 1974 das erste amerikanische Hospiz errichtet. Weltweit gibt es heute schätzungsweise mehr als 2.000 Hospize.

In Deutschland fasste die Hospiz-Bewegung erst recht spät Fuß – zunächst wurden Hospize mit dem Etikett »Sterbeklinik« abgetan.

Doch hat sich die Beurteilung der Hospize in Deutschland seither geändert. Im Jahr 1985 gründete sich die erste überregionale Hospiz-Organisation *Omega – Mit dem Sterben leben*,

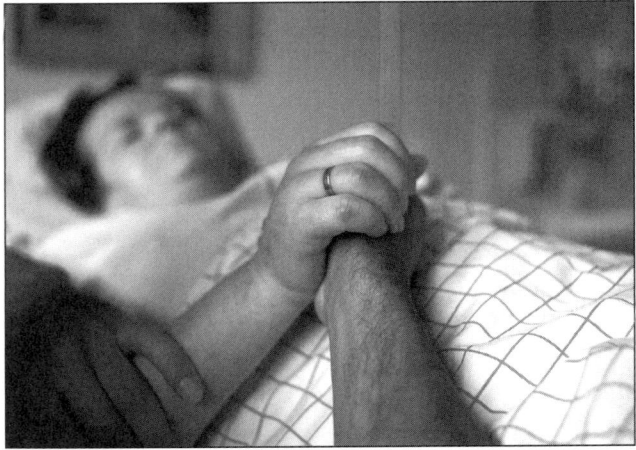

Sterbebegleitung in einem Bielefelder Hospiz.
Foto: epd-bild/Krüper

ein Jahr später die ebenfalls überregional agierende *Internationale Gesellschaft für Sterbebegleitung und Lebensbeistand (IGSL)*. Das erste stationäre Hospiz in Deutschland entstand 1986 in Aachen. Doch der richtige »Boom« der Hospiz-Initiativen begann in den neunziger Jahren. Mittlerweile gibt es über 400 Hospiz-Initiativen in ganz Deutschland, darunter mehr als zwanzig stationäre Hospize. (Hinzu kommen noch etwa 15 Palliativstationen, etwa an Krankenhäusern, die zumindest manchen Bereichen ihrer Arbeit die Hospiz-Idee zugrunde legen.)

Die Hospiz-Bewegung ist eine »Bewegung von unten«, die von kirchlichen und nichtkirchlichen Initiativen mit im einzelnen unterschiedlichen Vorstellungen getragen und nicht durch offizielle Stellen ausgelöst wurde. Vielerorts hatten diese Gruppen mit großen Widerständen zu kämpfen. Ohne die Mitwirkung vieler ehrenamtlicher Helfer ist die Arbeit der Hospiz-Gruppen nicht vorstellbar. Die Hospiz-Bewegung ist ein Zeichen für gelebte Solidarität und bürgerschaftliches Engagement in einer Gesellschaft, die immer mehr vereinzelt. Nun erhalten diese Initiativen auch zunehmend kirchliche und staatliche Unterstützung.

Lothar Frenz: Wenn es zu Ende geht. Hilfe beim Sterben, Niederhausen 1996, S. 79–81 in Auszügen

Wird in der Spaßgesellschaft jetzt auch noch das Sterben zur großen Gaudi umfunktioniert? Sterben als der schicke Lifestyle-Kick?

Wer hinter dem provozierenden Titel von Annette Aschs Buch blanken Zynismus wittert, hat sich auf eine völlig falsche Fährte locken lassen. Es ist die sterbende Mutter der Autorin, die der Tochter nach vielen Wochen intensiver Pflege und Begleitung zu Hause sagt: »Sterben mit dir macht Spaß!« Ein Satz, der die Geborgenheit ahnen lässt, in der sich der Abschied der 93-Jährigen von der Welt vollzieht.

Zwei Töchter und eine Enkelin wechseln sich ab in der Pflege und sind rund um die Uhr für die alte Frau da. Alles, was ist, darf sein und ist »richtig, so wie es ist«: Stimmungsschwankungen, Erinnerungen, Angst und Humor sowie der allmählich fortschreitende körperliche und geistige Verfall.

Annette Asch hat Protokoll geführt und die Schattenseiten des Prozesses nicht ausgespart: ihre eigene Gereiztheit, wenn sie an ihre Grenzen als Pflegende kommt; die Details der Intimpflege: »Po sauber machen, frischen Schlüpfer anziehen, Einlage nicht vergessen«.

Jean-Baptiste Greuze, Der Gelähmte oder Die Früchte einer guten Erziehung

Dennoch muss es eine beglückende Erfahrung für sie sein, die Mutter bis zum Schluss zu begleiten: »Gerade habe ich das größte Geschenk meines Lebens erhalten«, notiert sie, nachdem die Mutter den letzten Atemzug getan hat.

Annette Aschs Ratgeber zur Sterbebegleitung ist ein detaillierter Erfahrungsbericht über ein Sterben in Würde, reflektiert, authentisch und mit praktischen Anregungen versehen: Sie selbst gönnt sich immer wieder ein »Bonbon« zwischendurch (Yoga, Wandern, Klavierstunden), um sich für den nächsten Pflegeeinsatz zu regenerieren.

Die Autorin will, ohne zu missionieren oder zu verklären, Angehörigen Mut machen für eine Sterbebegleitung zu Hause. Aber es muss passen. Und wer es nicht kann, sollte sich dazu auch nicht zwingen.

Anita Rüffer, in: Badische Zeitung vom 24.11.2003. Titel des beschriebenen Buches: Annette Asch: »Sterben mit dir macht Spaß!«, Berlin 2003, 128 Seiten

Es ist nasskalt und der Himmel wolkenverhangen In den Pfützen sammeln sich die fallenden Blätter: Symbole der Vergänglichkeit. Im November sind die Lebenden ihren Toten und dem Gedanken an den Tod am nächsten. Stirbt es sich leichter, wenn der Tag kurz und die Nacht lang wird? »Ich erlebe jede Jahreszeit«, sagt Alfred Debes. Auch bei strahlendem Sonnenschein nehmen die Gäste des von ihm geleiteten Hospizes »Karl Josef« Abschied vom Leben. Wer hier einzieht, weiß, dass das Ende nahe ist.

Im Treppenhaus brennt eine Kerze – zum Zeichen, dass noch eine Verstorbene im Haus ist. Eine von sieben, die innerhalb einer Woche ihren letzten Atemzug taten. Mit einer Blume in den gefalteten Händen liegt der wächserne Körper im Bett.

Nur wenige Tage sind der allein stehenden Frau im Hospiz verblieben. Jetzt kommen die Leichenbestatter und holen sie ab. Dürers betende Hände in Kupfer, die neben ihr auf dem Nachttisch stehen, werden als vertraute Beigabe mit in den Sarg gelegt, bevor er, vorbei an den anderen Zimmern, über den Flur hinausgerollt wird. »Wir betreiben kein Versteckspiel«, erklärt Debes. »Die anderen kriegen es mit, wenn jemand gestorben ist«. Die Kerze im Treppenhaus brennt jetzt nicht mehr.

Alltagsgeräusche durchdringen die Stille: In einem Nachbarzimmer läuft laut der Fernseher. Im Wohnzimmer ist der Frühstückstisch gedeckt. Hier wird manchmal ein letzter Geburtstag gefeiert – trotz allem oder vielmehr »erst recht«. Und am Nikolaustag werden Mitarbeiter und Gäste singen: »Lasst uns froh und munter sein.« Es wird ihnen nicht makaber vorkommen, und es wird auch keine bloße Behauptung bleiben. »Wir können nicht nur tröstend durch die Gegend laufen«, sagt Debes. Er und seine Mitarbeiterinnen setzen auf die Selbstverständlichkeit alltäglicher Begegnungen. Festgehalten sind sie im liebevoll gestalteten Fotoalbum unter der paradox anmutenden Überschrift »Leben im Hospiz«.

Mehr als 140 Gäste, zwischen 30 und 105 Jahren alt, sind in dem Haus seit seiner Öffnung vor zwei Jahren gestorben. Alle haben sie eine Spur hinterlassen im Erinnerungsbuch, das im Raum der Stille ausliegt: mit ihrem Namen, einem Gedicht, einem Foto, einem Dankeswort der Angehörigen. Auch Margot Brückner (Name geändert) wird bald zu ihnen gehören. Schon seit vier Monaten ist sie Gast im Hospiz. Der vor eineinhalb Jahren diagnostizierte Brustkrebs hat sich im ganzen Körper ausgebreitet. »Hier fühle ich mich daheim«, sagt die 68-Jährige nach dem Hin und Her der diversen Therapien. Jetzt bekommt sie nur noch ihr »Schnäpsle« mit Morphinen gegen die Schmerzen. Sie kann schlafen, so lange sie will und bekommt Schokoladenpudding gekocht, wenn sie darauf Heißhunger hat. An der Wand neben ihrem Bett hängen die Fotos ihrer Kinder und Enkel. Neulich hat die Familie, bei der sie als Hauswirtschafterin gearbeitet hat, sich bei ihr bedankt. »Es geht mir so gut«, freut sie sich, »denn meine Arbeit wird geschätzt.«

»Ein schönes Sterben«, wusste der italienische Dichter Petrarca, »ehrt das ganze Leben.« Das muss auch die englische Ärztin Cicely Saunders gewusst haben, als sie 1967 in London das erste Hospiz gründete. Seit den 1980er-Jahren hat sich die Idee auch in Deutschland ausgebreitet. In Anlehnung an die mittelalterliche Pilgerherberge, die den Reisenden Unterkunft und Stärkung bot, will auch die heutige Hospizbewegung Sterbenden eine Herberge vor der letzten Lebensreise bieten.

Voller Symbolik sind für Margot Brückner deshalb die Geräusche vom benachbarten Bahnhof. »Es ist ein Ankommen und Abfahren – wie es eben auf der Welt ist.« Dazu passt, was Cornelia Kirchner und Ursula Hafner, beide seit vielen Jahren als ehrenamtliche Sterbebegleiterinnen bei der ambulanten Hospizgruppe im Einsatz, immer wieder erleben: »Habe ich alles gepackt?«, werden sie mitten in der Nacht von einem Sterbenden gefragt. Dann helfen sie ihm tatsächlich den Koffer zu packen, kurz bevor er seine Reise ins Unbekannte antritt.

»Es mag arg esoterisch klingen«, räumt Cornelia Kirchner ein, »aber ich merke, dass die Menschen abgeholt werden.« Von der toten Mutter, dem Partner, und einmal sogar, wie eine Sterbende verriet, von ihrem Hund. Eine Lungenkrebspatientin, zum Beispiel, wollte kurz vor ihrem Tod noch einmal das Grab ihres Mannes sehen. Cornelia Kirchner, die sich als »Hebamme, nur umgekehrt« versteht, erfüllte der alten Dame ihren Wunsch. Auf dem Friedhof habe sie plötzlich laut ausgerufen: »Der wartet ja seit langem auf mich.« Geradezu ungeduldig habe sie von da an auf das Sterben hingelebt. »Die ist im Dauerlauf zu ihrem Mann rübergelaufen.«

Dennoch gibt es keinen Grund, das Sterben zu romantisieren. Es muss noch nicht mal die Angst vor Fegefeuer und ewiger Verdammnis sein, die manchen Gottgläubigen das Sterben zur Hölle macht. Manchmal sind es unerträgliche Schmerzen wie bei jener 22-jährigen Frau, die ihre Begleiterin anflehte, ihr Gift zu besorgen, damit sie ihrem Leben ein Ende setzen könne. Doch für eine aktive Sterbehilfe ist die Hospizbewegung nicht zu haben. Vielmehr soll ihre Arbeit gerade eine Alternative dazu sein. Die sich freiwillig darauf einlassen, fühlen sich reich beschenkt. »Die Intensität der Beziehung zu Sterbenden überträgt sich auf das übrige Leben und macht die Freude daran bewusster.«

Anita Rüffer, in: Badische Zeitung vom 24.11.2003

Leitsätze der Hospizidee

- Sterben ist eine Lebensphase. Jeder Mensch soll in Würde sterben können.
- Es geht um einen bewussten Umgang mit Krankheit, Sterben, Tod und Trauer.
- Dem sterbenden Menschen soll die letzte Lebensphase so lebenswert wie möglich gestaltet werden.
- Sterbende sollen von Menschen begleitet werde, die ihr Handeln nach ihren Bedürfnissen ausrichten.
- Die Hospizarbeit ist christlichen Wertvorstellungen verpflichtet und richtet sich an alle, unabhängig von Glauben, Weltanschauung oder Nationalität.

Wir über uns

- Wir sind Frauen und Männer, die für die Hospizarbeit qualifiziert wurden.
- Wir gehören verschiedenen Altersgruppen und Konfessionen an.
- Wir kommen in die Familien, ins Pflegeheim oder ins Krankenhaus.
- Unsere Tätigkeit ist ehrenamtlich und unentgeltlich.
- Wir sind davon überzeugt, dass wir nicht nur Gebende sind, sondern auch viel von den Menschen, die wir betreuen, empfangen können.
- Wir unterliegen der Schweigepflicht.

Unser Ziel

Wir nehmen die Bedüfnisse sterbender Menschen ernst und wollen dafür Sorge tragen, dass sie
- möglichst ohne Schmerzen sind
- über Probleme, Sorgen und Ängste sprechen können
- sich nicht isoliert, einsam und unverstanden fühlen
- in einer würdigen Umgebung sterben können
- offen über spirituelle oder religiöse Belange reden können.

Darüber hinaus sehen wir es als unsere Aufgabe an, den Angehörigen und Freunden von sterbenden Menschen verständnisvoll und hilfreich zur Seite zu stehen, auch in der Zeit von Abschied und Trauer.

Begründete Hoffnung

Sterben ist oft mit Krankheit und Leid verbunden, aber selbst wenn es das nicht ist, bleibt Sterben ein Zerbrechen. Selbst wenn Sterben subjektiv als Erlösung von schwerem Leid erfahren wird, oder wenn Menschen »lebenssatt« im Alter sterben, ist der Tod der Abbruch allen irdischen Lebens. Das menschliche Leben wäre dieser Erkenntnis haltlos ausgeliefert, gäbe es nicht die Hoffnung, die uns mit der Botschaft von der Auferstehung der Toten erreicht: Gott, der ein Gott des Lebens ist, ist größer als der Tod, größer auch als der Tod jedes einzelnen Menschen. Wir wären die elendesten unter allen Menschen, sagt der Apostel Paulus, wenn wir diese in der Auferstehung Jesu Christi begründete Hoffnung nicht hätten (1. Kor 15). Kein Mensch freilich kann sich diese Hoffnung zurechtlegen und keiner kann anderen Hoffnung »machen«. Das wäre keine Hoffnung. Hoffnung ist ein Geschenk. Aber die Menschen bezeugen einander dieses Geschenk der Hoffnung. Jede Form der Hilfe und Zuwendung zu einem sterbenden Menschen teilt etwas von dieser Hoffnung mit. Ohne diese Hoffnung bliebe nur die Perspektive, aus diesem Leben möglichst viel an Erlebnis herauszuholen, bevor es der Tod schließlich doch zunichte macht.

Würde im Sterben

Welches Sterben wird Menschen gerecht? Wer diese Frage stellt, ist dabei, etwas von dem Sterben zu entdecken, wie es zum Menschen gehört. Im Sterben als Mensch geachtet zu werden, ist ein Gebot menschlicher Würde. Mit der Rede von der Menschenwürde sollte man nicht leichtfertig umgehen, als wäre es am Menschen selbst, Würde zu geben oder zu nehmen und zu beurteilen, was würdig ist und was nicht. Die Würde, ein Mensch zu sein, ist unverlierbar und kann niemandem genommen werden. Auch ein Mensch, der krank ist und leidet, ein Mensch, der alt und schwach ist, verliert eben dadurch seine Würde nicht. Die Frage ist vielmehr, wie auf diese unverlierbare Würde geantwortet werden kann und was es heißt, diesem würdevollen Wesen Mensch die ihm gebührende Achtung zu erweisen. Gerade dann, wenn ein Mensch leidet, braucht er diese achtungsvolle Antwort als Bestätigung und Bekräftigung.

Jedem sein Sterben

Die hoch leistungsfähige Medizin kann gerade hier helfen, nämlich das Besondere zu tun, was dem Einzelnen zukommt. Ihre differenzierten diagnostischen Möglichkeiten lassen es zu, den einzelnen Menschen zu beachten. Die Verpflichtung, alles medizinisch Mögliche einzusetzen, umfasst auch eine Abwägung darüber, was für diesen einen Menschen sinnvoll und gut ist. Es gehört zur ärztlichen Kunst, dies unter sorgfältiger Beachtung der Willensäußerungen der Betroffenen zu bedenken. Das wird umso besser gelingen, je klarer die Verständigung zwischen dem Sterbenden, den Angehörigen, den Pflegenden und den Ärzten geregelt ist. Sterbehilfe kann dabei nicht einfach heißen, möglichst schnell zum Sterben zu verhelfen. Recht verstanden muss Sterbehilfe vielmehr heißen, Menschen im Sterben zu helfen, ihnen Beistand zu leisten in einem Sterben, wie es ihnen entspricht und ihnen gerecht wird. Es gibt keinen abstrakten Maßstab und keinen planbaren technischen Vorgang für ein »gutes Sterben«. Das bedeutet aber zugleich, das Sterben auch zuzulassen.

Begleitung im Sterben – Begleitung der Begleiter

Die Begleitung Sterbender ist Antwort auf ihre Würde. Sie gewinnt an Bedeutung, je mehr durch die Medizin immer neue Möglichkeiten entstehen, etwas zu tun. Neben diesem medizinischen Fortschritt sind in den zurückliegenden Jahren jedoch auch ausgesprochen positive Entwicklungen in der pflegerischen und seelsorglichen Begleitung Sterbender zu verzeichnen. Für all jene, die Sterbende begleiten, Angehörige, Ärztinnen und Ärzte, Pflegerinnen und Pfleger, Seelsorgerinnen und Seelsorger, ist es dabei entscheidend zu verstehen, wie sie selbst beteiligt sind. Dass sie ihre Aufgabe in ihrer Reichweite und auch in ihrer Begrenzung wahrnehmen, dass sie ihre eigenen Ängste und Wünsche verstehen lernen und so auch von sich selbst absehen können – darin bringen sie nicht zuletzt auch ihre eigene Würde zum Ausdruck. Von diesen Menschen, vom Ethos dieser Menschen hängt entscheidend ab, was Sterbebegleitung tatsächlich heißt.

Ethik des Sterbens

Mit der tätigen Antwort auf die Würde sterbender Menschen gilt es allen Versuchen zu widersprechen, den Prozess des Sterbens zu einem willkürlich zu setzenden Akt zu machen. Wer nach einem Sterben fragt, das der Würde des Menschen gerecht wird, muss die Leibhaftigkeit menschlichen Lebens ernst nehmen. So ist auch das Sterben ein unverfügbarer Prozess, der zur leibhaftigen Existenz gehört. Vieles daran lässt sich beeinflussen, aber wir können diesen Prozess weder willkürlich aufheben noch ihn willkürlich setzen, ohne die Leibhaftigkeit unseres Daseins zu verleugnen. Alle Formen aktiver Sterbehilfe, d.h. der gezielten Tötung eines Menschen, bleiben in diesem Widerspruch stecken. Sie sind kein Weg zur Lösung. Es kann kein »gutes Töten« (»Euthanasie«) geben, sondern nur ein Sterben, in dem Menschen alle denkbare Hilfe und Begleitung erfahren, um das Unverfügbare ertragen zu können. Dieses Ertragen-Können nach Kräften und Möglichkeiten zu unterstützen, ohne den Prozess des Sterbens in unnötiger und qualvoller Weise hinauszuzögern, darin besteht die ärztliche Kunst, die Menschen im Sinn einer »passiven Sterbehilfe« erwarten können.

Leben in Endlichkeit

Mit der Hoffnung über den Tod hinaus kann auch der Erkenntnis Raum gegeben werden, dass alles Leben in dieser Welt der Endlichkeit unterworfen ist: »Unsere Tage zu zählen, lehre uns!« so lautet die Bitte des Psalms (90,12). Hier kann ein neues Nachdenken darüber einsetzen, was es für Menschen heißt, dass ihre Lebenszeit begrenzt ist. Älterwerden und Altsein heißt dann nicht, dass die

Lebenszeit allmählich zu Ende geht und dass sich rechnen lässt, wie viel noch bleibt. Älterwerden und Altsein heißt, immer mehr davon zu erkennen, was den Menschen in ihrer Endlichkeit gewährt ist. Es heißt, immer deutlicher zu erkennen, dass wir Menschen jeden Tag die ganze Fülle der Güte Gottes erfahren, denn das macht Geschöpflichkeit aus.

Hoffnung mitteilen

Die Christen und die Kirchen sind gerufen zur Mitteilung ihrer Hoffnung. Diese Hoffnung führt über die gegebenen moralischen und ethischen Problemstellungen hinaus zu einem neuen Nachdenken über Altern, Sterben und Tod, über die Aufgabe der ärztlichen Kunst und die Möglichkeiten der Sterbebegleitung. Mit allem helfenden und begleitenden Tun können Menschen diese Hoffnung weitergeben. Sie ist die Antwort auf die unverlierbare Würde von Menschen auch im Leiden und Sterben. In begründeter Hoffnung dürfen die Menschen auch dem Ende ihres Lebens entgegengehen. Ein Sterben in Würde, wie es dem Menschen zukommt, kann – bei aller Selbstbestimmung – nicht eine willkürlich gesetzte Handlung sein. Die verschiedenen Formen der aktiven Sterbehilfe sind nicht als möglicher Weg zur Achtung menschlicher Würde anzusehen. Es kommt auf die Achtung vor der Würde an, die in der Hoffnung ihren Grund findet. Daher vertritt die »Woche für das Leben 2004« insbesondere das Anliegen einer guten und hilfreichen Begleitung all derer, die sich um Menschen am Ende ihres Lebens sorgen und mühen.

Faltblatt der Woche für das Leben 2004: Die Würde des Menschen am Ende seines Lebens, gekürzt

Im Streitgespräch: der Arzt, der aktive Sterbehilfe leistet, und die Bischöfin, die das ablehnt.

Frage: Herr Admiraal, stimmt es, dass Sie fast 100 Menschen zu einem schnelleren Tod verholfen haben?

Pieter Admiraal: Ich habe das nie gezählt, weil ich im Leben Besseres zu tun habe. Aber ich denke schon, dass es im Durchschnitt so vier pro Jahr waren.

Frage: Sie haben gut danach geschlafen?

Admiraal: Sehr gut.

Margot Kässmann: Es geht doch nicht darum, ob Herr Admiraal nun gut oder schlecht schläft. Sondern darum, ob aktive Sterbehilfe akzeptabel ist oder nicht.

Admiraal: Aber ich habe noch nicht gesagt, warum ich gut geschlafen habe. Ich habe meine Patienten immer als Mitmenschen gesehen. Ich habe mich so gut wie möglich mit diesen Patienten angefreundet. Ich hatte immer das Gefühl, dass ich einen Freund verliere, wenn ich einem Patienten beim Sterben helfe. Das hat mich zwar traurig gemacht – auf der anderen Seite hatte ich durch die Sterbehilfe die Möglichkeit, diesem Freund einen sanften Tod zu bereiten, einen »euthánatos«. Das hat mich dann wieder aufgemuntert. Deswegen habe ich gut geschlafen.

Kässmann: So sanft ist die aktive Sterbehilfe doch gar nicht. Manche Patienten leiden nachgewiesenermaßen doch erheblich.

Admiraal: Das ist absolut nicht so. Vor 15 Jahren hat man dafür noch Mittel benutzt, die nicht zuverlässig waren. Wenn man aber so vorgeht, wie wir das heute empfehlen, ist das sicher. Es gibt zwei Möglichkeiten: zum einen die so genannte direkte, aktive Euthanasie mit einer Spritze. Da stirbt man innerhalb von fünf bis zwanzig Minuten, aber das Bewusstsein verliert man augenblicklich. Das wird bei uns in 90 Prozent aller Fälle gemacht. Die übrigen zehn Prozent bekommen ein Getränk. Es ist noch nie jemand wieder erwacht bei dieser Menge von Schlafmitteln. Aber diese Methode kann länger dauern. 70 Prozent der Patienten sterben innerhalb von einer Stunde. Bei den Übrigen dauert es etwas länger. Bis zu 24 Stunden, wenn man nichts macht. Die Euthanasie wird bei uns in den Niederlanden mit Mitteln gemacht, die perfekt sind.

Kässmann: Bravo, das ist dann wohl ein perfekter und sauberer Tod.

Admiraal: Es ist das Gleiche wie bei einer Narkose. Das gleiche Mittel. So schläft der Mensch in den Tod, wie man auch sonst einschläft.

Frage: Das hört sich ja schön an.

Admiraal: Das ist schön.

Kässmann: Das ist Anmaßung. Sie haben das selbst doch noch nie mitgemacht!

Admiraal: Das kann man nur einmal.

Frage: Herr Admiraal, nehmen Sie durch Ihr Eingreifen den Sterbenden nicht etwas weg? Chancen vielleicht?

Admiraal: Ich glaube nicht. Die Leute, die bei uns sterben, sagen, dass sie die Unwürdigkeit des Krankseins, die völlige Abhängigkeit nicht mehr ertragen. Das Zweite ist, dass sie das Leiden als absolut sinnlos erfahren. Der dritte Grund ist vielleicht der wichtigste: Diese Leute, die absolut am Ende sind – hoffnungslose Krebs- oder Aidspatienten –, haben sich schon von allem verabschiedet, von der Welt, von der Familie, von den Freunden. Und das Nächste ist, dass sie sich vom Leben verabschieden.

Kässmann: In mir sträubt sich etwas dagegen, den Zeitpunkt des Sterbens festzulegen, etwa so: »Übrigens, Ihr Lieben, nächste Woche ist es so weit.« Ich habe zu viele Sterbende begleitet, auch Schmerzpatienten, nicht nur Sterbende in hohem Alter. Ich denke an einen jungen Mann von 33 Jahren, der den Sterbeprozess sehr bewusst bis zum Auspusten der Kerze mitgemacht hat. Es ging über drei Wochen. Und es war schwer. Für die Ehefrau, für das Kind, für die Eltern. Aber es war kein Prozess, der mir Angst vor dem Sterben gemacht hat. Es war bereichernd, das Leben in der Fülle zu sehen von der Geburt bis zu diesem Sterben. Das ist mir wichtig. Und nicht, es selbst in die Hand zu nehmen.

Admiraal: Dass Sie als Christin dagegen sind, damit bin ich völlig einverstanden. Womit ich nicht einverstanden bin, ist, dass nicht jeder das Recht haben soll, selbst zu entscheiden, ob er seinem Leben ein Ende setzen darf oder nicht. Sie sagen: »Das darf nicht sein. Gott bestimmt.« Das respektiere ich. Okay. Und wenn Sie zum Beispiel mit Krebs – Gott verhüte! – in unser Krankenhaus kommen, dann werden Sie wohl alle Leiden akzeptieren, die Gott Ihnen bringt. Ganz okay. Wir werden Sie versorgen, so gut wie möglich, und wenn Sie nicht um Sterbehilfe bitten, dann werden Sie ganz natürlich sterben. Nur wenn Sie ersticken sollten, dann denke ich, dass ich Ihnen doch ein Schlafmittel geben sollte.

Kässmann: Diese Entscheidung werde ich Ihnen nicht überlassen. Wer entscheidet denn wirklich bei Ihnen in der aktiven Sterbehilfe über Tod oder Leben?

Admiraal: Der Patient entscheidet.

Kässmann: Aber einigen Patienten erlauben Sie es, anderen nicht. Das entscheidet dann ja nicht der Patient, sondern Sie.

Admiraal: Wenn wir mit den Patienten reden, haben einige danach nicht mehr den Wunsch nach Sterbehilfe. Sie sagen: »Okay, ich bin auch so zufrieden, es geht auch ohne Euthanasie.«

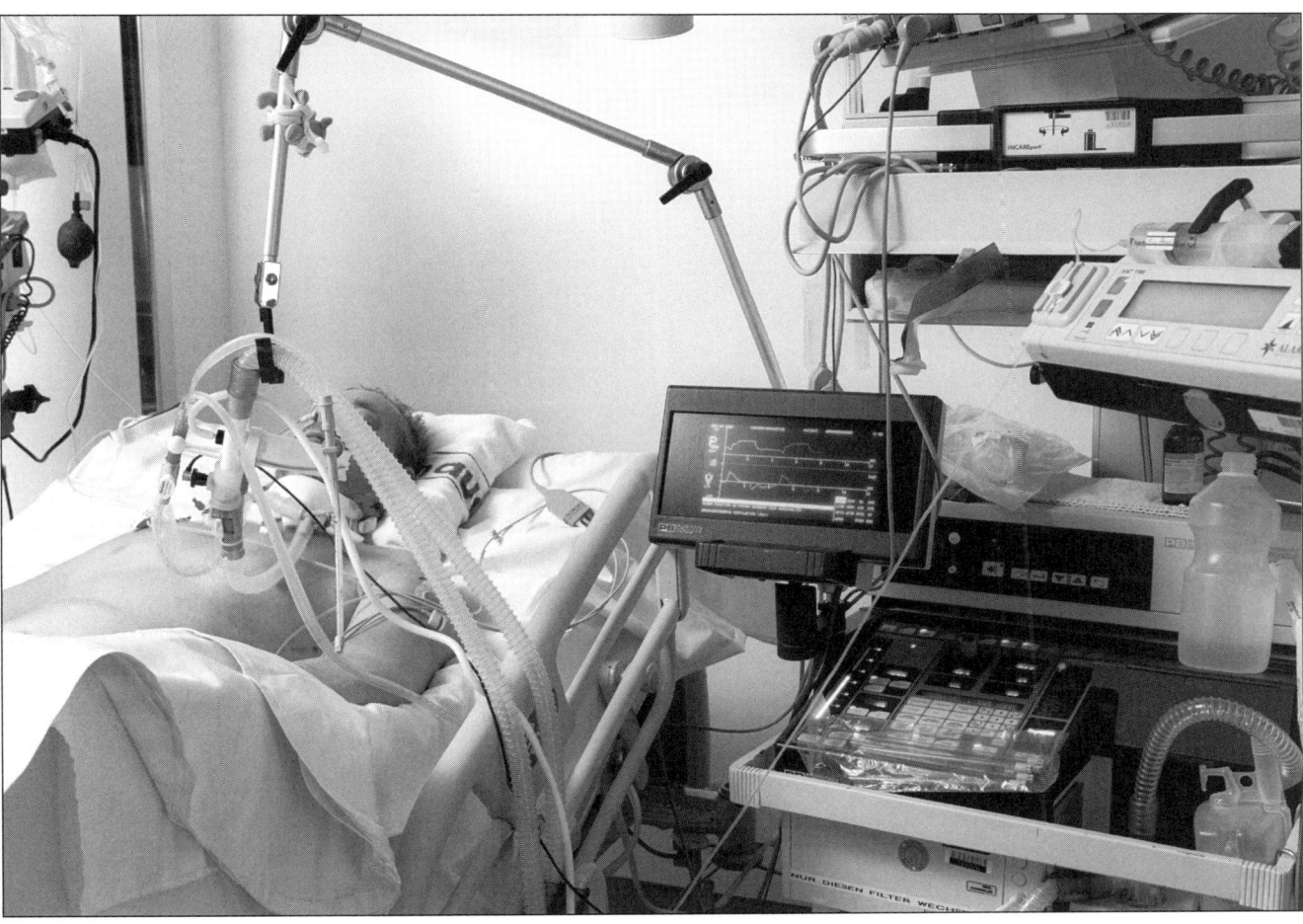

Patient auf einer Intensivstation. Foto: epd-bild/Caro

Kässmann: Sie sagen dann also: »Noch nicht. Frag mal in zwei Jahren nach!«

Admiraal: Nein, nein, nein. Wir sprechen über todkranke Leute, die wirklich innerhalb von einigen Tagen sterben. Ich habe mit anderen Patienten nichts zu tun.

Frage: Frau Bischöfin, finden Sie es legitim, wenn ein Mensch nur so lange leben will, wie er im Vollbesitz seiner Kräfte ist? Und wenn Geist und Körper nicht mehr mitmachen, dass er lieber Sterbehilfe in Anspruch nimmt?

Kässmann: Das finde ich unendlich traurig, weil das ein Mensch ist, der sich anderen nicht anvertrauen kann, der es nicht erträgt, abhängig zu sein. Und der letzten Endes auch unglaublich einsam ist. Dass ich abhängig bin und mich andern Menschen anvertrauen muss, ist Teil des Lebens. Wenn Sie in Altersheime gehen, sind die Menschen dort natürlich abhängig. Auch Menschen mit Behinderungen sind abhängig. Deshalb brauchen wir eine Kultur, in der Behinderte, Sterbende und Alte in Würde leben können. Dafür kämpfe ich. Es soll nicht heißen: Wir stecken sie in Behindertenanstalten, die Alten in Altenheime, und die Sterbenden sehen zu, dass sie möglichst schnell keine Last mehr sind. Neulich hat mir eine alte Dame

gesagt: »Es ist einem ja schon fast unangenehm, 75 Jahre alt zu sein. Ich störe die Rentenreform und die ganze Bevölkerungspyramide.« So weit darf es nicht kommen. Das Leben ist ein Geschenk Gottes, etwas, über das ich selbst nicht verfügen darf.

Admiraal: Es gibt aber andere Theologen, die sich als Befürworter der Euthanasie zu Wort gemeldet haben. Sind die vom Teufel oder sind die von allen Sinnen? Oder wie ist es eigentlich möglich, dass studierte Theologinnen oder Theologen eine ganz kontroverse Meinung darüber haben können?

Kässmann: Auch Mediziner haben dazu grundverschiedene Meinungen. Ich denke, dass der Mensch verantwortlich und frei ist. Die Freiheit eines Christenmenschen ist aber nicht die Freiheit, zu tun und zu lassen, was er möchte, sondern die Freiheit, sich zu binden – nach christlichem Verständnis an Gottes Rat.

Admiraal: Warum wollen Sie aber Ihre persönliche Meinung anderen vorschreiben?

Kässmann: Ich schreibe anderen nichts vor. Sie werden aber verstehen, dass ich zu viele Versuchungen und Gefahren sehe. Ich habe ein realistisches, christliches Menschenbild: Der Mensch ist verführbar. Weiß man wirklich so genau, wann es Zeit ist? Ich denke an eine 86-jährige Frau, bei der wir alle dachten, es wäre so weit. Wir hatten schon die Beerdigung geplant. Aber sie lebt immer noch. Wenn es bei uns aktive Sterbehilfe gäbe, hätte sie damals vielleicht gesagt: Nun ist es Zeit. Weil sie weiß, dass sie die Familie mit ihrer Pflege belastet. Da sehe ich Gefahren.

Admiraal: Die Patienten haben bei uns Selbstbestimmungsrecht. Wir erkennen an, dass ein Mensch sicherlich selber entscheiden kann, ob er sein Leben beenden wird oder nicht.

Kässmann: Nur, wie entsteht der Wunsch? Ich nehme einmal ein ganz anderes Beispiel: Bei uns kann eine Frau im fünften Schwangerschaftsmonat eine Fruchtwasseruntersuchung machen lassen. Da wird vielleicht gesagt: »Das ist ein Kind mit Down-Syndrom. Sie können sich frei entscheiden. Aber Sie wissen doch, wie schwierig in unserer Zeit das Leben mit einem behinderten Kind ist.« Ich kenne etliche Fälle von Frauen, die unter diesem Druck der Abtreibung zugestimmt haben. Später stellt sich heraus, dass sie damit seelisch nicht fertig werden. Aus ihrer Umgebung heißt es dann: Sie haben ja selber entschieden. Die Frage ist, wie viel Versuchung darin liegt und wie viel Einfluss der Umgebung, wenn man sagt: »Du kannst bestimmen, wann du sterben willst. Donnerstag ist dein Hochzeitstag, 15.00 Uhr wäre doch schön, dann haben auch die Kinder Zeit.«

Admiraal: Sie sprechen über Abtreibung, das ist doch etwas ganz anderes.

Kässmann: Nein, ich spreche über Einflüsse von außen.

Admiraal: Sie gebrauchen alle Argumente, die auch unsere Gegner in den Niederlanden genannt haben. Anfangs hat man gesagt: Das kann, das muss schief gehen. Ich mache es jetzt 25 Jahre, und es ist noch nichts schief gegangen. Es geht immer besser.

Frage: Frau Bischöfin, machen unsere niederländischen Nachbarn wieder mal vor, was wir uns noch nicht trauen?

Kässmann: Was das Sterben betrifft, liegt in Deutschland vieles im Argen. Wir laufen als Gesellschaft vor dem Sterben davon. Wir schieben das ab in klinisch saubere Bereiche. Herr

Admiraal und ich haben ähnliche Fragen. Ich sage nicht: Wir müssen leiden, weil Leiden so wichtig ist. Nicht in jedes Leiden will ich einen Sinn hineininterpretieren. Meine Antwort auf die Zustände ist aber eine andere. Wenn Menschen eine Chance bekommen, menschenwürdig zu sterben, wenn sie vorab Regelungen getroffen haben, ab wann sie keine lebensverlängernden Maßnahmen mehr wollen, und sie sich aufgehoben fühlen, ist das die bessere Alternative. Die Patientenverfügung unserer Kirche, Palliativmedizin und die Hospizbewegung sind die richtige Antwort.

Admiraal: Ich denke, wir müssen, so weit wie möglich, verhüten, dass Euthanasie stattfindet. Wenn es möglich ist, das Sterben so zu machen, dass es nicht unwürdig ist. Ich bin nicht froh über die Euthanasie, bei Gott nicht, nein. Ich habe eigentlich jeden Moment gehasst, da ich jemanden töten musste, aber das ist der einzige Ausweg. Falls es einen anderen Ausweg gibt mit schmerzstillenden Medikamenten oder was auch immer, bin ich gleich damit einverstanden.

Frage: Wie möchten Sie gern sterben?

Kässmann: Ich möchte sterben wie jeder Mensch: friedlich und lebenssatt im Kreise meiner Kinder und Enkel einschlafen. Wobei ich glaube, dass der Tod nicht das Ende ist, sondern der Übergang in etwas anderes, das ich nicht kenne, aber was auf jeden Fall auch bei Gott geborgen und aufgehoben ist. Mein Gottvertrauen geht über Tod und Sterben weit hinaus.

Admiraal: Da hab ich die gleichen Wünsche. Ich möchte bei vollem Bewusstsein sterben. Damit ich mich verabschieden kann.

Frage: Und dann? Kommt dann noch etwas?

Admiraal: Nichts, gar nichts. Es gibt keine Existenz nach dem Tod. Das ist das Ende. Das Leben ist zwecklos und sinnlos. Ich glaube auch nicht an eine Lebensaufgabe, keiner hat mich mit etwas beauftragt. Ich bin ohne Willen auf diese Welt gekommen. Jeder muss selbst versuchen, einen Sinn im Leben zu finden. Das habe ich getan. Aber das Ende des Lebens ist für mich auch das Ende meiner Existenz.

Aus: STANDPUNKTE 3/2001, S. 18–20

Der Niederländer Harry M. Kuitert war einer der ersten Theologen, der sich für die aktive Sterbehilfe aussprach – damit setzte er sich bewusst dem Widerspruch vor allem deutscher Theologen, Ethiker und Ärzte aus. In seinem Buch »Der gewünschte Tod« schreibt er unter anderem:

Darf ein Mensch selbst bestimmen, ob er sein Leben beenden will oder hat er dieses Recht nicht? Für viele Menschen ist das eine Frage religiöser oder weltanschaulicher Art, in dem Sinne, dass die Antwort hierauf zu Glaubensfragen führt. Was versteht man unter »Selbstbestimmung«? Gläubige Menschen, die sich dazu bekennen, in ihrer Existenz von Gott abhängig zu sein, verspüren oft eine gewisse Grenzüberschreitung in diesem Begriff. Das Wörtchen »selbst« in Selbstbestimmung ist keine Abgrenzung Gott gegenüber, als stünde zur Wahl, entweder wir selbst verfügen über unser Leben oder Gott verfügt darüber, sondern es grenzt sich gegenüber den Anderen ab. Um die Frage deutlich zu stellen und erklären zu können, warum sie in erster Linie eine Frage moralischer Art ist, müssen wir also formulieren: Habe ich die Freiheit, selbst über mein Leben einschließlich des Todes zu bestimmen, oder steht anderen diese Freiheit zu?

Nun, wenn die Frage lautet, ob anderen oder mir selbst die Freiheit zusteht, über mein Leben und meinen Tod zu bestimmen, ist die Antwort nicht schwierig: Diese Freiheit steht allein mir selbst zu und basiert auf dem Recht, über mich selbst bestimmen zu können. Auf diesem Recht (für jeden Menschen) und auf der Wahrung dieser Rechte durch den Staat baut unsere Gesellschaft auf, deutlicher noch: Aufgrund dieses Rechts besitzen gläubige Menschen auch die Freiheit zu sagen, dass sie nicht über sich selbst bestimmen wollen, weil sie dann an Gottes Stelle treten würden, was immer das auch heißen mag. Dieses Recht ist unantastbar, sowohl was das Recht auf Leben als auch das Recht auf Sterben betrifft. Kein Mensch darf einen anderen gegen seinen Willen zwingen zu sterben, und kein Mensch darf einen anderen Menschen gegen seinen Willen zwingen, am Leben zu bleiben.

Nun ist es so, dass die meisten Menschen mit dem Selbstbestimmungsrecht keine Probleme haben, wenn es um die Verteidigung ihres Rechts auf Leben geht, und zwar deshalb, weil sie bei der Verteidigung dieses Rechts sehr wohl begreifen, dass das Wörtchen »selbst« in »Selbstbestimmung«

sich gegenüber den anderen abgrenzt, die über mich bestimmen wollen. Genauso aber verhält es sich mit dem Recht auf Sterben: Auch hier steht das Selbst gegenüber den Anderen. Wer dieses auslässt oder nicht wahrhaben möchte, gibt sein Ende aus den Händen, d.h. er überlässt es anderen, wann und auf welche Weise er sein Leben beenden wird, und das macht nur ein Märtyrer, der mit seinem Tod ein Zeugnis ablegen will.

Vielleicht hängt der Widerwillen gegen Selbstbestimmung mit dem Missverständnis zusammen, dass Selbstbestimmung häufig mit der Gleichgültigkeit anderen Menschen (oder Gott) gegenüber gleichgesetzt wird. Aber das bedeutet es nicht, so lebt kein Mensch, so könnte auch kein Mensch leben. Sich anderen gegenüber gleichgültig zu verhalten, ist, wenn es schon jemandes Ideal wäre, eine Fiktion. Wir sind nicht alleine auf der Welt, sondern durch viele Beziehungen mit der Familie, mit Freunden und mit der Arbeit verbunden. Die Beziehungen reichen von völlig freiwillig bis hin zu einem sicherlich nicht geringen Maße an Zwang. Selbstbestimmung bedeutet daher sicher nicht, dass niemand über uns bestimmt, auch nicht, dass niemand über uns bestimmen darf, sondern dass es Grenzen des Zwanges gibt und dass wir diese Grenzen respektieren müssen, insbesondere dann, wenn es um die Bedingungen dessen geht, was wir als Mensch noch tun oder bedeuten können: leben und sterben. Das Recht auf Leben und das Recht auf Sterben ist der Kern der Selbstbestimmung, es ist ein unveräußerliches Recht und schließt die Freiheit ein, selbst über das Wann und Wie unseres Endes zu entscheiden, anstatt diese Entscheidung anderen oder dem Ausgang des ärztlichen Eingriffes zu überlassen.

Es gibt aber auch Situationen, in denen das Recht auf Sterben die Pflicht beinhaltet, jemandem das Sterben zu ermöglichen. Das sind die Euthanasie-Situationen, in denen um den Tod als Wohl-Tat gebeten wird, wo man aber zugleich bei der Verwirklichung dieser Wohltat von der Beteiligung Dritter abhängig ist. Eine Wohltat dürfen wir nicht verweigern. Nur die Überzeugung, dass der Tod für diesen Menschen keine Wohl-Tat ist, kann einen Arzt noch von der Verpflichtung zu dieser Tat entheben.

H.M. Kuitert: Der gewünschte Tod. Euthanasie und humanes Sterben, Gütersloher Verlagshaus GmbH, Gütersloh 1991, S. 67–73 in Auszügen

Lebenstestament – Euthanasie-Erklärung

Name: _____

Geboren am: _____

In: _____

Nach gründlicher Überlegung, aus freiem Willen und in vollem Besitz meiner geistigen Kräfte, erkläre ich folgendes:

I. Falls ich zu irgendeinem Zeitpunkt durch Krankheit, Unfall, Schwäche oder durch einen anderen Grund in einen geistigen und/oder körperlichen Zustand verfallen sollte, der es mir nicht erlaubt, in einen vernünftigen und würdigen Zustand zurückzukehren, möchte ich:
   a) dass bei mir keinerlei Techniken oder Mittel angewandt werden, die darauf abzielen, mein physisches Leben aufrecht zu halten oder zu verlängern;
   b) dass bei mir keinerlei Techniken oder Mittel angewandt werden, die darauf abzielen, mein Bewusstsein so zu erhalten oder zu erwecken;
   c) dass in meinem Fall Euthanasie angewandt wird.

II. Falls ich in einem wie unter I. beschriebenen Zustand bei vollem Bewusstsein gerate, möchte ich, dass der mich behandelnde Arzt eine Bestätigung meiner Erklärung von mir einholt. Falls ich jedoch nicht imstande sein sollte, mit ihm zu überlegen, muss diese Erklärung als mein ausdrücklicher Wunsch angesehen werden.

_____
Datum

_____
Unterschrift

Nach H.M. Kuitert: Der gewünschte Tod. Euthanasie und humanes Sterben, © Gütersloher Verlagshaus GmbH, Gütersloh 1991, S. 124

Auszüge aus der »Berliner Rede« des früheren Bundespräsidenten Johannes Rau: »Wird alles gut? – Für einen Fortschritt nach menschlichem Maß« am 18.5.2001:

Wie scheinbare Selbstbestimmung neue Zwänge erzeugen kann, das lässt sich an einem Beispiel aus jüngster Zeit zeigen. In den Niederlanden ist kürzlich die gesetzliche Grundlage für aktive Sterbehilfe geschaffen worden. Umfragen weisen darauf hin, dass es auch bei uns für eine solche Regelung eine weit verbreitete Stimmung gibt. Auch in dieser Diskussion wird die Selbstbestimmung des Menschen, seine Autonomie, als wichtigstes Argument genannt. Wo es um das Ende des eigenen Lebens geht, scheint dieses Argument auf den ersten Blick besonders zu überzeugen.

Aber gilt nicht, was ein Arzt vor kurzem so formuliert hat: »Wo das Weiterleben nur eine von zwei legalen Optionen ist, wird jeder rechenschaftspflichtig, der anderen die Last seines Weiterlebens aufbürdet«. Was die Selbstbestimmung des Menschen zu stärken scheint, kann ihn in Wahrheit erpressbar machen.

Dem steht das Argument entgegen, man dürfe etwas nicht allein deshalb verbieten, weil es zu ungewollten schlimmen Konsequenzen oder auf eine schiefe Bahn führen könne. Entsprechende Regelungen könnten Fehlentwicklungen verhindern. Spricht aber nicht sehr viel gegen die Hoffnung, dass Fehlentwicklungen oder gar Missbrauch sich aufhalten ließen? Das ist keine akademische Frage. In den Niederlanden berufen sich die Gegner des neuen Gesetzes auf eine staatlich geförderte wissenschaftliche Studie. Sie hatte zum Ergebnis, dass es während der so genannten Erprobungsphase vor der gesetzlichen Regelung der aktiven Sterbehilfe jährlich 1.000 Fälle gab, in denen, ich zitiere, »lebensbeendende Handlungen ohne ausdrücklichen Wunsch« des Getöteten vorgenommen worden sind. Auch das sollte man sich vor Augen führen, wenn man über aktive Sterbehilfe spricht.

Wenn ich es recht sehe, sind deshalb so viele Menschen für aktive Sterbehilfe, weil sie große Angst davor haben, am Ende ihres Lebens Leid und Schmerzen nicht mehr auszuhalten, ihnen hilflos ausgeliefert zu sein. Sie haben Angst davor, alleingelassen zu sein

oder anderen zur Last zu fallen. Sie haben Angst davor, Schmerzen nicht mehr ertragen zu können und würdelos dahinzusiechen. Ich verstehe diese Angst gut. Ich habe sie auch.

Die aktive Sterbehilfe ist aber nicht die einzig mögliche Antwort auf diese verständliche Verzweiflung. Ja, wir brauchen einen anderen Umgang mit dem Sterben und dem Tod. Wir müssen wieder lernen: Es gibt viele Möglichkeiten, sterbenskranken Menschen beizustehen, sie zu trösten und ihnen zu helfen. Oft ist schon entscheidend, sie nicht allein zu lassen. Die wirksamste medizinische Hilfe ist in vielen Fällen eine gute Schmerztherapie. Mich hat tief beeindruckt, was neulich einer der Pioniere der deutschen Schmerztherapie, Prof. Eberhard Klaschik, in einem Interview dazu sagte: »Ich behandele seit fast 20 Jahren Patienten, die nicht heilbar sind. Viele, die zu uns kommen, sagen: So kann ich nicht mehr leben, so will ich nicht mehr leben, die Schmerzen sind zu groß [...] All diesen Patienten haben wir helfen können.« Viele Ärzte bestätigen diese Erfahrung.

Wenn das so ist, dann ist der Streit um die aktive Sterbehilfe die falsche Debatte. Wir können und wir müssen viel mehr als bisher für die Schmerztherapie tun. Das ist ein Feld, das lange Zeit sträflich vernachlässigt worden ist. Ich wünsche mir, dass Deutschland bei der Schmerzforschung und bei der Schmerztherapie so schnell wie möglich vorbildlich wird. Das ist nun wirklich zutiefst human und ist im Interesse eines jeden von uns.

Der Blick in die Niederlande oder auch nach Großbritannien und in andere Länder zeigt: Über den Umgang mit dem Leben und mit den Möglichkeiten des medizinischen

Fortschritts wird derzeit überall intensiv und mit großem Ernst diskutiert. Zum Teil werden bisher geltende Grundsätze tief greifend verändert. Niemand macht sich die Entscheidungen leicht. Ich hielte es für gut, wenn wir uns, in dem Maße wie Europa weiter zusammenwächst und wie wir uns unserer gemeinsamen Werte versichern, in Zukunft stärker auch über diese Fragen austauschen würden.

Eugenik, Euthanasie und Selektion: Das sind Begriffe, die in Deutschland mit schlimmen Erinnerungen verbunden sind. Sie rufen deshalb – zu Recht – emotionale Abwehr hervor. Trotzdem halte ich das Argument für ganz falsch und irreführend, wir Deutsche dürften bestimmte Dinge wegen unserer Geschichte nicht tun. Wenn wir etwas für unethisch und unmoralisch halten, dann deshalb, weil es immer und überall unethisch und unmoralisch ist. In fundamentalen ethischen Fragen gibt es keine Geografie des Erlaubten oder Unerlaubten. Richtig ist: Die Erfahrung, die wir mit dem Nationalsozialismus gemacht haben, speziell mit Forschung und Wissenschaft im Dritten Reich, muss für die ethische Urteilsfindung – nicht nur bei uns – eine ganz wichtige Rolle spielen. Wir erinnern daran nicht, weil wir moralischer sein wollen als alle anderen. Nein, es geht

nicht um deutsche Sondermoral. Niemand darf vergessen, was damals auch in Wissenschaft und Forschung geschehen ist. Entwicklungen, die schon vor 1933 und auch in anderen Ländern begonnen hatten, konnten dann ohne jede Grenze weiter gehen. Eine entfesselte Wissenschaft forschte – um ihrer wissenschaftlichen Ziele willen – ohne moralische Skrupel. Ich erinnere immer wieder daran, dass die Geschichte uns hilft – nicht nur uns Deutschen – zu begreifen, was geschieht, wenn Maßstäbe verrückt werden, wenn Menschen vom Subjekt zum Objekt gemacht werden. Wer einmal anfängt, menschliches Leben zu instrumentalisieren, wer anfängt, zwischen lebenswert und lebensunwert zu unterscheiden, der ist in Wirklichkeit auf einer Bahn ohne Halt.

Die Erinnerung daran ist ein immerwährender Appell: Nichts darf über die Würde des einzelnen Menschen gestellt werden. Sein Recht auf Freiheit, auf Selbstbestimmung und auf Achtung seiner Würde darf keinem Zweck geopfert werden. Eine Ethik, die auf diesen Grundsätzen beruht, gibt es freilich nicht umsonst. Es hat einen Preis, wenn wir nach ethischen Grundsätzen handeln.

www.bundespraesident.de

Sara: Der Tod vor dem Tod. – © Die Brücke e.V., Stuttgart

Auch wenn es nicht einfach ist, diese ungewöhnlichen und außerordentlichen Erfahrungen eindeutig und klar zu erfassen, beschäftigt die Frage alle, die damit zu tun haben. Denn so wenig sich diese Erfahrung in das kalte Geschirr der wissenschaftlichen Sprache zwängen lässt, so sehr benötigen wir zur Verständigung doch einen Begriff, der es uns ermöglicht, darüber zu reden und zu schreiben. Die mit diesem Phänomen beschäftigten Forscher behelfen sich in der Regel damit, dass sie die darin auftauchenden Elemente vergleichen. So, wie z. B. in UFO-Sichtungen eben immer UFOs auftreten, wie bei Marienerscheinungen immer die Mutter Gottes gesehen wird, so wird vermutet, dass auch Nahtoderfahrungen immer wiederkehrende Elemente aufweisen. Wenn man der gängigen Forschung Glauben schenken will, dann scheint es geradezu ein Standardmodell der Nahtoderfahrung zu geben.

In ihrer bekanntesten Form wird dieses Standardmodell der Nahtoderfahrung von dem Amerikaner Raymond Moody formuliert. R. Moody hat zahlreiche Gespräche mit Menschen geführt, die in der Nähe des Todes waren. Aufgrund eines Vergleiches all dieser Berichte kommt er zum Schluss, die Struktur der Todesnäheerfahrung weise immer dieselben Elemente auf. Diese fasst er in einer *Standarderfahrung* zusammen, die er wie folgt beschreibt:

»Ein Mensch liegt im Sterben. Während seine körperliche Bedrängnis sich ihrem Höhepunkt nähert, hört er, wie der Arzt ihn für tot erklärt. Mit einem Mal nimmt er ein unangenehmes Geräusch wahr, ein durchdringendes Läuten oder Brummen, und zugleich hat er das Gefühl, dass er sich sehr rasch durch einen langen Tunnel bewegt. Danach befindet er sich plötzlich außerhalb seines Körpers, jedoch in derselben Umgebung wie zuvor. Als ob er ein Beobachter wäre, blickt er nun aus einiger Entfernung auf seinen eigenen Körper. In seinen Gefühlen zutiefst aufgewühlt, wohnt er von diesem seltsamen Beobachtungsposten aus den Wiederbelebungsversuchen bei.

Nach einiger Zeit fängt er sich und beginnt, sich immer mehr an seinen merkwürdigen Zustand zu gewöhnen. Wie er entdeckt, besitzt er noch immer einen ›Körper‹, der sich jedoch sowohl seiner Beschaffenheit als auch seinen Fähigkeiten nach wesentlich von dem physischen Körper, den er zurückgelassen hat, unterscheidet. Bald kommt es zu neuen Ereignissen. Andere Wesen nähern sich dem Sterbenden, um ihn zu begrüßen und ihm zu helfen. Er erblickt die Geistwesen bereits verstorbener Verwandter und Freunde, und ein Liebe und Wärme ausstrahlendes Wesen, wie er es noch nie gesehen hat, ein Lichtwesen, erscheint vor ihm. Dieses Wesen richtet – ohne Worte zu gebrauchen – eine Frage an ihn, die ihn dazu bewegen soll, sein Leben als Ganzes zu bewerten. Es hilft ihm dabei, indem es das Panorama der wichtigsten Stationen seines Lebens in einer blitzschnellen Rückschau an ihm vorüberziehen lässt. Einmal scheint es dem Sterbenden, als ob er sich an einer Art Schranke oder Grenze befindet, die offenbar die Scheidelinie zwischen dem irdischen und dem folgenden Leben darstellt. Doch wird ihm klar, dass er zur Erde zurückkehren muss, da der Zeitpunkt seines Todes noch nicht gekommen ist. Er sträubt sich dagegen, denn seine Erfahrungen mit dem jenseitigen Leben haben ihn so sehr gefangengenommen, dass er nun nicht mehr umkehren möchte. Er ist von überwältigenden Gefühlen der Freude, der Liebe und des Friedens erfüllt. Trotz seines inneren Widerstandes – und ohne zu wissen, wie – vereinigt er sich dennoch wieder mit seinem physischen Körper und lebt weiter.«

Noch ein weiteres Merkmal ist wichtig: Obwohl die Versuche, diese Erfahrung anderen mitzuteilen, auf skeptische, oftmals sogar höhnische Reaktionen der Mitmenschen stoßen, wird sie tiefe Spuren im Leben der Betroffenen hinterlassen.

Nach Hubert Knoblauch: Berichte aus dem Jenseits. Mythos und Realität der Nahtod-Erfahrung, © Verlag Herder, Freiburg im Breisgau 2002, S. 16–20 in Auszügen

Gott Taiyi hat Boten gesandt – ein Nahtodbericht aus China

Ein Bericht aus dem 4. Jahrhundert nach Christus schildert die Geschichte des Gouverneurs Du Xie, der vergiftet wurde, jedoch von seinem taoistischen Meister Dong Feng wiederbelebt werden konnte: »Als ich starb, war es plötzlich, als hätte ich einen Traum. Ich sah ein Dutzend schwarzgekleideter Männer, die mich auf einen Karren luden. Wir fuhren durch ein großes Tor, um mich in ein Gefängnis zu bringen. Alle Verliese hatten eine Tür. Jede Tür hatte gerade genug Platz, um nur eine Person durchzulassen. Sie taten mich hinein und versiegelten das Gefängnis von außen mit Erde, so dass ich kein Licht von außen sehen konnte. Plötzlich hörte ich draußen Männerstimmen, die sagten: ›Taiyi (das große Eins, eine Gottheit) hat Boten gesandt, um Du Xie vorzuladen.‹ Ich hörte auch, wie sie die Erde wieder weggruben. Nach einer Weile wurde ich herausgezogen und sah drei Männer auf einem Pferdewagen mit einem roten Baldachin. Der Älteste trat mit einem Bericht in der Hand ein und rief: ›Xie, geh auf den Wagen!‹ Sie führten mich zurück, und als ich das Tor erreichte, wachte ich auf.«

Irdische Bürokratie im Jenseits und auf der Kuh in den Himmel – zwei Nahtodberichte aus Indien

Der Inder Chhajju Bania hatte 1975 so schweres Fieber, dass seine Verwandten schon seine Verbrennung vorbereiteten. Allerdings genas er wieder und berichtete, dass er von vier schwarzen Boten abgeholt worden sei, die ihn neben Gott setzten. Sein Körper war sehr klein geworden. Auch eine ältere Dame saß da, die einen kleinen Stift in der Hand hatte. Vor ihr standen ein paar Buchhalter, die einen Stapel Bücher vor sich liegen hatten. Chhajju Bania wurde aufgerufen, und einer der Buchhalter sagte: »Wir wollen nicht Chhajju Bania, den Händler, wir wollen einen anderen Chhajju, nämlich Chhajju Kumhar, den Töpfer. Nehmt diesen zurück und bringt den anderen. Er, Bania, hat noch etwas Leben übrig.« Der aber bat den Buchhändler, ihm etwas Arbeit zu geben, ihn aber nicht zurückzuschicken.

Doch trotz seiner Bitten wurde er hinuntergestoßen – und überlebte.

Eine Frau reagierte auf eine Penizillinspritze so schwer allergisch, dass sie das Bewusstsein verlor. Als sie wieder zu sich kam, erzählte sie, dass ein religiöses Wesen zu ihr gekommen sei und sie aufgefordert hätte, es zu begleiten. Sie wurde auf einer Kuh in den Himmel gebracht. Der Weg dorthin war schön geschmückt. Sie gelangte an einen Ort, an dem viele Menschen versammelt waren. Dort entdeckten sie, dass sie die Falsche war. Sie wurde auf dieselbe Art zur Erde zurückgebracht. Sie erzählte diese Geschichte ein paar Minuten, nachdem sie das Bewusstsein wieder erlangt hatte.

Nahtoderfahrungen in der Traumzeit – ein Nahtodbericht der Salteaux-Indianer

Unter den in Kanada nahe des Winnipegsees lebenden Salteaux-Indianern sind Nahtoderfahrungen nicht selten. Im Unterschied zu einfachen Träumen werden diese Erfahrungen aber als wahrhaftige Reisen in das »Geisterland« angesehen.

Der indianische Erzähler berichtet von einem Stammesmitglied: ›Ich sah einen Mann, der tot war und zwei Tage da lag. Er hat mir erzählt, was er erlebt hat. Er spürte nie Schmerz. Er dachte, er würde schlafen gehen. ›Plötzlich‹, sagte er, ›merkte ich, wie ich auf einem guten Weg ging. Ich folgte ihm und kam zu einem Wigwam. Dort sah ich einen alten Mann. Er fragte mich: ›Was tust du hier?‹ Ich sagte ihm, ich ginge hier entlang. – ›Du hältst besser an und isst etwas‹, sagte er. Ich sagte ihm, ich hätte keinen Hunger, und ging wieder los. Er begleitete mich. ›Ich zeige dir, wo deine Eltern sind‹, sagte er. Während wir gingen, sahen wir plötzlich einen ganzen Haufen Wigwams. So weit ich sehen konnte – lauter Wigwams. Der alte Mann zeigte auf eines. ›Dahin gehst du‹, sagte er, ›da leben dein Vater und deine Mutter.‹

Ich ging also dorthin. Im Wigwam fand ich meinen Vater. Er schüttelte mir die Hände und küsste mich. Meine Mutter war nicht da. Bald aber kam sie herein und begrüßte mich auf dieselbe Weise. Sie befragten mich über die Menschen auf der Erde. Sie wollten auch etwas über ihre Freunde erfahren. Ich berichtete ihnen, dass sie nicht krank seien. Dann wurde mir etwas zu essen angeboten. Aber ich konnte nicht essen. Bei einigen Leuten, die mich besuchen kamen, wuchs Moos auf ihrer Stirn. Sie waren schon vor Jahren gestorben.

Während ich sprach, hörte ich vier Schläge einer Trommel. Sie waren sehr schwach, und ich konnte sie gerade noch hören, denn sie waren so entfernt. Plötzlich dachte ich ans Zurückgehen. Ich gedachte meiner Kinder, die ich zurückgelassen hatte. Ich ging aus dem Wigwam, ohne meinen Eltern etwas zu sagen. Ich ging denselben Weg wieder zurück, den ich vorhin gegangen war. Als ich zum Wigwam des alten Mannes kam, war er nicht da. Ich ging weiter auf dem Weg. Dann hörte ich, wie jemand mich rief. Ich konnte die Stimme kaum hören und nicht erkennen, von wem sie war. Dann wurde die Stimme klarer. Ich wusste, dass ich näher kam. Als ich noch näher kam, konnte ich meine Frau und meine Kinder weinen hören. Dann wurde ich bewusstlos. Ich hörte nichts mehr.

Als ich meine Augen aufmachte, war es heller Tag. Doch das Tageslicht hier ist nicht so hell wie in dem Land, das ich besuchte. Ich hatte zwei Tage gelegen. Aber ich hatte in dieser Zeit viel Weg zurückgelegt. Man braucht nicht um seine Lieben zu trauern, denn sie befinden sich an einem guten Ort. Es geht ihnen dort gut. Deswegen erzähle ich allen, sich nicht vor dem Sterben zu fürchten.«

Besuche im Land der Toten – ein Nahtodbericht australischer Aborigines

Yawalngura war mit seinen zwei Frauen beim Schildkröteneiersuchen. Er aß einige Eier, legte sich hin und »starb«. Später fanden ihn die Frauen, er war tot. Sie brachten seinen Körper ins Lager und bauten das Totengerüst. Danach kehrte Yawalngura zum Leben zurück und berichtete, dass er das Land der Toten kennen gelernt habe. Er hatte ein Kanu gebaut, um dorthin reisen zu können. Er legte ab und reiste mehrere Tage und Nächte. Dann erreichte er eine Insel, wo er die traditionellen Geister und Tote traf, die erkannten, dass er lebendig war. Deswegen musste er zurückkehren. Die Geister tanzten für ihn und gaben ihm Geschenke, wie etwa ein Morgensternemblem und Süßkartoffeln. Yawalngura erzählte allen von seiner fantastischen Reise. Zwei oder drei Tage später aber starb er wieder, dieses Mal für immer.

Hubert Knoblauch: Berichte aus dem Jenseits. Mythos und Realität der Nahtod-Erfahrung, © Verlag Herder, Freiburg im Breisgau 2002, S. 84–85.88–89.72–74.78

»Irrlichter im Kopf« oder »Einblicke ins Jenseits«?

Nahtod-Erfahrungen: Der Neurologe und Psychiater Michael Schröter-Kunhardt zieht eine erste Bilanz aus zweihundert Fällen

Publik-Forum: Herr Schröter-Kunhardt, können Sie als Mediziner sagen: Es gibt ein Leben noch dem Tod? Lässt die wissenschaftliche Auswertung der so genannten Nahtod-Erfahrungen solch eine Schlussfolgerung zu? Sie sind Neurologe und Psychiater und dazu einer der namhaften deutschen Nahtod-Forscher mit bald 200 Fällen in der Auswertung. Wie lautet Ihr Fazit auf die Frage nach der Beweiskraft der Nahtod-Erfahrungen für ein Leben nach dem Tod?

Michael Schröter-Kunhardt: Ich bin ziemlich sicher: In der letzten Stufe einer Nahtod-Erfahrung kann eine aus dem Körper herausgelöste Ich-Identität kurz in eine andere Dimension der Wirklichkeit gelangen – ins Jenseits, wenn Sie so wollen. Allerdings wird dieses letzte Stadium längst nicht immer erreicht. Und natürlich sind alle, die solche Erfahrungen berichten, nicht biologisch tot gewesen. Aber es gibt gute Gründe anzunehmen, dass jene, die in das letzte Stadium gelangt sind, tatsächlich zumindest einen Blick »nach drüben« werfen konnten. Die EEG-Gehirnkurven in den – zugegebenermaßen wenigen – Fällen mit absolut sicherer Datenlage waren dann flach, eine der Definitionen für klinischen Tod. Ich kenne einen solchen Fall komplett aus eigener Anschauung. Somit muss man aus den Berichten schließen: Es existierte eine Form von persönlichem Bewusstsein weiter. Die ist offensichtlich nicht an das Gehirn gebunden. Ob man sie nun mit einem »feinstofflichen Leib« verbinden mag – da bin ich lieber vorsichtig.

Publik-Forum: Können Sie einmal kurz die wesentlichen Elemente einer Nahtod-Erfahrung benennen?

Schröter-Kunhardt: Zunächst gibt es einen äußeren Anlass. Klassische Auslöser von Nahtod-Erfahrungen sind Unfälle, lebensbedrohliche Erkrankungen, Zwischenfälle bei einer Operation und Geburtskomplikationen. Viele Erlebnisse beinhalten nur einige der insgesamt bezeugten Elemente. In kompletter Form besteht ein Nahtod-Erlebnis dann in oft chronologischer Reihenfolge, aber eben in abnehmender Häufigkeit aus folgenden Sequenzen:

- einer Stimmungsaufhellung mit Gefühlen von Leichtigkeit, Wohlbefinden, Heiterkeit, Friede und Glück;
- einem außerkörperlichen Erlebnis, bei dem sich die betroffene Person plötzlich als auf den eigenen Körper herabschauend erlebt, wobei das rationale Bewusstsein weiterarbeitet. Dabei werden verifizierbare optische Wahrnehmungen, auch außerhalb des jeweiligen Raumes, gemacht. Beim »scheinbaren« Verlassen des Körpers kommt es zu abrupter Schmerzfreiheit;
- dem Eintritt in eine zumeist dunkle, tunnelartige Übergangszone;
- der Wahrnehmung eines in der Regel weißgoldenen, unendliche Liebe ausstrahlenden Lichtes, das bei den Erlebenden oft Gefühle höchster Seligkeit und manchmal mystische Alleinheits-, Allwissenheitserfahrungen auslöst;
- der Wahrnehmung einer paradiesischen, sehr viel seltener einer höllischen Landschaft;
- der Begegnung mit verstorbenen Verwandten, religiösen Figuren oder Lichtwesen. Zwischen diesen und dem Erlebenden kommt es oft zu einer gedanklichen Kommunikation, in der Letzterer häufig zur Rückkehr aufgefordert wird.

Zwischen diesen Stadien kann es außerdem noch zu folgenden Elementen einer Nahtoderfahrung kommen:

- dem Hören einer wunderschönen Musik;
- dem Ablauf eines Lebensfilmes, in dem der Sterbende viele bekannte oder längst vergessene, später aber zum Teil verifizierbare Einzelheiten seines Lebens als Beobachter wiedererlebt. In der Form der Lebensrevision kommt es dabei manchmal über das Miterleben der jeweiligen Gefühle aller Beteiligten zu einer kultur- und religionsspezifischen ethischen Bewertung aller eigenen Gedanken, Worte und Taten;
- immer aber kommt es zu einer Aufhebung des diesseitigen Zeitablaufs. Denn in der kurzen Nahtod-Erfahrung wird sehr viel mehr erlebt, als das gewöhnlich möglich ist.

Publik-Forum: Wie oft kommen Nahtod-Erfahrungen vor?

Schröter-Kunhardt: Ungefähr ein Drittel aller Menschen, die dem Tode sehr nahe waren und wiederbelebt wurden, berichtet von einem, mehreren oder allen der genannten Elemente.

Publik-Forum: Wer über Nahtod-Erfahrungen spricht, macht in der Regel eine merkwürdige Erfahrung: Es gibt entweder spontanes Interesse und tendenzielle Zustimmung oder schroffe Ablehnung. Wie beurteilen Sie das?

Schröter-Kunhardt: Das ist richtig beobachtet. Das Thema polarisiert unverzüglich. Berichte von Nahtod-Erfahrungen provozieren unser Innerstes. Der eigene Tod wird angerührt. Hinzu kommt, dass die eigene Weltanschauung durch Nahtod-Erfahrungen unversehens auf den Prüfstand gestellt wird. Die Berichte über solche Erfahrungen enthalten viele Elemente, die unser naturwissenschaftliches Denken in Frage stellen.

Publik-Forum: Der Konstanzer Soziologe Hubert Knoblauch hat kürzlich eine Untersuchung vorgelegt, die ihn zu dem Ergebnis führte, dass Nahtod-Erfahrungen viel zu unterschiedlich seien, um eine einheitliche Struktur behaupten zu können. H. Knoblauch folgert: Alles subjektivistische traumähnliche Erfahrungen, die keinerlei Rückschlüsse auf »Jenseitigkeit« zuließen. Wie beurteilen Sie das?

Schröter-Kunhardt: H. Knoblauch hat seine Daten oberflächlich und teilweise regelrecht falsch interpretiert. Er nimmt einfach nicht zur Kenntnis, dass viele Nahtod-Erfahrungen nur ein oder zwei Elemente enthalten. Und gerade die anfänglichen Elemente sind noch mit Traumfetzen, halluzinatorischen Versatzstücken und Rekonstruktionen unterschwellig wahrgenommener Vorgänge vermischt. Da können dann starke Abweichungen auffallen. Als Forscher muss man aber das ganze Spektrum der bezeugten Elemente im Auge behalten. Und dann wird klar, was weltweit deutlich dokumentiert ist: Nahtod-Erfahrungen haben insgesamt eine verblüffend gleich bleibende und stabile Struktur. Und sie sind nicht an soziologische, demographische oder psychologisch-weltanschauliche Voraussetzungen gebunden. Sie sind noch nicht einmal ein Phänomen der Gegenwart, sondern in der Geschichte aller großen Kulturen nachzuweisen. Sicher gibt es Unterschiede in der inhaltlichen Ausprägung. So können zum Beispiel die Landschaften stark voneinander abweichen, das Lichtwesen kann die Gewissheit vermitteln, Christus zu sein oder ein Engel, ebenso gut aber auch ein Bodhisattva oder eine hinduistische Gottheit. Bei all solchen kulturspezifischen Unterschieden sind die Grundelemente der Nahtod-Erfahrung jedoch in vielen Kulturen gleich. Und was die negativen, sozusagen höllischen Nahtod-Erfahrungen angeht: Sie kommen sehr selten vor. Unter den rund 200 Fällen, die ich seit einigen Jahren auswerte, habe ich nur einen einzigen negativen gefunden. In den meisten negativen Sterbeerfahrungen, die in der Literatur dokumentiert sind, gibt es doch wieder einen Übergang in positive Sequenzen.

So etwas wird ja sogar von Jesus Christus erzählt. Er war vierzig Tage ohne Wasser und Brot in der Wüste. Was kam, war die dunkle Macht des Teufels, die Begehrliches vorgaukelte. Jesus hielt das aus. Er ging da durch. Und am Ende stand die Erfahrung, die der Evangelist mit den Worten beschreibt: »Und die Engel dienten ihm« (Mk 1,13). Dieses Erlebnis lässt sich als negativ-positive Nahtod-Erfahrung deuten.

Publik-Forum: Was macht Sie sicher, dass in Nahtod-Erfahrungen nicht alles nur Halluzination oder gar Traum ist?

Schröter-Kunhardt: Halluzinationen sind immer individuell unterschiedlich, während die Nahtod-Erfahrungen aller Kulturen aus denselben Grundelementen bestehen. Außerdem sind Halluzinationen zumeist Ausdruck und Ursache von psychischen Störungen, während Nahtod-Erfahrungen oft auf erstaunliche Weise seelisch heilsam wirken. Nahtod-Erfahrungen überschneiden sich auch nur in gewissen Teilen mit Träumen. In den Fällen nämlich, in denen sie sehr individuelle Elemente enthalten. Träume bestehen überdies immer aus individuell unterschiedlichen Traumszenen; Nahtod-Erfahrungen sind dagegen unabhängig von der Weltanschauung des Betroffenen ähnlich strukturiert.

Vor allem ist aber der Lebensfilm, wenn er denn in einer Nahtod-Erfahrung vorkommt, ein Hinweis darauf, dass hier Realitätswahrnehmungen stattfinden und keine Halluzinationen. Der Lebensfilm enthält nachweislich eine Menge richtiger Einzelheiten aus dem Leben des »Beinahe-Toten«.

Publik-Forum: In vielen Berichten über Nahtod-Erfahrungen findet sich das Bekenntnis, das Erlebnis habe wie ein »Kulturschock« gewirkt. In wenigen Minuten wurden alle bis dahin als gültig empfundenen Werte und Ansichten total erschüttert. Die auffälligste Folge ist aber das Erwachen einer tiefen Spiritualität, sogar bei Menschen, die zuvor Agnostiker oder Atheisten waren. Für fast alle ist das Weiterleben nach dem Tod Gewissheit. Was sagt der Mediziner dazu?

Schröter-Kunhardt: Bei Nahtod-Erfahrungen scheinen bestimmte Hirnstrukturen selektiv erregt zu werden. Da spielen auch körpereigene halluzinogene Stoffe eine Rolle. Aber auch äußere Substanzen wie LSD oder Meskalin können unter Umständen dieselben Erlebnisse auslösen, die in Nahtod-Berichten geschildert werden. Und in den Tiefenmeditationen von Mystikern scheint sich Ähnliches abzuspielen. Für mich ist all dies ein Hinweis auf eine biologisch-genetische Basis der Religiosität. Es scheint, dass neurophysiologisch eine Matrix religiösen Erlebens in uns angelegt ist. Nahtod-Erlebnisse sind deshalb so heilsam, weil sie diese innere Religiosität freilegen, die bei uns allgemein verdrängt wird.

Aus: PUBLIK-FORUM 21/2001, S. 30–32 in Auszügen

Patienten der Uniklinik in Freiburg konfrontieren mich immer wieder mit Nahtoderlebnissen. Einerseits beschäftigt sie dieses Geschehen sehr stark, andererseits scheuen sie sich oft, darüber zu sprechen. Das ist verständlich, denn für Zuhörer, die sozusagen mit beiden Beinen im Leben stehen, ist es schwierig nachzuvollziehen, was andere zwischen Himmel und Erde wahrnehmen. Dem Pfarrer traut man da vielleicht ein bisschen mehr Verständnis zu.

Nach meiner Erfahrung interessiert es Patienten nicht, wie die Erlebnisse zwischen Leben und Tod erklärt werden könnten. Für sie ist real, was sie gesehen, gehört, gespürt haben. Es gehört zu ihrem Leben, zu ihrer Krankheit dazu. Deshalb irritiert es sie, wenn behauptet wird: Das gibt es nicht, das sind nur Produkte eines Gehirns, das in einer Stress-Situation bestimmte Stoffe freisetzt, die dann diesen inneren Film auslösen.

Offensichtlich waren die Kenntnisse über Nahtoderfahrungen früher weiter verbreitet, als wir heute annehmen. Auch die so genannte Fegefeuervorstellung innerhalb der römisch-katholischen Kirche lässt dies vermuten. Dieses Läuterungsfeuer lebt unter anderem vom Bild der Helligkeit. Interessant für die dogmatische Entwicklung dieser Vorstellung ist, dass es in der Bibel keinen deutlichen Hinweis darauf gibt. Augenscheinlich aber war die Vorstellung in der Volksfrömmigkeit über so etwas wie den Durchgang zu einem hellen Raum während des Sterbens so stark, dass die katholische Kirche nachträglich dieses Läuterungsfeuer, übrigens erst im 14. Jahrhundert, gerechtfertigt hat und bis heute daran festhält.

Überrascht war ich, als ich – auf dem Hintergrund dessen, was Patienten mir erzählt haben – eine Arbeit Martin Luthers aus dem Jahr 1519, den »Sermon von der Bereitung zum Sterben«, wieder las. Darin redet auch er von einem Weg des Sterbens: von einer engen Pforte und einem schmalen Steg, auf dem der Sterbende geht, um danach in einen großen Raum voller Freude zu gelangen. Luther vergleicht das Sterben mit der Geburt: Durch die Enge hindurch wird man in einen weiten Raum geboren.

Für mich sind Nahtoderlebnisse kein Beweis eines Jenseits oder für ewiges Leben. Sie geben auch keinen Hinweis auf christliche Auferstehungs-Vorstellungen. Dass Christus auferweckt wurde und mit ihm auch wir auferstehen werden zu einer neuen Lebendigkeit bei Gott, diese Aussage formuliert mit sprachlichen Begriffen aus der jetzigen Dimension, was in einer anderen einmal geschehen wird.

Trotzdem haben Nahtoderlebnisse und vergleichbare Erfahrungen eine große, weit reichende Bedeutung. Sie stellen infrage, was heute zumindest unter Medizinern verbreitete Schulmeinung ist: Wenn die Gehirnströme eines Menschen nicht mehr gemessen werden können, dann ist er tot. Nehmen wir aber an, die Nahtoderfahrungen würden ahnen lassen, was sich zwischen Leben und Tod abspielt, dann ist Sterben ein zeitlich gestreckter Prozess, dessen Ende nicht punktgenau festzulegen ist.

Wenn dies aber zutrifft, müssten wir Sterbenden auch Zeit lassen, diesen Weg zu gehen, diese Zeit zu durchleben. Und eine Organentnahme, die in der Regel bei noch durchblutetem Körper erfolgen sollte, wäre dann zumindest nicht mehr möglich.

Ernst Weißer, Klinikseelsorger

In: STANDPUNKTE 4/2000, S. 15

Selbst ein sonst krisenfestes Gewerbe ist vor schweren Zeiten nicht gefeit. Bestattungsunternehmen, Steinmetze und Friedhofsgärtner in der Bundesrepublik klagen über zurückgehende Umsätze. Besonders bitter ist die Lage für die Steinmetze. Dieter Runschke, ein Berliner Steinmetz, hat allein 1989 einen Umsatzrückgang von 20 % hinnehmen müssen. Nach seinen Angaben wird in der gesamten Branche Personal eingespart, wo es nur geht.

Zwei Trends machen den Steinmetzen und anderen am Beerdigungsgeschäft beteiligten Branchen zu schaffen: Der durch so genannte »Discount-Bestatter« ausgelöste harte Preiskampf und der Trend zur so genannten »Anonym-Bestattung«.

Bisher konnten die Unternehmen ihre Preise noch großzügig kalkulieren. Kaum ein Hinterbliebener fragte, aus Trauer oder Pietät, nach dem Preis. Das ist jetzt anders. Es wird hartnäckig nach dem günstigsten Angebot gesucht. Dieses neue Kundenverhalten ärgert auch die Discounter, die den »Preiskrieg« ausgelöst haben: »Die Leute wollen nur noch eines: Billig, billig, billig muss es sein«, meint Holger Hämmerer, Inhaber des »Hamburger Sarg-Depots«. Er macht allerdings nicht nur wirtschaftliche Gründe dafür verantwortlich, sondern auch einen moralischen Wandel bei den Hinterbliebenen: »Oft genug erwartet man von uns nicht mehr Bestattung, sondern Leichenentsorgung.«

Auf immer mehr Friedhöfen wächst Rasen. Anonym Bestattete werden in Urnen auf jeweils 30 x 30 cm großen Rasenflächen vergraben. Das geschieht im Morgengrauen, ohne Zeugen. Die genaue Lage der Urne ist nur der Friedhofsverwaltung bekannt. Für die Rasenpflege muss nur eine geringe Gebühr bezahlt werden.

Warum lassen sich immer mehr Menschen anonym bestatten?

Auch hier könnten Kostengründe eine große Rolle spielen. Schließlich ist die Urnenbestattung im Rasenfeld die günstigste Bestattungsform überhaupt: Es entfallen die Kosten für einen teuren Sarg ebenso wie die Kosten für den Grabstein und die spätere Grabpflege. Die Friedhofsgebühr für ein anonymes Urnengrab kostet oft noch nicht einmal ein Zehntel der Gebühr für eine übliche Grabstätte.

Neben den Kosten gibt es noch andere Gründe, die eine Rolle spielen. Klaus Meyer-Heder, Bestattungsunternehmer in Bremen, sieht eine Art »Wegwerfmentalität«: »Nicht einmal mehr eine Grabstätte soll an mich erinnern. Das ist Ausdruck von einer Art Einsamkeit.« Viele wollen auch durch eine anonyme Bestattung niemandem zur Last fallen oder haben einfach niemanden, der sich um das Grab kümmern würde. Klaus Meyer-Heder sieht einen Hauptgrund auch in den nicht intakten Familien: »Denn die fehlende Bereitschaft, den Kindern zur Last zu fallen, zeigt nur, dass die Kinder schon zu Lebzeiten signalisiert haben, dass sie nicht bereit sind, den Alten zu helfen. Die Alten wollen nicht, dass die erwachsenen Kinder wenigstens hin und wieder das Grab besuchen können, sondern sie wollen sich völlig aus der Familie aussondern.«

In Flensburg, der Stadt mit der höchsten Zahl von Alleinlebenden in Deutschland, wurde schon 1988 jede zweite Bestattung anonym durchgeführt.

Nicht alle sind jedoch auf Dauer zufrieden mit dieser Lösung. Immer wieder müssen Friedhofsangestellte Blumen von den Rasenflächen entfernen. Angehörige melden sich oft Monate nach der Beerdigung, um die genaue Lage der Urne zu erfahren. Gelegentlich wird sogar eine Umbettung in eine nicht anonyme Grabstätte gewünscht. Die evangelische Kirche in Kiel änderte deshalb sogar ihre Satzung. Das ruhige Gewissen der Lebenden erschien ihr wichtiger als die Ruhe der Verstorbenen.

Um den Trend zur anonymen Bestattung zu bremsen, ließ sich die Flensburger Friedhofsverwaltung ein neues Angebot einfallen: »Rasenflächenbestattung« mit Namenstafel. Keine Grabpflege, geringere Kosten, aber nicht anonym. Der Anteil der anonymen Bestattungen ging daraufhin auf 43 % zurück.

Aus: Hannoversche Allgemeine Zeitung vom 17. November 1990

Die Rationalisierung macht auch vor Friedhöfen keinen Halt mehr. In ein Grab wird wenig Geld und Zeit investiert. Deutschland nähert sich dem europäischen Maßstab

Nichts erinnert mehr an Carola Krause, denn ihr Grab ist die Unendlichkeit. Ohne Stein, ohne Einfassung, ohne Blumen. Mit 16 Jahren hatte das Mädchen aus Unterreichenbach im Schwarzwald einen Unfall mit ihrem Motorroller, den sie nicht überlebte. Eine Beerdigung gab es nicht, sie war weder getauft, noch hatte sie die Kommunion empfangen. Aber Carola hätte es sich nicht anders gewünscht: In der Eislaufhalle des Ortes organisierten ihre Eltern eine Trauerfeier. Ihr Bruder und die Verwandten kamen, und Freundinnen, mit denen sie nach der Schule oft stundenlang die Sterne beobachtet hatte, denn sie hatte Luft- und Raumfahrttechnik studieren wollen. Ein paar Wochen später wurde ihre Asche auf dem Militärstützpunkt Vandenberg in den USA in eine lippenstiftgroße Urne gefüllt und mit der Taurusrakete ins Weltall geschossen. Carola Krause ist die erste Deutsche, die in der Erdumlaufbahn bestattet wurde. Ein Grab fehle ihnen nicht, sagten ihre Eltern, durch einen Blick zum Sternenhimmel seien sie immer mit ihrer Tochter verbunden.

»Die Trauer ist nicht mehr an einen Ort gebunden«, sagt der Hamburger Sozial- und Kulturhistoriker Norbert Fischer. »Der Friedhof verliert an Bedeutung.« Auf deutschen Friedhöfen zeigt sich das erst langsam, in den europäischen Nachbarländern wie den Niederlanden oder der Schweiz hat sich die Friedhofskultur bereits stark geändert. Europa rückt zusammen.

Nur in Deutschland, Österreich und Italien gilt noch immer der Friedhofszwang, bei den Deutschen das »Gesetz zur Feuerbestattung« aus dem Jahr 1934. »An den Friedhöfen erkennt man immer auch die Offenheit eines Landes«, sagt Fischer. Viele Menschen wünschen sich ihre letzte Ruhestätte im eigenen Garten. Bei einer Umfrage des Instituts für Demoskopie in Allensbach sprachen sich 20 Prozent der Befragten dafür aus, Gräber auf dem eigenen Grundstück anlegen zulassen. Zurzeit ist das nur in Ausnahmefällen gestattet.

Leichen werden verbrannt und in Urnen begraben, das spart Platz. Ein kleiner Stein reicht aus, das spart Geld. Die Asche düngt einen Baum oder wird verstreut, das spart Zeit für Grabpflege – der Friedhof als Spiegelbild der Gesellschaft. Für Emotionen bleibt wenig

Foto: dpa

Foto: dpa

Platz. »Die Geschichte der Friedhofskultur ist ein Prozess, in dem der Tod radikal entzaubert wird«, sagt Fischer. Und der Umgang mit dem Tod soll noch pragmatischer werden. Schon jetzt besuchen viele Menschen den Friedhof nur zu Beerdigungen. Deshalb werde sich auch die Lage der Friedhöfe ändern, um sie überhaupt zu erhalten, prophezeit Fischer: »Es wird viel mehr kleine Stadtteilfriedhöfe geben, die schnell zu erreichen sind.« Wie Bäcker, Post oder Sportplatz.

Überall und zu jeder Tageszeit zu erreichen: www.cemetery.org. Ein Mausklick genügt. »Welcome«, steht in Schreibschrift auf weißgrau marmoriertem Hintergrund. Darunter führen eine Reihe von Links zu den Gräbern. Aus Deutschland stammen nur fünf Eintrage, in dünnen blauen Blockbuchstaben. Ein Klick auf den Namen: Johanna Bräuer. Zwei Fotos einer alten Frau in Strickjacke erscheinen und ein Landschaftsgemälde. Bräuer, geborene Delbrück am 19. April 1896, war Malerin, verheiratet mit Ernst Wasa Bräuer, gestorben 1993 in Mundraching in Bavaria. Den Eintrag hat ihr Sohn Bernt gemacht. Bräuers könnten in Berlin, Mundraching oder auf See bestattet sein, mit der Taurusrakete ins Weltall geschossen sein oder auf dem Freiburger Hauptfriedhof liegen. Feld 35, eine Rasenfläche, eingefriedet von Buchenhecken. Im Gras liegen hier und da Blumensträuße, manchmal steht auch ein rotes Licht daneben. Es ist ein anonymes Gräberfeld, unter dem Rasen sind Urnen begraben, nirgendwo eine Tafel mit Namen. Den Rasen mähen die Friedhofsgärtner. In Freiburg werden jedes Jahr etwa 150 Menschen anonym beerdigt, in einigen Großstädten sind es fast 40 Prozent, in Skandinavien gar über die Hälfte aller Bestattungen. »Die Rasenbestattung wird auch in Deutschland zunehmen«, sagt Norbert Fischer, er nennt sie nicht anonym, als wolle er die Zukunft nicht allzu negativ darstellen. Auf dem Feld 35 steht ein zwei Meter hoher Stein, ganz vorne. Moos hat sich in den Rillen festgesetzt, eingehauen in den Stein steht: »Als die Unbekannten und doch bekannt« (vgl. 2. Korintherbrief, Kapitel 6 Vers 9).

Aus: Badische Zeitung Magazin zum Sonntag vom 17. November 2001

Letzte Ruhestätte »wilder Wald«

Einen letzten Ruheort im »wilden Walde« – inmitten der Natur, fernab der beschleunigten Gegenwart: Immer mehr Menschen wünschen ihn sich. Das Konzept des Friedwaldes kommt dieser Sehnsucht in idealer Weise entgegen. Diesen Eindruck jedenfalls muss gewinnen, wer in Richtung Schweiz blickt, wo die ersten Friedwälder in den 1990er Jahren entstanden – mittlerweile gibt es dort 27. Die Nachbarländer beginnen nun, sich den Trend abzuschauen. Auch Deutschland: Hier wurden im letzten Jahr im Reinhardswald bei Kassel und in diesem Jahr im Odenwald bei Michelstadt im Landkreis Ahrweiler die ersten Friedwälder »eröffnet« – Kulturwälder, die dennoch von vielen Menschen als »Natur pur« empfunden werden.

Was macht das Konzept des Friedwaldes aus? Für Gerold Eppler, Spezialist für neue Tendenzen in der Bestattungskultur am Kassler Museum für Sepulkralkultur, sind es vor allem drei Komponenten, die Menschen dazu bringen, sich für ein Urnenbegräbnis unter Bäumen zu entscheiden: Zum einen werde der Baum seit Jahrtausenden als Alter Ego betrachtet. Was mit dem Menschen geschehe, spiegele sich im Baum – davon zeuge zum Beispiel die Welt der Märchen. Zum anderen gebe es im deutschsprachigen Raum eine aus der Jahrhundertwende stammende Tradition des Waldfriedhofs. Der erste entstand 1907 in München und zeigte das Verlangen der Reformbewegung dieser Zeit, mit dem »Zurück zur Natur« einen Kontrapunkt zum Industriezeitalter zu setzen. Zum Dritten, so Eppler, gebe es heute einen praktischen Grund, sich für ein Urnengrab unter dem »eigenen« – für viele Jahrzehnte gepachteten – Baum zu entscheiden: die Mobilität der Gesellschaft, die die Pflege von Gräbern für Angehörige oft schwierig mache. Da kämen die Auflagen im Friedwald – etwa die, keine Grabzeichen zu errichten, höchs-

Foto: © epd-bild

tens ein visitenkartengroßes Namensschild am Baum zu befestigen – vielen entgegen.

Unter Waldbäume legen sich nach ersten, vorsichtigen Analysen der Kulturwissenschaftler vor allem Menschen mit Hang zur Natur und Kontemplation, mit einer gewissen Distanz zu kirchlichen Traditionen, mit hohem Bildungsstand und entsprechendem finanziellen Hintergrund. Gerade Letzteres macht den Friedwald für private Betreiber (in der Schweiz auf direktem Wege, in Deutschland nur mittels Kommunen, die die »Dienstleistung der Ruhebettung« anbieten) attraktiv. Und vor allem aus diesem Grund hat das Konzept auch Bewegung ins deutsche Friedhofswesen gebracht: Schon überlegen erste kommunale und kirchliche Friedhofsverwaltungen, ein »Eckchen« für den »wilden Wald« auf dem traditionellen Friedhof einzurichten – um so die »Begräbnis-Dissidenten« zurückzuholen.

In Deutschland ist die Friedwald GmbH in Darmstadt Ansprechpartner für Menschen, die sich im Wald beerdigen lassen wollen. Der Verein Friedwald Deutschland e.V. betreibt die Lobby-Arbeit.

Foto: © epd-bild

Aus: PUBLIK-FORUM 22/2002, S. 39

Frau aus Schweden erfindet die umweltfreundliche Bestattung

LYR (AFP). Kaum zu glauben, dass diese Frau Leichen zu ihrem Geschäft gemacht hat. Susanne Wiigh hat ein freundliches Lächeln und blaue Augen, die unter einem kecken blonden Pony hervorschauen. Nein, pietätlos ist die Schwedin nicht. Als Biologin hat sie sich einfach eines Problems angenommen, über das kaum gesprochen wird. Bei herkömmlichen Bestattungen nämlich können die sterblichen Überreste die Umwelt belasten. Nun hat die Schwedin ein Verfahren zur ökologischen Beisetzung erfunden.

Das Leben Wiighs ist auf den Einklang mit der Natur ausgerichtet. Mit ihrer Familie wohnt sie auf der Insel Lyr vor der Südwest-Küste Schwedens. Dort betreibt sie den einzigen Laden des Eilands – mit Obst und Gemüse aus ökologischem Anbau. In den Kreislauf der Natur will sie nun auch die sterblichen Überreste von Menschen wieder eingliedern. Erd- und Feuerbestattungen verunreinigten das Grundwasser oder die Luft, sagt die Biologin. »Ursprünglich hat die Natur vorgesehen, dass Verstorbene auf dem Boden liegen bleiben, von Tieren weggetragen und zu Erde werden.«

In Kompost will Wiigh daher die Leichname von Menschen verwandeln. Auf den Humus könnten die Hinterbliebenen statt eines Grabsteins eine Gedenkpflanze setzen, stellt sie sich vor. »Die Pflanze wird zur schönsten Art, eines Verstorbenen zu gedenken. Wenn ein Vater stirbt, kann man sagen: Die gleichen Moleküle, aus denen Papa bestand, haben auch diese Pflanze zum Wachsen gebracht.«

Bei dem von Wiigh entwickelten Verfahren wird der Körper des Toten in einer krematoriumsähnlichen Anlage bei einer Temperatur von minus 196 Grad in flüssigem Stickstoff schockgefroren und anschließend durch mechanisches Rütteln in grobkörniges Pulver verwandelt. Dieses wird dann getrocknet und von sämtlichen Überresten an Metallen befreit. Von einem 75 Kilo wiegenden Menschen bleiben so 25 Kilo feines, rosabeigefarbenes Granulat übrig.

Dass dieses tatsächlich als Dünger verwendbar ist, kann man im Garten hinter Wiighs Haus sehen. Dort steht ein Rhododendron, der von ihrer verstorbenen Katze Tussan genährt wird. Was man als Hirngespinste einer Öko-Aktivistin belächeln könnte, hat handfestes wirtschaftliches Potenzial. Die Stadt Jönköping in Südschweden hat bereits beschlossen, ihr altes Krematorium durch eine Anlage nach Wiighs Plänen zu ersetzen – nicht zuletzt, weil diese günstiger ist als ein Krematoriumsneubau.

An der von Wiigh gegründeten Aktiengesellschaft Promessa AB hält AGA Gas, eine Tochterfirma des deutschen Industriegas-Unternehmens Linde, einen Anteil von 53 Prozent. AGA half auch bei der Entwicklung des Gefrierprozesses. Firmensprecher Olof Källgren glaubt, dass die Idee ein »ziemlich großes Geschäftspotenzial« bietet. Auf ihre Erfindung hat Susanne Wiigh bereits Patente in 35 Ländern angemeldet. Demnächst wird voraussichtlich eine Anlage in den Niederlanden errichtet. Selbst die schwedische Kirche scheint der Methode nicht abgeneigt zu sein: Sie hält fünf Prozent der Anteile an Promessa.

Aus: Badische Zeitung vom 28. Mai 2004

»Ungewissheit ist das Schlimmste«
Viele Kranke warten verzweifelt auf Spenderorgane

Seit mehr als 30 Jahren werden in Deutschland Organe übertragen. Der Bedarf wächst. Die damalige Bundesregierung versuchte auf diesen Mangel mit einem neuen Transplantationsgesetz zu reagieren, auf das der nachfolgende Text Bezug nimmt.

»Nur eine Transplantation kann das Leben Ihres Sohnes retten. Er hat eine Leberzirrhose.« Die Diagnose traf Anette Traut aus Ludwigshafen wie ein Hammer. Thomas war damals, Ende 1990, etwas mehr als ein Jahr alt. Monate hatte die Mutter mit dem Kind in Arztpraxen und Kliniken verbracht, ungezählte Untersuchungen hatte der Junge über sich ergehen lassen müssen, bis man endlich wusste, warum er sich immerzu kratzte, bis er blutete, warum er als Säugling Nacht für Nacht geschrieen und nie länger als eine halbe Stunde geschlafen hatte. Von Geburt an hatte Thomas nicht genügend Gallengänge, was zu der Leberzirrhose führte.

Im Juni 1991 fuhr Anette Traut mit Thomas in eine Klinik nach Münster, wo er für die Operation im Transplantationszentrum in Brüssel vorbereitet werden sollte. Sein Zustand hatte sich verschlechtert. »Ich nahm mir vor, 14 Tage in Münster zu bleiben«, erinnert sich Anette Traut, »wenn dann keine Leber da gewesen wäre, wäre ich wieder nach Hause gefahren.« Am Nachmittag des 14. Tages teilte ihr die Ärztin mit, vielleicht sei eine Spenderleber da. Stunden der Ungewissheit folgten, denn die Eltern des Kindes waren zuerst nicht einverstanden mit der Organspende. Schließlich stimmten sie doch zu. Noch in der Nacht wurden Anette Traut und ihr Sohn mit dem Krankenwagen nach Brüssel gefahren, tags darauf bekam Thomas während einer achtstündigen Operation die Leber eines gestorbenen Kindes eingesetzt.

Vor mehr als dreißig Jahren wurden in Berlin und Heidelberg erstmals Nieren transplantiert. 1967 erregte der südafrikanische Chirurg Christiaan Barnard mit der ersten Herztransplantation internationales Aufsehen. Die erste Leber wurde in Deutschland 1969 übertragen. Heute gilt eine Transplantation zwar nicht als Routine, aber auch nicht mehr als medizinisches Neuland. Nach Angaben der Deutschen Stiftung Organtransplantation wurden weltweit bisher etwa 300 000 Nieren, 25 000 Lebern, etwa ebenso viele Herzen, etwa 5 000 Bauchspeicheldrüsen und 1 700 Lungen transplantiert.

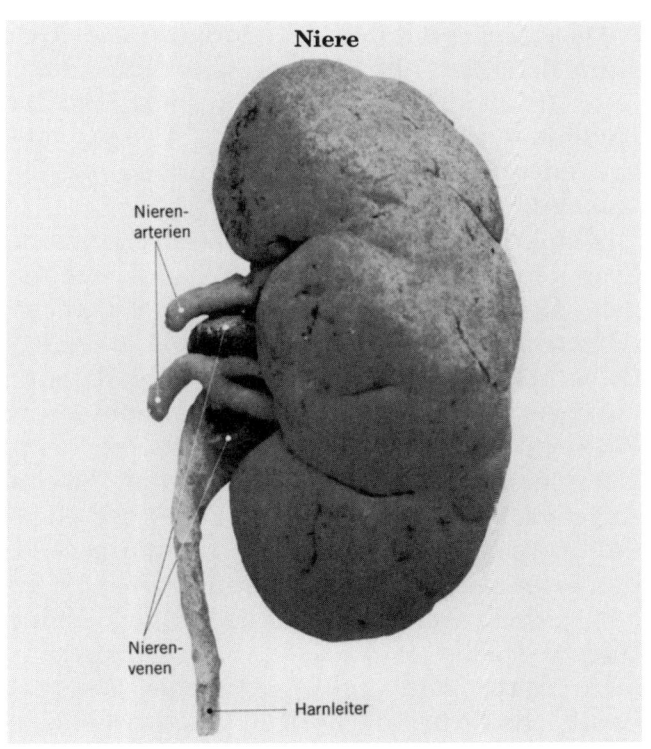

Niere

Nierenarterien

Nierenvenen

Harnleiter

© Gunther von Hagens, Institut für Plastination, Heidelberg (www. koerperwelten.com)

In Deutschland werden jeden Tag durchschnittlich sechs Nieren, ein Herz und eine Leber übertragen. Neuerdings gewinnt die Lebendspende an Bedeutung, 1995 waren vier Prozent der Nierentransplantationen Lebendspenden.

Doch seit das Thema wegen des geplanten Transplantationsgesetzes öffentlich diskutiert wird, macht sich Skepsis breit. Immer mehr Angehörige von Verstorbenen weigern sich, dessen Organe zur Verfügung zu stellen, 1991 stimmten noch 80 Prozent von ihnen zu, inzwischen nur noch 70 Prozent, an manchen Transplantationszentren lehnt die Hälfte der befragten Angehörigen die Organspende des Verstorbenen ab. Der Bedarf an Organen wächst, die Zahl der Übertragungen stagniert. Nierenkranke warten oft jahrelang, was besonders für Kinder wegen der zeitaufwändigen Dialyse belastend ist.

Der Arzt Erich Frey ist am Transplantationszentrum der Heidelberger Universitätsklinik für die Koordination von Transplantationen zuständig, sein Arbeitgeber ist die Deutsche Stiftung Organtransplantation. »Man würde halt gern mehr machen«, sagt er im Hinblick auf die Zahl der Übertragungen. Vom ersten Anruf bis zur Operation regelt Frey alles, manchmal sind dazu mehr als 100 Telefonate notwendig. Zusammen mit Schwestern und manchmal einem Seelsorger führt er

die Gespräche mit den Angehörigen eines Verstorbenen, der als Spender in Frage käme.
Auch am Heidelberger Zentrum spürt man die
zunehmende Zurückhaltung. In den vergangenen Wochen musste Frey hintereinander
sechs Ablehnungen hinnehmen.

»Ich kriege das ganze Drama mit«, berichtet
Frey von den Gesprächen mit den Angehöri-
gen. Ihre größte Angst sei, die Diagnose
»Hirntod«, also der vollständige und endgülti-
ge Verlust der gesamten Hirnfunktion, könnte
nicht stimmen. Sie glauben, der Patient lebe in
Wirklichkeit noch, weil der Hirntod vor dem
Herztod diagnostiziert werden kann. Solche
Ängste seien unbegründet, ist Frey überzeugt:
»Wenn man einmal alles erklärt und gezeigt
hat, sagt keiner mehr, das stimmt nicht.« Er
hat deshalb auch schon Angehörige bei der
Diagnose dabei sein lassen. Fast immer räu-
men Ärzte und Schwestern bei solchen
Gesprächen den Angehörigen eine Bedenkzeit
von mehreren Stunden ein. Wenn Frey den
Eindruck hat, dass sich Angehörige unter-
einander uneinig sind, stellt er klar: Die
Entscheidung sei für das ganze Leben. Es reiche nicht aus zu sagen: »Ich werde mich schon
daran gewöhnen.«

Auch für die Krankenschwester Angelika
Messmer, Leiterin der Transplantationssta-
tion für Nierenkranke am Heidelberger Zentrum, sind die Gespräche mit den Angehörigen
der heikelste Punkt ihrer Arbeit: »Man
bekommt schon viel Trauriges mit«, sagt die
36-Jährige. Wenn sie sich mit der Frage der
Angehörigen nach dem Zeitpunkt des Todes
überfordert fühlt, holt sie einen Seelsorger.
Auf eine philosophische Diskussion über den
Hirntod mag sich Angelika Messmer nicht einlassen: »Man darf nicht zweifeln, sonst könnte
ich das nicht machen.« Bei diesen Gesprächen,
sagt Angelika Messmer, geht es »extrem
streng« zu. Niemals würden Angehörige über-
redet. Gleichwohl kommt es ihr mitunter »fast
unmoralisch vor«, sie in dieser Situation tiefs-
ter Trauer zu »überfahren«. Wenn die Krankenschwester bei einer Organentnahme dabei
ist, hilft ihr der Gedanke daran, »dass dieses
Sterben nicht sinnlos war«.

Für die Ludwigshafenerin Anette Traut und
ihren Sohn Thomas kam die Transplantation
gerade noch rechtzeitig. Thomas bekam die
Leber eines zehnjährigen Kindes eingepflanzt.
Mehr weiß Anette Traut nicht, und sie denkt
nicht gern darüber nach. Die Ungewissheit

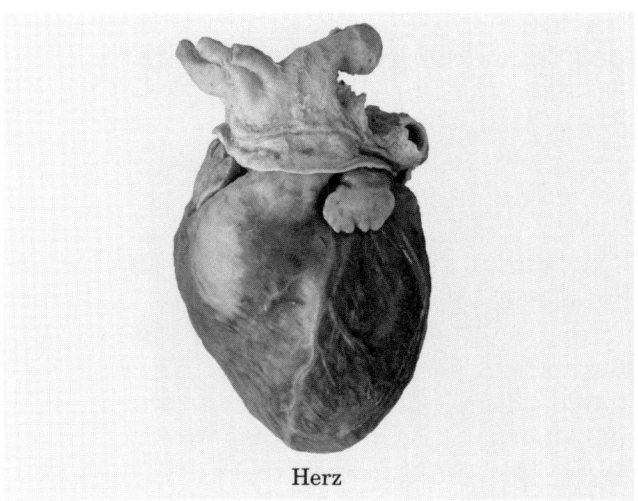

Herz

© Gunther von Hagens, Institut für Plastination, Heidelberg
(www. koerperwelten.com)

und das Warten waren das Schlimmste für sie:
»Das ist unbeschreiblich, so was durchzuma-
chen.« Nach der Operation ging es Thomas
bald besser. Trotzdem kann er kein ganz normales Leben führen. Weil die Medikamente
gegen eine Abstoßung der fremden Leber die
Immunabwehr lahm legen, ist er oft erkältet.
Wenn Anette Traut erfährt, dass in der Vor-
schule, die der Siebenjährige besucht, Kinder-
krankheiten umgehen, muss sie sofort mit ihm
zum Arzt: Eine Spritze schützt dann sechs
Wochen vor einer für Thomas lebensgefähr-
lichen Ansteckung.

Hans-Peter Wohn hatte damals Glück, er
musste nur wenige Wochen warten. Seine
»neue« Leber bekam er von einer 56-jährigen
Frau, worauf er nicht gefasst war: »Ich hielt es
für selbstverständlich, dass ich eine Leber von
einem Mann bekomme«, erzählt er und fügt
gleich hinzu: »Aber es hat mir nichts ausgemacht.« Allerdings habe er die erste Zeit nach
der Operation »verrückt gespielt« und alles in
negativer Weise auf sich selbst bezogen, was
sich um ihn herum abspielte. Erst nach der
Entlassung aus der Klinik fühlte Wohn sich
wie ein anderer Mensch. Heute ist er Früh-
rentner, seine Arbeitsstelle verlor er wegen
der Krankheit. Das Engagement in der
Selbsthilfegruppe hilft ihm, damit fertig zu
werden. Auch jetzt noch denkt er ab und zu an
die Angehörigen der Spenderin. Doch hält er
es für besser, sie nicht zu kennen, denn das,
vermutet Hans-Peter Wohn, gäbe nur Kon-
flikte.

Susanne Ackermann, in: STANDPUNKTE 1/1997, S. 22–25
in Auszügen

Wo Philosophen und Theologen über Organspende diskutieren, geht es meist um Rechte und Nöte der Spender. Die Belastungen, unter denen die Empfänger leben, sind dagegen kaum bekannt. Die Autorin des folgenden Beitrags schreibt aus eigener Erfahrung.

Im Jahr 1995 wurden in Deutschland 2164 Nieren verpflanzt. Eine davon erhielt ich. Eine Maschine bekommt Ersatzteile eingebaut, Menschen wie ich Menschenteile. Bin ich so etwas wie eine Menschenfresserin? Habe ich mir einverleibt, was einem anderen gehört? Aber der Fremde, der mir aus den Augen schaut, fängt sofort an, zu zwinkern und zu lächeln. Er hat seine Konturen vollkommen in mein Gesicht eingepasst, so dass wir deckungsgleich erscheinen. Meine Sorgenfalten stehen ihm gut, und sein Schmunzeln kommt leicht über meine Lippen. Nein, sage ich dann und schüttele unsern Kopf. Ich bin keine Kannibalin, aber ich lebe aus deinem fremden Atem. Die Weisheit eines Toten liegt mir im Blut.

Romantische Gedanken? Mag sein, dass diese Vorstellung eines Miteinanders von Spender und Empfänger übertragener Organe sich übertrieben anhört. Aber ist dies wirklich nur ein Produkt übersteigerter Phantasie? Das Leben organtransplantierter Menschen wird von Identitätsproblemen und Fragen nach Schuld und Verantwortung belastet. Anders als den Ärzten gelingt es den Empfängern neuer Herzen, Nieren und Lebern nämlich selten, das Problem auf die praktische Ebene zu verdrängen, auf der nur Funktion und Nutzen der ›neuen Teile‹ zählen. Der fremde Teil, der in mir pulsiert, hat eben nicht nur seine Funktionen, sondern auch seine Geschichte. Zwar weiß ich vom Leben, Leiden und Sterben des anonymen Fremden nicht mehr als sein Alter oder sein Geschlecht. Aber das Echo, das sein Lebensrhythmus in den Gewebefasern und Zellen hinterlassen hat, will ich nicht überhören. Er ist ein Teil von mir. Denn mit jeder Zelle seines Organs hat er mir sein gesamtes Erbgut hinterlassen.

Die Niere beispielsweise ist ein Filterorgan. Sie besteht aus Tausenden Fasern, Membranen und Mikrogefäßen. Jede einzelne Zelle enthält sämtliches Erbgut des Trägers. In jedem Tröpfchen liegt beschlossen, welche Haarfarbe, welche Größe ein Mensch hat, wie rasch seine Nägel wachsen, ob er Linkshänder oder ein Sonntagskind wird. Jede Niere weiß von den Trübsinnigkeiten einer stark oder schwach ausgebildeten Intelligenz, jede Schlagader lässt sich vom Rhythmus einer Lebensmelodie durchtrommeln.

Nach meiner eigenen Transplantation von Niere und Bauchspeicheldrüse – es war im Jahre 1991 – entdeckte ich sehr bald, dass ich mich von nun an im ständigen Dialog mit meinem Spender befand. Eine Weile glaubte ich sogar, die Träume des Fremden zu träumen, mit der Zunge so zu schmecken wie er. Schizophrene Zustände? Obwohl ich mich im Schatten eines Zweiten bewegte, empfand ich meine eigene Person keineswegs als gespalten. Vielmehr fühlte ich mich bereichert. Alles, was an medizinischen, diätetischen und pharmazeutischen Maßnahmen notwendig war und was jede Transplantation als Nebenwirkung, Komplikation oder Gefahr begleitet, spielte sich auf einer Beziehungsebene ab. Das ist eine Erfahrung gegen die Einsamkeit.

Die schicksalhafte Beziehung zum Spender bleibt über den Zeitpunkt der eigentlichen Organübertragung hinaus bestehen. Neben der aufwändigen Nach-

sorge und Kontrolle trägt die psychische Integration des eingepflanzten Körperteils zum Gelingen der Organübertragung bei. Dieses wird um so besser vertragen, je weniger fremd es seinem neuen Besitzer erscheint. Ekel, Schuldgefühle und Angst können die Funktion des Transplantats mindern und Abstoßungsattacken fördern. Wer dagegen seine neue Niere von Anfang an als ›meine‹ anspricht, hat bessere Chancen, sie lange zu behalten.

Der Integrationsprozess ist ein hartes Stück Arbeit. An seinem Gelingen sind außer der Patientin selbst auch ihre Angehörigen beteiligt. Familie und Freunde werden ja unmittelbar in die Krisen und Spätfolgen hineingezogen. Um so bedauerlicher ist die Tatsache, dass die psychosoziale Betreuung von Patienten und ihren Angehörigen in der gegenwärtigen Praxis der Transplantationsmedizin zu kurz kommt. Ebenso vernachlässigt und schmerzlich vermisst wird ein weltanschaulicher Bezugsrahmen, der helfen könnte, das ungewöhnliche Erleben seelisch zu verarbeiten.

Wie könnten solche Strategien der Bewältigung aussehen? Von Anspruchsdenken und Verzweckung, von Sozialisierung des menschlichen Leibes kann dabei keine Rede sein. Auf keinen Fall reden Organtransplantierte einer Ersatzteillager-Mentalität das Wort. Das Thema verbietet Kategorien von Kosten, Nutzen und Zweckmäßigkeit. Die Beziehung zwischen Empfänger und Spender reduziert sich nicht auf den gemeinsamen Rhesusfaktor oder die möglichst wirtschaftliche Verwertung von Teilen, die ansonsten verrotten würden.

Würde, Recht und Nöte des Spenders sind auch dem Empfänger nicht gleichgültig, eben weil er mit ihm eine Menschengeschichte fortsetzt. Alle Veränderungen und Belastungen, die sein zweites Leben ausmachen, sind leichter zu verstehen und zu verkraften, wenn der Organempfänger den Eingriff, der seine Zukunft sichert, als An- und Übernahme einer ganzen fremden Individualität versteht. Das teure Geschenk umfasst Zumutungen, die man als Aufforderung zum dialogischen Austausch mit einem Unbekannten verstehen kann. Was immer wir Organempfänger entscheiden, planen oder verweigern, geschieht in einer Verantwortungsbereitschaft, die unsere Spender mit ins Kalkül zieht. Ich lebe nicht mehr aus mir selbst allein, sondern durch einen anderen. Mit meiner Zukunft steht auch seine Zukunft auf dem Spiel. All die Mechanismen postmodernen Überdrusses, alle Spielarten der Selbstzerstörung bis hin zum Suizid verbieten sich mir, wenn ich bedenke, damit gleichzeitig den Lebensrest eines anderen zu beseitigen.

Der Erfolg einer Transplantation hängt nicht zuletzt von dieser Art verdoppelten Lebenswillens ab. Der Empfänger gibt sich nicht mit dem leidlichen Überleben zufrieden. Er drängt vielmehr zu einem bewussten und erfüllten, seine Möglichkeiten und Grenzen ausprobierenden Leben. Nur wenn ich so weitermache, hat ja das Opfer des anderen einen Sinn. Nur dann besteht die Chance, dass ich meine Erfüllung auch an seine unterbrochenen Träume knüpfe.

Das Konzept eines Miteinanders von Spender und Empfänger richtet sein Augenmerk also auf Leben und Überleben beider Beziehungspartner. Jeder verkörpert die Zukunftsfähigkeit des anderen. Dennoch bleibt diese Beziehung tragisch, da sie erst durch den Tod des einen für den anderen zustande kommt.

Susanne Krahe, in: PUBLIK-FORUM 24/1995, S. 16–17

**a) Freies Handeln aller Beteiligten ohne Druck /
Hans-Erich Loos, Theologe und Mediziner**

Der Leib lässt sich erhalten, wenn das Hirn tot ist, vermeintlich tot zumindest. Leber, Nieren, Herzen werden verwendet, um den Geist, die Seele, auch den restlichen Leib, schließlich das ganze Ich eines anderen Menschen zu retten. Wie löst sich nun dieses Ich, das ursprünglich aus Leib, Seele und Geist bestand, mit dem Hirntod auf? Der Dreh- und Angelpunkt ist, wie man merkt, der Hirntod. Aber hirntot ist wohl noch nicht ganz tot, auch wenn es ein »point of no return« sein mag. Wie viel »Ich« steckt noch in diesem Sterbeprozess, der mit dem Hirntod eingeleitet wird?

Ursprünglich galt die Definition des Hirntodes dem Abschalten von Geräten, wenn man sicher war, dass durch technischen Aufwand ein Sterbender vom Scheiden aus dem Leben durch unsinnige Qual abgehalten wird. Jetzt geht es um das Erhalten von transplantationswürdigen Organen. Nicht mehr die Verantwortung zur Leidenslinderung für den Sterbenden steht im Mittelpunkt, sondern die Lebensverlängerung eines anderen Menschen. Jedoch zeigt gerade die berühmte Null-Linie im EEG nicht das Erlöschen aller hirnphysiologischen Vorgänge an. Es sind immer noch Aktivitäten feststellbar, auch wenn sie nicht von langer Dauer sein mögen. Die Reaktionen der Hirntoten beim Entfernen der Organe entsprechen denen, deren Hirn noch lebendig ist. So müssen auch Hirntote zur Organentnahme betäubt werden.

Wenn hier immer wieder das Argument zu hören ist, es sei Gebot der christlichen Nächstenliebe, sich zum Organspender zu erklären, so wird damit ein inakzeptabler Druck erzeugt. Die Entscheidung kann also nur bei jedem selbst liegen, ob er bereit ist, die letzte Phase seines Lebens anderen zu opfern. Häufig ist leider festzustellen, dass gerade diejenigen, die von christlicher Nächstenliebe sprechen, diese von anderen fordern, um Begehrlichkeiten zu befriedigen, seien es die eigenen oder die für andere. Wichtig ist in der Tat ein gesellschaftlicher Konsens, da die Gefahr der Willkür besteht. Für jemanden, der mit der Vorstellung lebt, hirntot sei gleich ganz tot, ist keine Notwendigkeit vorhanden, irgendwelche Willenskundgebungen des Verstorbenen zu berücksichtigen. Angehörige, die den aus dem Leben Scheidenden begleiten, würden dann als störend empfunden. Leider werden von Angehörigen solche Formen des Missbrauchs beschrieben. Bei Organtransplantationen ist zu fordern: die genaue Einhaltung der Zustimmungslösung sowie eine sehr korrekte Einhaltung der Feststellung des Hirntodes, eine liebevolle Betreuung der Trauernden, ein freies Handeln aller Beteiligten ohne Druck und ohne Vorhaltungen und schließlich das Akzeptieren der Ganzheit des Menschen, bestehend aus Leib, Seele und Geist.

Hans-Erich Loos, in: STANDPUNKTE 1/1997, S. 26 f.

**b) Sicheres Kriterium /
Hans-Bernhard Wuermeling, Rechtsmediziner**

Organtransplantation ist wohl unbestritten lebensdienlich. Einige Organe, wie etwa die Hornhaut des Auges, können dem Spender noch Stunden nach dem in herkömmlicher Weise festgestellten Tod entnommen werden. Andere Organe aber, das Herz etwa oder die Nieren, müssen bis zur Entnahme bei Körpertemperatur durchblutet werden. Diese Bedingung ist aber in der Regel nur bei lebenden Spendern gegeben, bei denen die Entnahme des Herzens überhaupt nicht und die einer Niere kaum vertretbar wäre.

Den Zustand des Hirntodes kann man klinisch, das heißt mit einfachen äußeren Untersuchungen, feststellen. Die Feststellung lässt sich mit technischen Mitteln, zum Beispiel dem Nachweis des Erlöschens der Hirnströme (EEG) oder durch Nachweis des Stopps der Blutversorgung mit Ultraschalluntersuchung überprüfen und bestätigen. Der Funktionsausfall des gesamten Gehirns entspricht dann etwa einem Zustand innerer Enthauptung. Ohne Gehirn ist der Organismus höher entwickelter Lebewesen wie der des Menschen kein Organismus mehr, sondern nur noch ein Konglomerat unkoordinierter, künstlich in Funktion gehaltener Organe.

Da der so unmerklich Verstorbene wie ein Schlafender wirkt und auch noch einzelne, vom Rückenmark gesteuerte Reaktionen zeigt, ist sein Tod nicht mehr so eindrucksvoll offenbar wie bei einem ohne künstliche Beatmung Verstorbenen. Doch tritt auch bei diesem nach dem vollständigen Kreislaufstillstand der Hirntod in Sekunden ein, wenn er nicht gar schon zuvor Ursache des Kreislaufstillstandes war.

Der Hirntod ist also nicht etwa ein neuer oder anderer Tod als der herkömmliche. Wir haben es vielmehr immer mit ein und demselben Tod zu tun, dessen gewohntes Erscheinungsbild unter der künstlichen Beatmung allerdings verschleiert wird.

Die Diagnostik des Hirntodes wurde entwickelt, weil man ein sicheres Kriterium dafür brauchte, wann denn künstliche Beatmung beendet werden dürfe. Keineswegs ging es darum, die Entnahme lebendfrischer Organe möglich zu machen. Diese Möglichkeit hat sich vielmehr erst als eine Folge der Hirntoddiagnostik ergeben.

Völlig absurd wäre es, auf eine generelle Annahme des Hirntodes deshalb zu verzichten, um die Organentnahme doch noch zu ermöglichen nach dem Motto: »Egal wie tot, Hauptsache einverstanden!« Denn dann würde den Ärzten zugemutet, Menschen Organe zu entnehmen, die für noch nicht tot gehalten werden (Hirntod nur als Entnahme-, nicht aber als Todeskriterium).

Hans-Bernhard Wuermeling, in: STANDPUNKTE 1/1997, S. 27

c) Hans Jonas –
Der Standpunkt eines Philosophen

Hans Jonas wendet sich hier in einem Brief an seinen Freund, den Erlanger Rechtsmediziner Hans-Bernhard Wuermeling.
Zum Hintergrund: Im Oktober 1992 war die Patientin Marion Ploch nach einem Unfall aufgrund eines irreversiblen Hirnschadens in der Erlanger Universitätsklinik für »tot« erklärt werden. Die Eltern sollten um ihr Einverständnis für eine Organentnahme gebeten werden. Alles wurde dafür vorbereitet, als sich herausstellte, dass Marion P. schwanger war. Jetzt sollte Marion P. mit Hilfe der Intensivmedizin weiter behandelt werden, bis eine natürliche Geburt des Fötus möglich ist – insgesamt fünf Monate lang. Das Projekt misslingt: Der Körper von Marion P. stößt den Fötus ab.
Es bleiben Fragen: War Marion P. wirklich »tot«? Wie kann ein angeblich toter Körper Fieber entwickeln, sodass der sich im Leib befindliche Fötus abgestoßen wird? Und schließlich: Wie kann ein »toter Leib« einen Fötus ernähren und mit Blut versorgen?
H.-B. Wuermeling bittet seinen Freund Hans Jonas um eine ethische Stellungnahme in diesem Fall. Hans Jonas antwortet unter anderem:

Keiner von euch und keiner, der euren Versuch gutgeheißen hat, darf hinfort dafür sein, einem Gehirntoten unter Beatmung, also »bei lebendigem Leibe«, Organe zu entnehmen. Nicht einmal bei vorheriger Einwilligung des Betreffenden. Darf ein Arzt jemandem auf Verlangen – etwa weil er sich davon ein besseres Fortkommen als Bettler verspricht – ein gesundes Bein amputieren? Darf er einem Hochherzigen (oder auch Lebensmüden), der sein Leben für das eines anderen hingeben will, das Herz zu rettender Transplantierung herausschneiden? Gewiss beides nicht.

Standesethik und (ich glaube) auch Strafrecht verbieten beides, Verstümmelung und Tötung. Ich gebe zu, dass die gleichen Handlungen am beatmeten Gehirntoten (mit oder ohne vorherige Zustimmung) nicht ebenso verwerflich sind, da sein Lebendsein im Zwielicht des Zweifelhaften liegt. Aber eben der Zweifel – das letzliche Nichtwissen um die genaue Grenze zwischen Leben und Tod – sollte der Lebensvermutung den Vorrang geben und der Versuchung der pragmatisch so empfohlenen Totsagung widerstehen lassen. Es bleibt für mich bei dem, was ich schon gleich nach dem Harvard-Gutachten über Gehirntod (1968) – ohne viel Hoffnung auf Gehör – als ethische Regel vorschlug: Bei eindeutig vorliegendem Tod des ganzen Gehirns stelle man die Beatmung ab, warte etwas, bestätige den vollständigen Tod des Leibes: dann gebe man ihn zur Organentnahme frei.

Das ist nicht mehr die ideale Situation – das heißt, lebensfrische Organe – für Transplantationszwecke, selbst wenn es sich nur um 20–30 Minuten Verzug handelt. Damit löst sich das Rätsel, warum du und eure ganze Gruppe so lautstark betont, Marion P. sei schon ganz und gar tot. Für eure Entscheidung, das Kind austragen zu lassen, und ihre öffentliche Vertretung war das ganz unnötig, eher hinderlich. Aber euer so seltener Fall einer gehirntoten Schwangeren durfte nicht dem so viel häufigeren und in so großer ärztlicher und öffentlicher Gunst stehenden Fall des gehirntoten Organspenders zu widerstreiten scheinen. Hier wie dort daher: tot, tot. Doch dies geht nicht. Lasst sie zuerst sterben – ein letzter Respekt vor ihrer einstmals vollen Menschlichkeit.

Hans Jonas, in: J. Hoff / J. in der Schmitten: Wann ist der Mensch tot? Organverpflanzung und Hirntod-Kriterium. Hamburg 1995, S. 24–25 in Auszügen

Über den Autor: Hans Jonas wurde 1903 in Mönchengladbach geboren. Ab 1921 Philosophiestudium mit abschließender Promotion. 1933 Emigration nach England, 1934 nach Palästina. Während des Krieges Soldat in der britischen Armee. Seit 1949 Professor für Philosophie in Kanada und New York. Hans Jonas starb am 5. Februar 1993. Seine Beiträge zur Humanmedizin und Gentechnologie sind noch heute lesenswert und wichtig.

Der Streit um die Organtransplantation kommt nicht zur Ruhe. Das hat gute Gründe. Wer es sich mit diesem Thema zu leicht macht, macht es sich mit Leben und Tod zu leicht. Lieber halte ich die Spannung aus, die in diesem Thema liegt, als sie glatt zu bügeln.

Wer Menschen gesehen hat, die auf ein neues Herz warten, wer Dialysepatienten kennt, denen durch eine neue Niere geholfen wäre, weiß, dass die Organtransplantation Leben retten und Unglück wenden kann. Auch ich trage einen Organspendeausweis bei mir. Wenn mir etwas zustößt, kann vielleicht einem andern geholfen werden. Gern würde ich so dazu beitragen, dass die Medizin vom therapeutischen Klonen die Finger lässt – und vom Organhandel erst recht.

Doch wie steht es mit dem Tod des Organspenders, dessen Herz noch schlägt? Mit dem Hirntod, so heißt es, sei der Tod des Menschen eingetreten. Durch den Eindruck, den der gut durchblutete Körper dieses Menschen mache, dürfe man sich nicht in die Irre führen lassen. Ich kann mich damit nicht abfinden. Dass ein weiblicher Körper, der noch ein Kind austragen kann, der Leib einer toten Frau sei, habe ich noch nie aussprechen können. Aber dass der Prozess des Sterbens unumkehrbar und der Hirntod ein untrügliches Todeszeichen ist, kann ich akzeptieren. Deshalb bejahe ich auch, dass von diesem Zeitpunkt an Organe entnommen werden können – unter der doppelten Voraussetzung, dass dieses Organ um eines anderen Menschen willen dringend gebraucht wird und dass der Entnahme zu Lebzeiten aus freien Stücken zugestimmt wurde. Die stellvertretende Zustimmung von Angehörigen nach dem mutmaßlichen Willen des Spenders ist für mich eine nur schwer zu akzeptierende Hilfskonstruktion.

Der christliche Glaube rät zu beidem: zur vorbehaltlosen Liebe und zu einem realistischen Bild vom Menschen. Eines der beiden höchsten Gebote heißt deshalb: »Du sollst deinen Nächsten lieben wie dich selbst.« Dass Menschen, die um der Liebe willen zur Organspende bereit sind, auch selbst auf ein Organ hoffen könnten, wenn sie es denn bräuchten, halte ich nicht für ehrenrührig. Niemand darf von einer Warteliste für Organspenden ausgeschlossen werden, nicht einmal derjenige, der sich weigert, ein eigenes Organ zur Verfügung zu stellen. Aber die Idee, dass Organspender auf der Warteliste ein paar Plätze vorrücken, wenn sie selbst ein Organ lebensnotwendig brauchen: Das finde ich pfiffig und richtig.

Bischof Wolfgang Huber ist der höchste Repräsentant der Evangelischen Kirche in Deutschland. Foto: epd-bild

Für einen geringen Betrag verkaufen heute osteuropäische Arbeiter ihre Niere, um ihrer Familie dadurch den Lebensunterhalt zu sichern. Die Organbroker machen damit das große Geschäft – und die Kliniken in der Türkei oder anderswo auch. Erst werden Organe zur Handelsware und dann der ganze Mensch. Manche spekulieren schon jetzt auf Ersatzteillager durch therapeutisches Klonen. Es handelt sich um ein skandalträchtiges Gelände. Wer sich solchen Entwicklungen widersetzen will, sollte dafür eintreten, dass mehr Menschen aus eigenen Stücken und zur rechten Zeit über die Organspende nachdenken. Auch wer sich nicht dazu entschließen kann, ist damit nicht zwangsläufig ein liebloser Mensch. Aber über praktizierte Nächstenliebe nachdenken sollte jeder – und wenn es die Bereitschaft zur Organspende ist.

Wolfgang Huber, in: STANDPUNKTE 1/2003, S. 12

Organspendeausweis

nach § 2 des Transplantationsgesetzes

Name, Vorname   Geburtsdatum

Straße   PLZ, Wohnort

BZgA
**Bundeszentrale
für gesundheitliche
Aufklärung**

Organspende
schenkt Leben.

Kostenlose Auskunft erhalten Sie beim Infotelefon Organspende der Bundeszentrale für gesundheitliche Aufklärung in Zusammenarbeit mit der Deutschen Stiftung Organtransplantation unter der
Telefonnummer 0800/90 40 400.

Erklärung zur Organspende

Für den Fall, dass nach meinem Tod eine Spende von Organen/Geweben in Frage kommt,
erkläre ich:

○ **JA**, ich gestatte, dass nach der ärztlichen Feststellung meines Todes meinem Körper
Organe und Gewebe zur Transplantation entnommen werden.

○ **JA**, ich gestatte dies, mit **Ausnahme** folgender Organe/Gewebe

○ **JA**, ich gestatte dies, jedoch **nur** für folgende Organe/Gewebe:

○ **NEIN**, ich widerspreche einer Entnahme von Organen oder Geweben zur
Transplantation.

○ Ich habe die **Entscheidung übertragen** auf:

Name, Vorname   Telefon

Straße   PLZ, Ort

Anmerkungen/Besondere Hinweise

Datum   Unterschrift

Aufgabe: Nachdem du dich über die Organspendepraxis informiert hast – erklärst du dich zur Organspende bereit? Falls Ja – weshalb? Falls Nein – weshalb nicht? Wichtig ist dabei vor allem, wie du dein
jeweiliges Handeln begründest. Schreibe deine Begründung unter den Organspendeausweis.

✎ _____

_____

_____

_____

_____

_____

_____

_____

_____

_____

_____

_____

_____

_____

_____

_____

_____

_____

_____

»Die teure Perle fiel aus der Familienkrone«. Ein 85-Jähriger sammelt absonderliche Traueranzeigen

Was von Hinterbliebenen gut gemeint ist, stößt bei Lesern von Tageszeitungen auf größtes Interesse: Originelle Sprüche in Todesanzeigen aber überschreiten allzu oft die Grenzen zur Peinlichkeit. Seit 25 Jahren sammelt der Rentner Willy Grüb ausgefallene Beispiele dieser Gattung.

»Ein welkes Blatt, es fiel vom Baum – man merkt es kaum.« Noch heute amüsiert sich Willy Grüb über diesen Text, den er vor fünf Jahren in einer Todesanzeige gefunden hat. »Die Verstorbene würde sich darüber doch im Grabe umdrehen«, ulkt der 85-jährige aus dem schwäbischen Gerlingen. Seit er 60 ist, beschäftigt sich der pensionierte Hörfunk-Dramaturg mit Todesanzeigen. »Mein erstes Fundstück ist vorne abgedruckt«, erzählt Grüb und greift zu seinem Buch. Ein Witwer hat die Todesanzeige seiner Frau unterschrieben als: Hans V., Forstamtsrat i.R., Besold.-Gr. A 14 – Oberforsträte. »Die Menschen sind derart arrogant«, kommentiert Willy Grüb. »Ihnen geht es gar nicht um den Verstorbenen. Sie wollen sich nur selbst gut darstellen.« Auch Firmen nutzen den traurigen Anlass, um billig mit dem eigenen Schriftzug zu werben. Ob eine Firma tatsächlich jeder verrenteten Raumpflegerin »ein ehrendes Andenken bewahrt«, ist höchst fraglich.

Dabei versuchen die meisten Bestatter, den Trauernden originelle, oft auch peinliche Anzeigen auszureden. »Stil und Etikette« heißt etwa eine Sammlung von passenden Sinn-Sprüchen, aus der sich die Hinterbliebenen ihren Sermon heraussuchen können: Wer fromm ist, nimmt etwas Biblisches, wer zudem gebildet ist, greift zu Goethe oder Nietzsche, esoterisch Angehauchte wählen Laotse oder Hermann Hesse. Bei der Wahl der Sprüche stellen Beobachter den Trend vom Christlichen zum Allgemein-Menschlichen fest. »Viele bib-

lische Bilder sind heute säkularisiert«, meint etwa der Ratzeburger Pastor und Todesanzeigen-Forscher Hans Mader. So werde das Wort Erlösung nicht mehr im ursprünglich christlichen Sinn gebraucht: »Wer heute Erlösung in den Trauerrand schreibt, meint damit eher die Beendigung der unerträglichen Schmerzen und Leiden eines kranken Menschen.«

Bestehen die Angehörigen dennoch auf einem selbstverfassten Spruch, ist ihnen Aufmerksamkeit garantiert. Doch die treibt oft ungewollte Blüten und überschreitet die Grenze zur Peinlichkeit. »Die teure Perle fiel aus der Familienkrone«, titelt da etwa ein Sohn für seine Mutter. »Ein Trachtlerherz hat aufgehört zu schlagen.« – »Wer nie stirbt, hat nie gelebt.« – »Scheiß Motorrad.« – »Ahoi!«: In Trauerstunden niedergeschrieben, wirken diese Formulierungen eher deplaziert als aussagekräftig.

Für Todesanzeigen-Sammler Willy Grüb sind alle Sprüche, ob eitel oder nicht, unangemessen. »Das interessiert doch die Leser gar nicht: was jemand war oder wie jemand gestorben ist.« Deshalb plädiert Grüb dafür, nur den Namen, höchstens noch den Beruf zu inserieren – als formale Mitteilung.

Mit seiner Einschätzung, dass die Eitelkeiten niemanden interessieren, scheint Grüb daneben zu liegen: Die Traueranzeigen gehören zu den am meisten gelesenen Seiten der Tageszeitungen – bundesweit. Den Grund dafür hat der Psychiater F.W. Bronisch herausgefunden: »Wohl selten offenbart sich Menschliches, allzu Menschliches, so peinlich und pikant, unverblümt und auch subtil wie bei diesen ›letzten Meldungen‹.« Vielleicht sind die Anzeigen auch gar nicht so sehr Hinweise auf den Verstorbenen als vielmehr Versuche der Angehörigen, andere Menschen zu finden, meint Trauer-Experte Jorgos Canacakis: »So wie man mit einer Kontaktanzeige Kegelfreunde oder Tennispartner finden kann, so kann man mit einer Todesanzeige Menschen finden, die einen in der Trauer begleiten.«

Nach: STANDPUNKTE 11/1997, S. 12

Wer ist nicht schon einmal über einen Friedhof gegangen und hat sich dabei ebenso neugierig wie verstohlen die Gräber, die Grabsteine und das, was auf ihnen steht, angesehen?

Und vielleicht hast du beim Anblick eines Grabes auch gedacht: »Dieser Mensch hatte ein langes Leben. Wie mag er es wohl gelebt haben? Wie ist er dem Tod begegnet?« Oder auch: »Wie ist der Tod ihm begegnet? – Freundlich? In Form einer langen Krankheit? Oder starb er im Krieg eines gewaltsamen Todes?«

Oder stellen wir uns eine andere Situation vor: Da stehe ich vor dem Grab eines jungen Menschen, gestorben mit gerade einmal 18 Jahren. Und ich denke bei mir: »Ist das nicht ungerecht, dass ein Leben hier nicht länger leben konnte? Darf dieses junge Leben irgendwo weiter leben?«

Solche Gedanken rund um den Tod kann man auch ausdrücken in Gedichten. Der Tod hat nicht nur eine schreckliche Seite. Das wussten die Menschen früherer Zeiten besser als wir »modernen«. So versuchten sie sich in der so genannten »ars moriendi«, der »Kunst zu sterben«.

> *Ars moriendi* heißt: Vor dem Tod nicht fortlaufen, sondern ihm in die Augen sehen; erschrecken vor ihm, aber auch einverstanden sein mit ihm; sich erinnern, weil die Erinnerung ein Vorgeschmack darauf ist, dass mit dem Tod nicht alles aus ist und sich Trost spenden lassen. Sicherlich – das ist ein Wagnis. Das Wagnis auch, einen Freund zu gewinnen: den »Freund Hein« (wie der Tod auch genannt wird). Und dann geschieht es: Wer den Tod zum Freund gewinnt, der ist im Sterben dem Leben näher als dem Tod.

Wo wird einst des Wandermüden
Letzte Ruhestätte sein?
Unter Palmen in dem Süden?
Unter Linden an dem Rhein?
Werd ich wo in einer Wüste
Eingescharrt von fremder Hand?
Oder ruh ich an der Küste
Eines Meeres in dem Sand?
Immerhin! Mich wird umgeben
Gotteshimmel, dort wie hier,
Und als Totenlampen schweben
Nachts die Sterne mir.

Heinrich Heine

1. Welche Rolle können dabei Gedichte spielen?
Gedichte sind wie ein freies Spiel der Gedanken und doch haben sie eine gewisse Form. Sie erklären nicht und doch haben sie eine Aussage. Sie wollen nicht belehren und doch überzeugen sie: Gedichte haben eine eigene Logik.

2. Wie gehe ich beim Schreiben eines Gedichtes vor?
 a) Suche dir aus den unterschiedlichen Friedhofsbildern ein Bild aus, das dich anspricht.
 b) Stelle dir vor, du möchtest dieser Person (die du nicht kennst) etwas sagen oder fragen. Was ist es?
 c) Betrachte den Grabstein auf dem Bild – was drückt er aus? Welche stumme Botschaft steckt in ihm?
 d) Was löst der Anblick von Gräbern bei dir selbst aus? Angst – Lebenswillen – Trauer – ...?
 e) Notiere dir bestimmte Wörter, die dir jetzt wichtig geworden sind. Sie bilden das Raster deines Gedichtes, sie sind deine Schlüsselwörter.
 f) Bringe deine weitere Gedanken nun zu Papier – gereimt oder ungereimt.

I lieg am Ruckn

(Text & Musik: Ludwig Hirsch)

I lieg am Ruckn und stier mit zugmachte Augen in die Finsternis.
Es in so eng und so feucht um mi herum, i denk an dich.
I kann's noch gar net kapieren: Du liegst heut nacht net neben mir – und i frier.
Wie lacht der Wind, wie weint der Regen,
i möchtet's so gerne hören!
Du kannst dir's net vorstellen des beinharte Schweigen, da vier Meter unter der Erden.

Die Schuh auf Hochglanz poliert, ein'n Scheitel haben s' mir frisiert. I frag mi wofür?
Aber vielleicht stehst grad da oben mit ein paar Tränen,
und vielleicht sickert eine, a kleine zu mir durch?
A ganz a heiße, bitte, bitte, laß eine fallen,
weil mir in so kalt, mir in so kalt.

Und wann s' dir erzählen, daß ein Toter um Mitternacht aus'm Grab ausse kommt –
ja des wär schön, is aber ein Schmäh –
es gibt ka Geisterstund!
I schwör dir's, i hab's probiert:
Kein' Millimeter hab i mi grührt –
I will zu dir …

Was is'n des, des komische Krabbeln bei die Zehen da vorn?
Jessas Maria, der erste Wurm!
Du liegst da und kannst di net rühren, die Würmer krallen dir ins Hirn
und sie dinieren.
Aber vielleicht stehst grad da oben mit ein paar Tränen,
und vielleicht sickert eine, a kleine zu mir durch?
A ganz a salzige, bitte, laß eine fallen auf mein Grab!
Vielleicht könn' ma d' Würmer damit verjagen.

I lieg am Ruckn und Stier mit zugmachte Augen in die Finsternis.
Es is so eng und so feucht um mi herum, i denk an dich.
A Hoffnung in noch in mir: Vielleicht tun s' mi exhumieren?
Dann geh i in d' Bliah und komm zu dir und hol dich zu mir, damit i net gfrier.

Zu den Liedern von Ludwig Hirsch:
Der Liedermacher Ludwig Hirsch wurde 1946 in Österreich geboren, er ist in Wien aufgewachsen. Nach einem Grafikstudium arbeitete er als Schauspieler, u. a. bei den Salzburger Festspielen.
Seit 1977 schreibt und singt er seine eigenen Lieder. Mit ihrer poetischen Kraft und ihrem zynisch-makabren Biss machten sie Ludwig Hirsch zu einem führenden Vertreter der deutschsprachigen Liedermacherszene.

Komm großer schwarzer Vogel

(Text & Musik: Ludwig Hirsch)

Komm großer schwarzer Vogel, komm jetzt!
Schau, das Fenster ist weit offen, schau,
ich hab' Dir Zucker auf's Fensterbrett g'straht.
Komm großer schwarzer Vogel, komm zu mir!
Spann' Deine weiten, sanften Flügel aus und leg' s' auf meine Fieberaugen!
Bitte, hol' mich weg von da!

Und dann fliegen wir rauf, mit in Himmel rein,
in a neue Zeit, in a neue Welt, und ich wird' singen,
ich werd' lachen, ich werd' »das gibt's net« schrei'n,
weil ich werd' auf einmal kapieren,
worum sich alles dreht.

Komm großer schwarzer Vogel, hilf mir doch!
Press' Deinen feuchten, kalten Schnabel auf meine wunde,
auf meine heiße Stirn!
Komm großer schwarzer Vogel,
jetzt wär's grad günstig!
Die anderen da im Zimmer schlafen fest
und wenn wir ganz leise sind,
hört uns die Schwester nicht!
Bitte, hol mich weg von da!

Und dann fliegen mir rauf, mitten in Himmel rein,
in a neue Zeit, in a neue Welt, und ich werd' singen, ich werd' lachen,
ich werd' »das gibt's net« schrei'n,
ich werd' auf einmal kapieren,
worum sich alles dreht,

Ja, großer schwarzer Vogel, endlich!
Ich hab' Dich gar nicht reinkommen g'hört,
wie lautlos Du fliegst, mein Gott, wie schön Du bist!
Auf geht's, großer schwarzer Vogel, auf geht's!
Baba, ihr meine Lieben daham!
Du, mein Mädel, und Du, Mama, baba!
Bitte, vergeßt's mich nicht!

Auf geht's, mitten in den Himmel eine,
nicht traurig sein, na, na, na,
ist kein Grund zum Traurigsein!
Weil ich werd' singen, ich werd' lachen,
ich werd' »das gibt's net« schrei'n.
Ich werd' endlich kapieren,
ich werd' glücklich sein!
Ich werd' singen, ich werd' lachen,
ich werd' »das gibt's net« schrei'n.
Ich werd' endlich kapieren,
ich werd' glücklich sein!
Ich werd' singen, ich wird' lachen,
Ich werd' endlich glücklich sein!

Die Flut

(Text & Musik: Joachim Witt und Peter Heppner)

Wenn ich in mir keine Ruhe fühl,
Bitterkeit mein dunkles Herz umspült,
ich nur warte auf den nächsten Tag,
der mir erwacht.

Wenn Finsternis den klaren Blick verhüllt,
kein Sinn mehr eine Sehnsucht stillt,
ruf ich mir herbei den einen Traum,
der sich niemals erfüllt.

Und du rufst in die Nacht,
und du flehst um Wundermacht,
um 'ne bessere Welt zu leben,
doch es wird keine andere geben.

Wann kommt die Flut – über mich,
wann kommt die Flut – die mich berührt,
Wann kommt die Flut – die mich fortnimmt,
in ein anderes großes Leben – irgendwo

All die Zeit, so schnell vorüberzieht,
jede Spur von mir wie Staub zerfliegt,
endlos weit getrieben,
von unsichtbarer Hand.

Gibt es dort am kalten Firmament
nicht auch den Stern,
der nur für mich verbrennt,
ein dumpfes Leuchten
wie ein Feuer in der Nacht,
das nie vergeht.

Und du siehst zum Himmel auf,
fluchst auf den sturen Zeitenlauf,
machst dir 'ne Welt aus Trug und Schein,
doch es wird keine andere sein.

Wann kommt die Flut …

Zum Lied »Die Flut«:
Mit seinem Hit »Major Tom« gehörte Joachim Witt zu den Stars der »Neuen Deutschen Welle« Anfang der 1980er Jahre. Mit der CD »bayreuth 1« meldete sich der deutschsprachige Musiker und Texter Joachim Witt im Jahre 1998 wieder zurück in die aktuellen Albumcharts. Sein Song »Die Flut« schaffte es unter die TOP 10.
Joachim Witt verarbeitet auf der CD viele persönliche Erfahrungen – welche freilich genau hinter jedem einzelnen Lied steht, wird nicht genannt. Fast alle Lieder auf der CD wirken geheimnisvoll und dunkel.
Das Lied »Die Flut« greift das alttestamentliche Bild der großen Flut auf, vor der sich Noah auf die Arche retten konnte (1. Mose 6–8). Umstritten dagegen ist die Deutung dieses Bildes: Geht es hier um Rettung aus der Flut? Oder drückt sich im Lied eine gewisse »Todessehnsucht« aus?

Tears in Heaven

(Text & Musik: Eric Clapton und Will Jennings)

Would you know my name,
if I saw you in heaven?
Would you be the same,
if I saw you in heaven?
I must be strong
and carry on
'cause I don't belong
here in heaven.

Would you hold my hand,
if I saw you in heaven?
Would you help me stand,
if I saw you in heaven
I'll find my way
through night and day
'cause I know I just can't stay
here in heaven.

Time can bring you down,
time can make you kneel,
time can break your heart,
have you begging please, begging please
Beyond the door,
there's peace I'm sure
And I'll know, there'll be no more
tears in heaven.

Would you know my name,
if I saw you in heaven?
Could it be the same,
if I saw you in heaven?
I must be strong
and carry on
'cause I know I don't belong
here in heaven,
'cause I know I don't belong here in heaven.

Zum Lied »Tears in Heaven«:
Der Engländer Eric Clapton (geboren 1945) ist seit den 1960er Jahren als begnadeter weißer Bluesgitarrist bekannt.
Im Frühjahr 1991 stürzt Eric Claptons Sohn Conor durch eine Unachtsamkeit des Kindermädchens aus dem Fenster eines New Yorker Hochhauses in die Tiefe und stirbt. Conor war fünf Jahre alt.
Seine Trauer verarbeitet Eric Clapton in einem Song, der seitdem um die ganze Welt gegangen ist: Tears in Heaven, Tränen im Himmel.
In diesem Lied führt Eric Clapton ein »Zwiegespräch« mit seinem Sohn im Himmel und stellt ihm dabei viele Fragen.

Trauerpredigt
– Predigt für die Trauerfeier von Elfriede D. –

Wir sammeln uns in dieser Stunde um Gottes Wort, wie es geschrieben steht im 38. Kapitel des Buches des Propheten Jesaja. Dort heißt es:

Ich sprach: Nun muss ich zu des Totenreiches Pforten … da ich doch gedachte, noch länger zu leben … Zu Ende gewebt habe ich mein Leben wie ein Weber; er schneidet mich ab vom Faden.

Jesaja 38,10+12

Liebe Angehörigen, liebe Trauergemeinde! Elfriede D. sagt dies nicht, sagt nichts mehr. Das, was hier einer beklagt, für Frau D. ist es Wirklichkeit geworden. Und die Trauer des Abschieds, die aus diesen Worten klingt, können Sie, liebe Angehörige, wohl gut nachempfinden.

Es war fast schon ein aggressives Bild, das mir einfiel, als ich am Montag Abend über das Leben Ihrer verstorbenen Mutter nachdachte. Hervorgerufen durch eine lange Zeit der Krankheit, die das Leben Ihrer Mutter 64jährig beendete und dabei Hoffnungen und weitere Lebenspläne zunichte machte. Und vielleicht war es ja über lange Zeit hinweg ein solch aggressives und zerstörerisches Bild, das Ihre Mutter im Erleben ihrer Krankheit tatsächlich begleitete. Bis zum letzten Schnitt – dem Tod. Er hinterließ, so sagten Sie es mir, in mancherlei Hinsicht ein unfertiges und noch nicht zu Ende gebrachtes Webstück. Tröstlich allein, dass Ihre Mutter zu Hause sterben konnte. So, wie sie es sich auch wünschte.

Aber dann, auf der anderen Seite, denke ich, ist es auch ein schönes Bild, unser Leben mit einem Webstück, mit einem Webteppich zu vergleichen. Schön und tröstlich zugleich. Denn es macht uns davon frei, das Leben eines Menschen mit einem einzigen Satz zu beschreiben. Es ist wahr: Es braucht immer mehrere Anläufe, um einen Menschen auch nur annähernd zu beschreiben. Um dann ein wesentliches Merkmal dieses Menschen erfassen zu können.

Dabei kann uns das Bild des Webteppichs eine Hilfe sein. Denn die vielen einzelnen Lebensabschnitte, die vielen einzelnen Erzählungen über Ihre Verstorbene, die Sie mir berichteten – sie gleichen den einzelnen Webmaschen, die sich je länger, je mehr zu einem Teppich verdichten.

Und so lassen Sie mich auf diesem Hintergrund noch einmal einen Blick auf das Leben und Weben Ihrer Verstorbenen richten. Auf den Webteppich richten, der da im Laufe ihres Lebens entstanden ist.

Viele Farben wird der Teppich wohl haben. Viele und auch helle. Schöne Stunden besonders in der Jugend stehen uns vor Augen. Und freundliche Farben, die die Verstorbene von ihren Reisen mitbrachte und in ihren Lebensteppich einwebte. Helle Farben, die ihr durch ihren Enkel P. geschenkt und eingewebt wurden. P., der ja zur Welt kam, als Frau D. bereits an ihrem Krebsleiden litt. Er brachte in dieser schweren Zeit Farbe und Fröhlichkeit in ihr Leben.

Dann sind aber auch dunkle Maschen zu erkennen. Webfehler und Ausgefranstes, wo im Leben etwas nicht so gelang, wie man es plante. Wo sich über das Leben ein dunkler Schatten legte. Die lange und schwere Krankheit Ihrer Mutter, die sie niederdrückte. Schmerzen, Operationen, die Ablehnung einer weiteren Operation in Berlin Ende vergangenen Jahres, der zunehmende Verfall der letzten Monate und besonders der letzten Wochen. Die Phasen innerhalb der Krankheit, die zum Hadern Anlass gaben und zur Frage: Warum gerade ich?, bis diese dann wieder abgelöst wurden durch Momente der Hoffnung und der Zuversicht.

Und wenn man ganz dicht an den Teppich herangeht, dann kann man vielleicht auch sehen, dass da einzelne Maschen mit viel Spannung, fast mit zu viel Spannung gewebt wurden. Da wölbt sich der Teppich, damit ihn die Spannung nicht zerreißt. Da gab es Widersprüche, Widerstände und Ungereimtheiten im Leben. Und sie hinterließen im Leben ihre Spuren. Manchen offen – andere verborgen. Auch sie gehören dazu.

Und noch etwas mag dazugehören zum Lebensteppich der Verstorbenen: So manche gefallene Masche, die ein Loch hinterließ. So manche verpasste Möglichkeit im Leben, manch gesprochenes wie auch ungesagtes Wort – auch das entdecken wir jetzt.

Und wenn wir den Lebensteppich von Frau D. jetzt wieder etwas aus der Distanz anschauen, dann fragen wir: Was wird nun aus ihrem Leben? Was wird aus diesem einen, ganz unverwechselbaren Lebensteppich werden, wo wir jetzt dem Tod gegenüberstehen?

Zweierlei, denke ich. Zum einen: Wir betrachten ihn als Stück unseres eigenen Lebens. Suchen nach Identifikationsmustern oder nach eigenen Wegen für unser Leben. In der Tat: Mit Frau D. stirbt auch ein Stück von denen, die ihr nahe standen.

Und so denke ich zum anderen: Als Christenmenschen lasst uns den Lebensteppich von Frau D. hin zu Gott bringen. Gott wird diesen Lebensteppich anschauen mit den Augen der Liebe. Er sieht als Einheit und Ganzes, was uns unfertig und abgeschnitten vorkommt. Gott wird uns das Muster unseres Lebens erklären. Und er wird uns um Jesu Christi willen unsere Webfehler und Fehlfarben nicht anrechnen. Gott wird sich zeigen als der, der leidvolle Stunden mit Ihrer Verstorbenen teilte.

Und vor allem: Gott wird den Lebensteppich von Elfriede D. nicht einfach fallen lassen. Vielmehr wird er ihn aufheben, aus dem Tod hochheben und als ein ganz unverwechselbares Schmuckstück aufbewahren. Bei Gott wird der Lebensteppich von Elfriede D. – wird unser aller Lebensteppich – für immer aufbewahrt sein.

Und der Friede Gottes, welcher höher ist als alle Vernunft, bewahre eure Herzen und Sinne in Christus Jesus. Amen.

> Die Ausstellung Körperwelten ist keine Vergnügungsstätte, sondern ein besinnlicher Ort,
> an dem der Besucher die Möglichkeit hat, sich in pietätvoller Ruhe mit echten,
> anatomisch präparierten und plastinierten menschlichen Körpern auseinander zu setzen.
> *Professor Gunther von Hagens, Erfinder der Plastination toter Körper*
>
> In einer Gesellschaft, die diese Ausstellung zum Ziel eines Sonntagsausfluges nimmt,
> ist etwas nicht in Ordnung … Man muss sich nicht wundern, wenn in einer Spaßgesellschaft
> nun eben der Spaß am toten Körper aufkommt.
> *Andreas Nachama, Vorsitzender der jüdischen Gemeinde zu Berlin*

Weit mehr als sechs Millionen Menschen haben an sieben Orten in Japan, Deutschland, Österreich und der Schweiz seit 1996 die Ausstellung »Körperwelten« besucht. Und überall, wo Gunther von Hagens seinen Blick unter die Haut Verstorbener anbietet, geht das auch tief unter die Haut. Schnell formieren sich allerorten Gegner wie Befürworter der Ausstellung.

Die Befürworter preisen von Hagens' epochemachende Technik, Körper dauerhaft mit Kunststoffen zu konservieren, loben die Ästhetik der »Objekte« und bejubeln den neuen Einblick als Meilenstein medizinischer Aufklärung. Die Gegner tadeln des Professors Anspruch, Körpern Unsterblichkeit zu verleihen, missbilligen, dass er Menschenmaterial künstlerisch verarbeitet, beklagen die öffentliche Zurschaustellung als radikalen Bruch letzter Tabus. Wer hat Recht?

Die Geschichte der Menschheit ist die Geschichte ihres Umgangs mit Tod und Toten. Die Menschwerdung begann mit der Erkenntnis der eigenen Sterblichkeit und der Frage, was man mit toten Menschen tun darf. Menschen aller Zeiten und verschiedenster Kulturen beantworteten sie höchst unterschiedlich.

Die einen aßen die Körper der Ahnen und Feinde mit großer Andacht auf oder gaben sie der Göttern zur Nahrung, damit die Energie der Toten im ewigen Kreislauf der Natur verbliebe. Die anderen schmückten und rüsteten sie für die Reise in eine andere Welt und bestatteten sie. Dritte verbrannten die Leichen und streuten ihre Asche in den Wind über Bergen und Gewässern. Wieder andere verewigten große Tote, indem sie ihre Körper präparierten. Das geschah im alten Ägypten mit den Pharaonen wie in der modernen Sowjetunion mit dem Staatsgründer Lenin. In der katholischen Tradition hüten Kirchen die Reliquien von Heiligen wie Schätze, stellen Herzen und Gebeine in kunstvollen Schreinen aus.

Immer gab es zur aktuellen Kultur des Umgangs mit den sterblichen Überresten ihre jähe Verneinung. Im Kampf um die Ordnung von Leben und Tod flossen Ströme von Blut. Die Spanier fanden nichts dabei, Inkas und Azteken in Mittelamerika zu vernichten, deren religiöse Menschenopfer ihnen ein Gräuel waren. Der Reliquienkult der alten Kirche wurde zum Streitfall für die Reformation. Die Verarbeitung von Haut und Haaren massenhaft ermordeter Juden zu Gebrauchsgegenständen wie Lampenschirmen und Schnüren gilt zu Recht als anschaulicher Beleg für die zynische Menschenverachtung des Nationalsozialismus.

Dies alles spielt mit, wenn Besucher und Verweigerer, Befürworter und Gegner heute in Deutschland über die Ausstellung streiten. Wer sich im Steinbruch der Geschichte nach Beispielen und Argumenten für seine jeweilige Position umschaut, wird auf jeden Fall fündig werden. Zu den großen, die Generationen überspannenden Fragen kommt eine kleinere, aus unserem Alltag stammende, uns keineswegs wenig berührende. Wie leben die Deutschen heute mit Sterbenden und Toten?

Mitten im Leben ereignet sich der Tod. Aber er scheint in Deutschland keine Leichname, keine sterblichen Überreste mehr zu hinterlassen. Der Tod reißt hierzulande Lücken und verkriecht sich in hölzerne Kisten. Die öffentliche Aufbahrung der Toten ist zur seltenen Ausnahme geworden. Dass ein Leichnam die Tage zwischen Exitus und Begräbnis etwa auf dem ausgezogenen und geschmückten Esstisch einer Wohnung läge, während die Angehörigen sich in der Ehrenwache ablösten, erscheint als skurrile, geradezu unappetitliche Vorstellung. Keinen Bissen mehr würden viele von einem solchen Tisch essen wollen. Nein, der Sarg bleibt zu und, bitte schön, in der Aussegnungshalle. Viele Angehörige weigern sich selbst dort, den Toten ins

Antlitz zu sehen. Sie möchten vom Tod nicht berührt werden. Man wolle seine Nächsten, so heißt es entschuldigend, lebend in Erinnerung behalten.

Skifahrer in einem Wirtshaus am österreichischen Arlberg. Der Wirt erzählt von der alten Zeit. Wenn auf den einsamen, hoch gelegenen Höfen im Winter jemand gestorben sei, habe man ihn nicht begraben können. Das unwegsame, tiefverschneite Gelände ließ keinen würdigen Trauerzug zu. Die gefrorenen Böden der Friedhöfe lagen unter Schneemassen – unmöglich, ein Grab zu schaufeln. So nähte man die Verstorbenen in Stoff- oder Ledersäcke und hängte sie bis zum Frühjahr neben die Speckseiten zum Räuchern in den Kamin. »Wie eklig«, jammert eine elegante Mittvierzigerin, »jetzt kann ich nie mehr Rauchfleisch essen!«

Wie ästhetisch! »Die Plastination stoppt Verwesung und Vertrocknung so vollkommen, dass das Körperinnere aufhört, Gegenstand von Ekel zu sein. Das schöne Plastinat als sinnliche Erfahrung ist erstarrt zwischen Sterben und Verwesung« (Zitat aus dem Internet-Auftritt des Institutes von Gunther von Hagens).

Tot darf man sein, nur nicht unästhetisch. Unästhetisch sein ist überhaupt das Schlimmste. Willkommen in der Welt des Schönen. Was in alten Zeiten Künstlern vorbehalten blieb, nämlich ihre Phantasie des Vollkommenen in Bilder zu fassen, das gelingt nun in der Wirklichkeit. Die pränatale Diagnostik lässt es zu, unästhetische Behinderte auszusortieren. Siebzehnjährige lassen sich Silikon unter die Haut spritzen, damit ihre Brüste der ästhetischen Norm entsprechen – lebende Plastinate. Mit Facelifting und Fitnesstraining retuschieren Fünfzigjährige das unansehnliche Altern weg – für immer jung! Und für den Fall des Todes können wir jetzt unsere Plastination verfügen. Dann müssen sich die Angehörigen nicht mehr ekeln. Papa mit Hund als Plastinat im Wohnzimmer. Eine Kette des Zufalls?

Gunther von Hagens hat vielen ermöglicht, tote Körper ohne Angst vor Ekel aus nächster Nähe zu betrachten. Selbst die ausgestellte Raucherlunge oder eine aufgeschnittene Schwangere tun dem keinen Abbruch. Die Anatomie-Studenten freuen sich zu Recht. Anstatt sich auf den Arztberuf in stinkenden Kellern vorbereiten zu

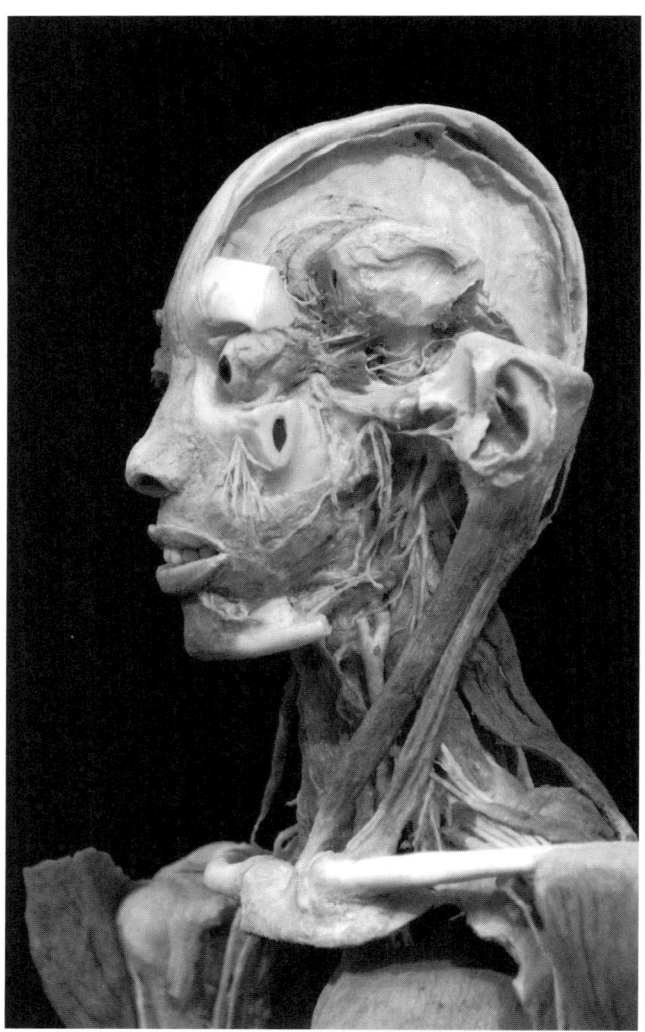

Foto: epd-bild

müssen, eröffnet ihnen die Plastination einen belästigungsarmen Studienalltag. Der Rest der Bevölkerung nutzt die Chance, den Anblick Toter zu genießen. Das ist eine Tatsache. Unwahr ist aber, dass sie die »Faszination des Echten« anlocke, wie die Ausstellungsmacher behaupten.

Zu echter Leiblichkeit gehört nicht zuletzt die normwidrige Mädchenbrust, gehört die erschlaffte Altershaut, gehört das Verwesen der Leichen. Das ist die Wahrheit irdischen Werdens und Vergehens und das eigentlich Faszinierende: weil die Vollkommenheit der Schöpfung in einer anderen Dimension spielt als jene menschliche Perfektion, die man mit der richtigen Mischung aus Silikonkautschuk, Epoxydharz oder Polyester erreichen kann.

Arnd Brummer, in: chrismon Nr. 5/2001, S. 28–33

exp. Köln – Noch 19 Tage, dann besetzen Gunther von Hagens plastinierte Gruselleichen den Heumarkt. EXPRESS sprach mit dem »Plastinator«.

Express: Herr von Hagens, zittern Sie um Ihre Seele?

von Hagens: Nein, wieso?

Express: Weil die Kirche Sie verteufelt.

von Hagens: Mir völlig unverständlich. Wenn ich Dompropst wäre, würde ich sagen: »Gehet hin, damit Ihr gewahr werdet des Wunders der menschlichen Schöpfung!« Übrigens: Meine Ausstellung steht in bester christlicher Tradition.

Express: »Leichenfledderei am Heumarkt« ist christliche Tradition?

von Hagens: Fast. Im Mittelalter waren's die Päpste, die ihre Körper zur Sezierung anboten. Das Christentum ist die anatomiefreundlichste Religion überhaupt.

Express: Ihre Anatomiefreunde ziehen jetzt aber vor Gericht.

von Hagens: Das haben sie in Mannheim schon versucht. Der Staatsanwalt hat alles überprüft.

Express: Und?

von Hagens: Er ließ die Klagen nicht zu, weil ich im Sinne des Gesetzes keine Leichen habe, sondern Präparate. Sonst bräuchte ich auch für alle Präparate Leichenpässe.

Express: Mit Plastikpräparaten gäbs den ganzen Ärger nicht.

von Hagens: Aber dann käme keiner. Ein Louvre voller Kopien würde auch niemanden interessieren.

Express: Wozu brauchen Sie denn so viel Aufmerksamkeit? Was zeigen Sie, was Plastik nicht zeigt?

von Hagens: Ich will den Laien den Körper zurückgeben. Ich will, dass die Oma nach der Ausstellung sagt: »Jetzt weiß ich, warum der Chirurg fünf Stunden für meine Hüfte gebraucht hat.«

Express: Na ja, das versteht die Oma wohl auch mit Plastik.

von Hagens: Aber so vermittelt es eine andere Glaubwürdigkeit. Hier ist keine Fälschung möglich. Außerdem will ich auch, dass der Tod wieder etwas Normales wird.

Express: Was haben wir denn davon?

von Hagens: Untersuchungen haben gezeigt, dass die Menschen die Ausstellung mit einem größeren Körperbewusstsein verlassen. Dazu brauche ich echte Körper.

Express: Wie viele eigentlich?

Foto: dpa

von Hagens: In der Ausstellung am Heumarkt werden etwa 30 Körperspender zu sehen sein.

Express: Zuviel. Nach der Hälfte der Basler Ausstellung hab ich nix Neues mehr gesehen. Wie viele Leichen in Scheiben braucht man?

von Hagens: Dann haben Sie vielleicht nicht sorgfältig genug hingeguckt.

Express: Kann sein. Ich bin schließlich auch nur Laie.

von Hagens: Wir haben für die acht Organsysteme Vitrinen aufgebaut. Und noch immer sagen uns Besucher, wir wollen mehr Präparate. Von Magenspiegelungen oder so.

Express: Werden Sie sich nach Ihrem Tod auch selbst plastinieren lassen?

von Hagens: Aber sicher. Sonst wäre ja alles ein Schmarren, was ich Ihnen hier erzähle.

Aus: Express, Rheinland Kultur vom 24. Januar 2000

Von Prof. Dr. Wolfgang Huber,
Bischof der Ev. Kirche in Berlin-Brandenburg

Dem menschlichen Leben Ewigkeitswert zu verleihen ist eine alte Sehnsucht. Immer wieder flammt sie auf. Immer neue Mittel werden dafür eingesetzt. Heute sind das vor allem die Mittel der Wissenschaft.

Im alten Ägypten galt das menschliche Leben als so gelungen, dass man ihm unabsehbare Dauer gab. Als Mumien wurden die Gestorbenen verewigt – entsprechenden Reichtum vorausgesetzt. Als weiteres Zeichen für die Güte dieser Welt wurden ihnen kostbare Gegenstände in die Todeswelt mitgegeben; auf diese Weise haben Fragmente der altägyptischen Kultur die Jahrtausende überdauert.

Ein anderer Versuch, den Menschen zu »verewigen«, ist schon seit Jahren in Deutschland auf Tournee. In Berlin prunkt die Ausstellung »Körperwelten« derzeit mit neuen Besucherrekorden. Sie zeigt menschliche Körper oder Körperteile, die durch Plastination »verewigt« und vor dem fortschreitenden Verfall bewahrt werden.

Freiwillig hätten die Plastinierten ihre Körper zur Verfügung gestellt, so hört man. Über ihre Motive wird Unterschiedliches berichtet. Und doch ist der Sinn dieser Handlungen eindeutig: Der sterbliche Körper eines Menschen wird verewigt; es handelt sich um eine moderne Spielart der Mumifizierung. Das Projekt »Körperwelten« fügt sich in eine Zeit, in der die Selbsterlösung des Menschen zu einer beherrschenden Utopie wird. Die Entschlüsselung des menschlichen Genoms weckt die Hoffnung, dass der Mensch seine genetische Ausstattung vollständig unter Kontrolle bekommt.

Mit dem therapeutischen Klonen verbindet sich die Vision, dass Krankheiten, welcher Art auch immer, aus eigener Kraft vollständig geheilt werden. Eines Tages soll es gelingen, solche Krankheiten im Vorhinein zu vermeiden.

Von der Utopie des leidensfreien Menschen zur Unsterblichkeitsphantasie ist es nur ein Schritt.

Wir können bestimmte Leiden überwinden, aber nicht das Leiden selbst. Die menschliche Lebensspanne bleibt begrenzt. Mediziner schätzen, dass diese Lebensspanne – also die im äußersten Fall denkbare Lebenszeit des Menschen – etwa 120 Jahre beträgt. Auch wenn wir dank der Medizin mit unserer individuellen Lebenszeit diese Lebensspanne in höherem Maß ausschöpfen als bisher, so hat dies doch mit Unsterblichkeit nichts zu tun. Gewiss muss man jetzt schon fragen, bis zu welcher Grenze Maßnahmen der Lebensverlängerung sinnvoll und wünschenswert sind. Schon jetzt zeigt sich, dass diesem Hinausschieben der Grenze die Forderung nach einer Beendigung menschlichen Lebens durch aktives Eingreifen des Arztes – die so genannte aktive Sterbehilfe oder Euthanasie – zur Seite tritt. Aber unabhängig von solchen Fragen bleibt es dabei: Unsterblichkeit werden die neuen medizinischen Möglichkeiten nicht bewirken; die Todesgrenze überspringen wir auch auf diese Weise nicht. Zum Wesen des Menschen gehört, dass er sterblich ist. Wir brauchen uns nicht einzubilden, wir könnten die Todesgrenze selbst überwinden. Deshalb richtet sich die Hoffnung der Christen auf die Auferstehung der Toten und das ewige Leben, nicht auf eine selbst gemachte Unsterblichkeit.

Wolfgang Huber, in: chrismon Nr. 5/2001

Martin Luther:
Ein Sermon von der Bereitung zum Sterben (1519)

Anfang Mai 1519 wurde Martin Luther von einem der Räte am Hofe Friedrich des Weisen – Markus Schart – gebeten, eine Schrift zur Vorbereitung auf den Tod zu verfassen. M. Luther aber musste absagen – andere Arbeiten machten eine Abfassung dieser Schrift unmöglich. Erst ein halbes Jahr später erschien der »in der Eile geschriebene« Sermon im Druck, fand reißenden Absatz und wurde in den darauf folgenden Jahren ins Lateinische, Niederländische und Dänische übersetzt.

Martin Luther setzt in diesem Sermon die Tradition der »Kunst des Sterbens«, der »ars moriendi« fort, die sich im Spätmittelalter großer Beliebtheit erfreute. Im Sermon greift M. Luther auf ein vertrautes und der Alltagserfahrung entliehenes Bild zurück und leitet den Sterbenden auf diese Weise zum rechten, das heißt glaubenden Sehen an.

Zum ersten. Weil der Tod ein Abschied ist von dieser Welt und all ihrem Treiben, ist es nötig, dass der Mensch sein zeitliches Gut ordentlich verteile, wie es sein muss oder wie er es anzuordnen gedenkt, damit nicht bleibe nach seinem Tod Ursache für Zank, Hader oder sonst einen Irrtum unter seinen zurückgelassenen Freunden.

Zum zweiten, dass man auch geistlich Abschied nehme. Das ist, man vergebe freundlich, rein um Gottes willen allen Menschen, die uns beleidigt haben, begehre umgekehrt auch allein um Gottes willen Vergebung von allen Menschen, deren wir viele ohne Zweifel beleidigt haben, zumindest mit bösem Exempel oder zu wenig Wohltaten.

Zum dritten. Wenn so jedermann Abschied auf Erden gegeben ist, dann soll man sich allein zu Gott richten, wohin der Weg des Sterbens sich auch kehrt und uns führt. Und hier beginnt die enge Pforte, der schmale Steig zum Leben. Darauf muss sich ein jeder getrost gefasst machen. Denn er ist wohl sehr eng, er ist aber nicht lang. Und es geht hier zu, wie wenn ein Kind aus der kleinen Wohnung in seiner Mutter Leib mit Gefahr und Ängsten geboren wird in diesen weiten Himmel und Erde, das ist unsere Welt: ebenso geht der Mensch durch die enge Pforte des Todes aus diesem Leben. Und obwohl der Himmel und die Welt, darin wir jetzt leben, als groß und weit angesehen werden, so ist es doch alles gegen den zukünftigen Himmel so viel enger und kleiner, wie es der Mutter Leib gegen diesen Himmel ist. Darum heißt der lieben Heiligen Sterben eine neue Geburt, und ihre Feste nennt

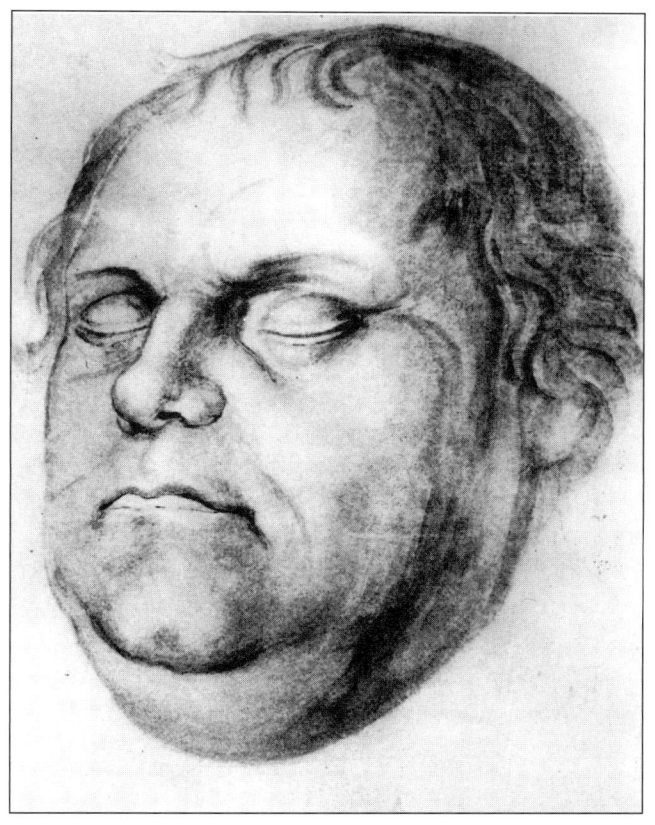

Luthers Totenmaske

man lateinisch Natale, Tag ihrer Geburt. Aber der enge Gang des Todes macht, dass uns dies Leben weit und jenes eng dünkt. Darum muss man das glauben und an der leiblichen Geburt eines Kindes lernen. So muss man sich auch im Sterben auf die Angst gefasst machen und wissen, dass danach ein großer Raum und Freude sein wird.

Zum fünfzehnten. Nun kommen wir wieder zu den heiligen Sakramenten und ihren Kräften, damit wir lernen, wozu sie gut sind und wozu sie zu gebrauchen. Wem nun die Gnade und Zeit verliehen sind, dass er beichtet, absolviert wird, mit dem Abendmahl und der letzten Ölung versehen wird, der hat gewiss große Ursache, Gott zu lieben, zu loben und ihm zu danken und zu sterben, wenn er sich nur getrost im Glauben verlässt auf die Sakramente, wie oben gesagt. Denn in den Sakramenten handelt, redet, wirkt durch den Priester dein Gott Christus selbst mit dir, und es geschehen da nicht Menschenwerke oder -worte. Da verspricht dir Gott selbst alle Dinge, die jetzt von Christus gesagt sind, und will, dass die Sakramente ein Wahrzeichen und eine Urkunde seien. Christi Leben hat deinen Tod, sein Gehorsam hat deine Sünde, seine Liebe deine Hölle auf sich genommen und überwunden. Darüber hinaus wirst du durch diese Sakramente eingeleibt und vereinigt mit allen Heiligen und kommst in die rechte Gemeinschaft der Heiligen, so dass sie mit dir in Christus sterben, Sünde tragen, Hölle überwinden. Daraus folgt, dass die Sakramente ein sehr großer Trost sind und wie ein sichtbares Zeichen für die göttliche Gesinnung, an das man sich halten soll mit einem festen Glauben als an eine Laterne, nach der man sich richten und auf die man ein Auge haben soll mit allem Fleiß durch den finstern Weg des Todes, der Sünde und der Hölle, wie der Prophet sagt: »Dein Wort, Herr, ist ein Licht meiner Füße« (Ps 119,105).

Zum achtzehnten soll kein Christenmensch an seinem Ende daran zweifeln, dass er nicht allein sei in seinem Sterben. Sondern er soll gewiss sein, dass nach der Aussage des Sakraments auf ihn gar viele Augen sehen. Zum ersten Gottes selber und Christi, weil er seinem Wort glaubt und seinem Sakrament anhängt; danach die lieben Engel, die Heiligen und alle Christen. Denn da ist kein Zweifel, wie das Sakrament des Altars zeigt, dass die allesamt wie ein ganzer Körper zu seinem Glied hinzulaufen, helfen ihm den Tod, die Sünde, die Hölle überwinden und tragen alle mit ihm. Da ist das Werk der Liebe und der Gemeinschaft der Heiligen im Ernst und gewaltig im Gange, und ein Christenmensch soll es sich auch vor Augen halten und keinen Zweifel daran haben; woraus er dann Mut schöpft zu sterben. Denn wenn du glaubst an die Zeichen und Worte Gottes, so hat Gott ein Auge auf dich, wie er sagt Ps 32,8: »Firmabo usw. Ich will meine Augen stets auf dich haben, dass du nicht untergehest.« Wenn aber Gott auf dich sieht, so sehen ihm nach alle Engel, alle Heiligen, alle Kreaturen; und wenn du in dem Glauben bleibst, so halten sie alle die Hände unter. Geht deine Seele aus, so sind sie da und empfangen sie, du kannst nicht untergehen. (Siehe auch) Ps 91,11–16: »Er hat seinen Engeln dich befohlen. Auf den Händen sollen sie dich tragen und dich bewahren, wo du hingehst, dass du nicht stoßest deinen Fuß an irgendeinen Stein. Auf der Schlange und dem Basilisken sollst du gehen, und auf den Löwen und Drachen sollst du treten (das ist, alle Stärke und List des Teufels werden dir nichts tun). Denn er hat in mich vertraut. Ich will ihn erlösen, ich will bei ihm sein in allen seinen Anfechtungen, ich will ihm herausholfen und ihn zu Ehren setzen. Ich will ihn voll machen mit Ewigkeit. Ich will ihm offenbaren meine ewige Gnade.« Ebenso spricht auch der Apostel, dass die Engel, deren unzählig viele sind, allzumal dienstbar sind und ausgeschickt werden um derer willen, die da selig werden (Hebr 1,14). Dies sind alles große Dinge, wer kann's glauben? Darum soll man wissen, dass das Gottes Werke sind, die größer sind, als jemand denken kann, und die er doch wirkt in solchem kleinen Zeichen der Sakramente, damit er uns lehre, ein wie großes Ding sei ein rechter Glaube an Gott.

Zum zwanzigsten. Nun sieh, was soll dir dein Gott mehr tun, damit du den Tod willig annehmest, nicht fürchtest und überwindest? Er zeigt und gibt dir in Christus des Lebens, der Gnade, der Seligkeit Bild, damit du vor des Todes, der Sünde, der Hölle Bild dich nicht entsetzest. Er legt zudem deinen Tod, deine Sünde, deine Hölle auf seinen liebsten Sohn und überwindet sie dir, macht sie dir unschädlich. Er lässt zudem deine Anfechtung des Todes, der Sünde, der Hölle auch über seinen Sohn gehen und lehrt, dich darin zu halten, und macht sie unschädlich, zudem erträglich. Er gibt dir für das alles ein gewisses Wahrzeichen, damit du ja nicht daran zweifelst, nämlich die heiligen Sakramente. Er befiehlt seinen Engeln, allen Heiligen, allen Kreaturen, dass sie mit ihm auf dich sehen, deiner Seele wahrnehmen und sie empfangen. Er gebietet, du sollst dies von ihm erbitten und der Erhörung gewiss sein. Was kann oder soll er mehr tun? Darum siehst du, dass er ein wahrer Gott ist und rechte, große, göttliche Werke in dir wirkt. Warum sollte er dir nicht etwas Großes auferlegen (wie das Sterben ist), wenn er so großen Vorteil, so große Hilfe und Stärke dazu tut, damit er erprobe, was seine Gnade vermag, wie geschrieben steht Ps 111,2: »Die Werke Gottes sind groß und auserwählt nach allem seinem Wohlgefallen.«

Deshalb muss man zusehen, dass man ja mit großen Freuden des Herzens danke seinem göttlichen Willen, weil er mit uns wider Tod, Sünde und Hölle so wunderbar, reichlich und unermesslich Gnade und Barmherzigkeit übt, und sich nicht so sehr vor dem Tod fürchten, sondern nur seine Gnade preisen und lieben. Denn die Liebe und das Lob erleichtern das Sterben gar sehr, wie er sagt durch Jesaja: »Ich will zäumen deinen Mund mit meinem Lob, dass du nicht untergehest« (Jes 48,9). Dazu helfe uns Gott. Amen.

Martin Luther: Ein Sermon von der Bereitung zum Sterben, in: Ausgewählte Schriften, Band 2: Erneuerung von Frömmigkeit und Theologie. Hg. von K. Bornkamm und G. Ebeling, Frankfurt 1982, S. 15–34 in Auszügen

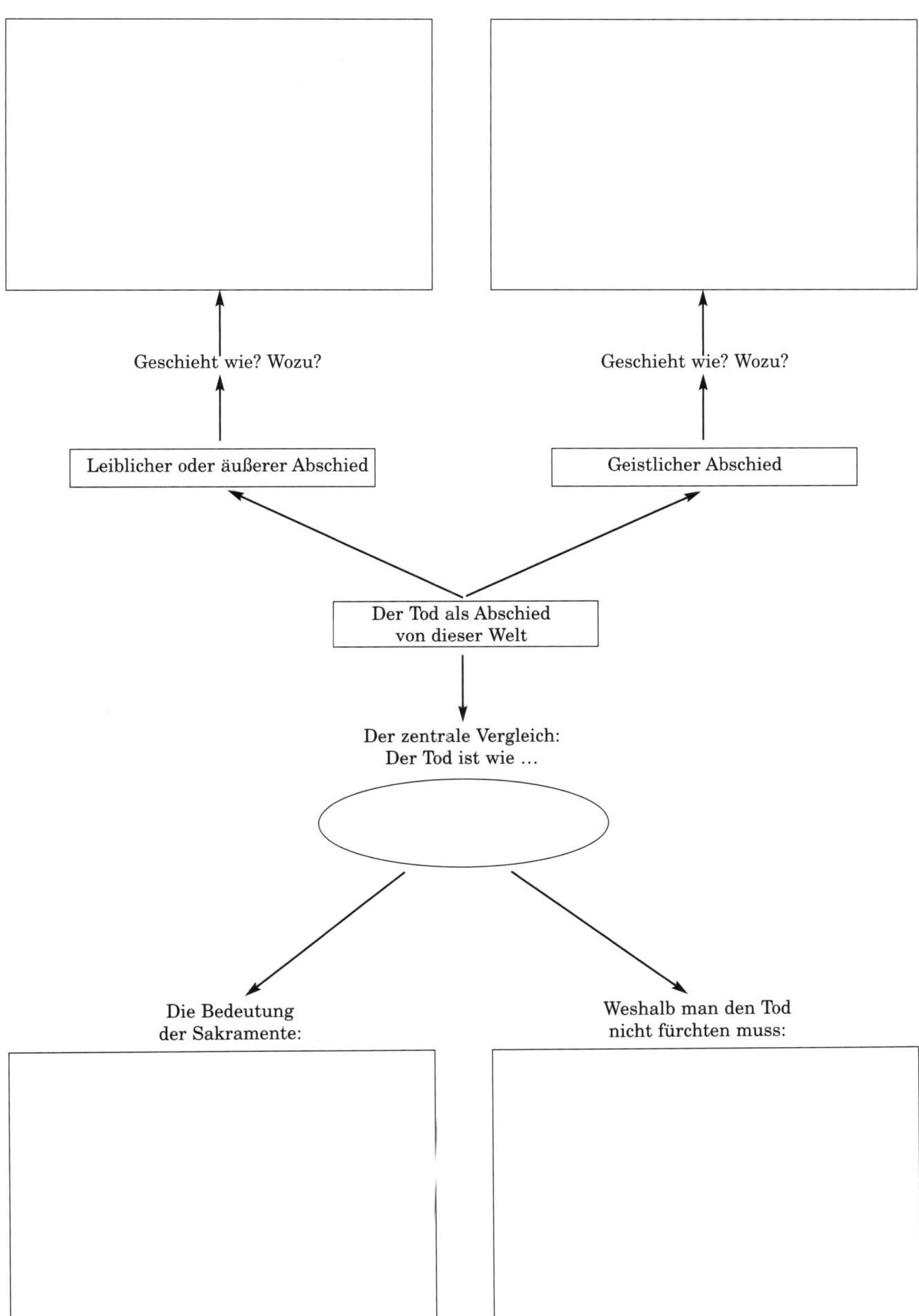

Geschieht wie? Wozu?

Geschieht wie? Wozu?

Leiblicher oder äußerer Abschied

Geistlicher Abschied

Der Tod als Abschied
von dieser Welt

Der zentrale Vergleich:
Der Tod ist wie ...

Die Bedeutung
der Sakramente:

Weshalb man den Tod
nicht fürchten muss:

Eine verbindliche Lehre über das Vorhandensein einer jenseitigen Welt und das Dasein des Menschen in ihr kann die Theologie nicht liefern. Freilich hat der Glaube sich allzeit viele und vielfältige Bilder und Vorstellungen vom ewigen Leben gemacht – und er hat Recht daran getan. Mit diesen Vorstellungen und Bildern verhält es sich wie mit der Kadenz in einem Klavierkonzert oder wie mit den Variationen über das Thema einer Fuge. Es ist dem Interpreten jeweils freigestellt, wie er das Thema variieren will. Ein jeder ist hier ein Solist, der seine Variationen nach seinem religiösen Geschmack und seiner theologischen Kunst spielen darf.

So kann der christliche Glaube auf alle Spekulationen über das Wann, Wo und Wie des ewigen Lebens – über die Zeitdifferenz zwischen Sterbestunde und Auferstehung, den so genannten »Zwischenzustand«, über den Ort der Toten und ihre Befindlichkeit – entweder verzichten oder sie wenigstens freistellen, am besten Gott anheim stellen. Ich möchte in meinem Glauben so weit kommen, dass ich alles Wann, Wo und Wie und damit mich selbst ganz und gar Gott überlasse: Er wird's in jedem Fall wohl machen.

Die »durchgängige Treue« Gottes ist der alleinige Grund für die christliche Hoffnung auf das ewige Leben. Ein Bild dafür ist für mich die Gestalt des aus der Sintflut geretteten Noah. Noah überlebt die Sintflut nicht, weil er ein listenreicher Archenbauer – eine Art hebräischer Odysseus – ist. Er dümpelt auch nicht wie ein Korken auf dem Wasser. Sondern er wird gerettet, weil Gott ihm die Treue hält und ihn durch die Flut hindurchträgt. Ich denke, dass das Sterben für jeden seine Sintflut bedeutet, und ich hoffe, dass Gott auch dann bei mir bleibt und mir durch die Wasser des Todes hindurchhilft, indem er sich weiterhin zu mir verhält, auch wenn ich mich zu keinem anderen mehr und kein anderer zu mir verhalten kann.

(Heute) wächst die Zahl derer, die wissen möchten, wie sie sich die Fortsetzung der persönlichen Existenz des Menschen nach dem Tod denken sollen. Dahinter verbirgt sich die Frage nach einem geeigneten, womöglich zeitgemäßeren Denkmodell. In dieser Situation nun bietet sich vielleicht ein neues Leib-Seele-Modell an. Die Parapsychologie legt zuverlässig beglaubigte Beispiele außersinnlicher Wahrnehmungen vor, die eine außerkörperliche geistig-seelische Existenz als möglich erscheinen lassen. Wohin Gott durch den Tod uns führt, bleibt ein Geheimnis. Mit einem Geheimnis aber kann man leben, wenn man Vertrauen hat. Man kann es nicht enträtseln wie den Mordfall in einem Kriminalroman, aber man kann es in Bildern beschreiben – dann erschließt es sich dem, der es vernimmt, und die verborgene Wahrheit geht ihm auf. Wenn der Tod für uns aus einem menschlichen Rätsel zu einem göttlichen Geheimnis wird, dann sind wir ein Stück weiter, dann haben wir vielleicht überhaupt die uns mögliche letzte Lebensstufe erreicht und können »das Zeitliche segnen«.

Nach Heinz Zahrnt: Gotteswende. Christsein zwischen Atheismus und Neuer Religiosität. © Piper Verlag GmbH, München 1989, S. 221–225 in Auszügen

Ich bin oft gefragt worden, wie ich mir das Auferstehen vorstelle. Ich stelle es mir nicht in theologisch-dogmatisch bestimmten Bildern vor. Aber in Träumen erhalte ich Belehrung darüber. Der Kern ist immer der gleiche. Ich werde getötet, erschrecke einen Augenblick und falle in eine dunkle Tiefe, werde aber plötzlich von etwas Unsichtbarem aufgefangen und finde mich in einem Licht, das ich vorher nie sah.

Luise Rinser

Wenn es so etwas wie Zukunftsmusik gibt, dann war sie damals, dann ist sie am Ostermorgen an der Zeit: zur Begrüßung des neuen Menschen, über den der Tod nicht mehr herrscht. Das müsste freilich eine Musik sein – nicht nur für Flöten und Geigen, nicht für Trompeten, Orgel und Kontrabass, sondern für die ganze Schöpfung geschrieben, für jede seufzende Kreatur, so dass alle Welt einstimmen und groß und klein, und sei es unter Tränen, wirklich jauchzen kann, ja so, dass selbst die stummen Dinge und die groben Klötze mitsummen und mitbrummen müssen: Ein neuer Mensch ist da, geheimnisvoll uns allen weit voraus, aber doch eben da.

Eberhard Jüngel

Es geschah, dass in einem Schoß Zwillingsbrüder empfangen wurden. Die Wochen vergingen, und die Knaben wuchsen heran. In dem Maß, in dem ihr Bewusstsein wuchs, stieg die Freude: »Sag, ist es nicht großartig, dass wir empfangen wurden? Ist es nicht wunderbar, dass wir leben?!«

Die Zwillinge begannen, ihre Welt zu entdecken. Als sie aber die Schnur fanden, die sie mit ihrer Mutter verband und die ihnen die Nahrung gab, da sangen sie vor Freude: »Wie groß ist die Liebe unserer Mutter, dass sie ihr eigenes Leben mit uns teilt!«

Als aber die Wochen vergingen und schließlich zu Monaten wurden, merkten sie plötzlich, wie sehr sie sich verändert hatten.

»Was soll das heißen?« fragte der eine.

»Das heißt«, antwortete der andere, »dass unser Aufenthalt in dieser Welt bald seinem Ende zugeht.«

»Aber ich will gar nicht gehen«, erwiderte der eine, »ich möchte für immer hier bleiben.«

»Wir haben keine andere Wahl«, entgegnete der andere, »aber vielleicht gibt es ein Leben nach der Geburt!«

»Wie könnte dies sein?« fragte zweifelnd der erste, »wir werden unsere Lebensschnur verlieren, und wie sollten wir ohne sie leben können? Und außerdem haben andere vor uns diesen Schoß hier verlassen, und niemand von ihnen ist zurückgekommen und hat uns gesagt, dass es ein Leben nach der Geburt gibt. Nein, die Geburt ist das Ende!«

So fiel der eine von ihnen in tiefen Kummer und sagte: »Wenn die Empfängnis mit der Geburt endet, welchen Sinn hat dann das Leben im Schoß? Es ist sinnlos. Womöglich gibt es gar keine Mutter hinter allem.«

»Aber sie muss doch existieren«, protestierte der andere, »wie sollten wir sonst hierher gekommen sein? Und wie könnten wir am Leben bleiben?«

»Hast du je unsere Mutter gesehen?« fragte der eine. »Womöglich lebt sie nur in unserer Vorstellung. Wir haben sie uns erdacht, weil wir dadurch unser Leben besser verstehen können.«

Und so waren die letzten Tage im Schoß der Mutter gefüllt mit vielen Fragen und großer Angst.

Schließlich kam der Moment der Geburt. Als die Zwillinge ihre Welt verlassen hatten, öffneten sie ihre Augen. Sie schrieen. Was sie sahen, übertraf ihre kühnsten Träume.

Klaus Berger: Wie kommt das Ende der Welt? ☺ Gütersloher Verlagshaus GmbH, Gütersloh 1999, S. 227–228

Christlicher Glaube sagt: Gott hat den gekreuzigten Jesus nicht im Tod gelassen, sondern hat ihn aus der Macht des Todes herausgerissen. Ein wichtiger schriftlicher Beleg für diese Auffassung findet sich beim Apostel Paulus im 15. Kapitel des 1. Korintherbriefes. Dort heißt es:

³Denn als erstes habe ich euch weitergegeben, was ich auch empfangen habe: Dass Christus gestorben ist für unsere Sünden nach der Schrift; ⁴und dass er begraben worden ist; und dass er auferstanden ist am dritten Tage nach der Schrift; ⁵und dass er gesehen worden ist von Kephas, danach von den Zwölfen. ⁶Danach ist er gesehen worden von mehr als fünfhundert Brüdern auf einmal, von denen die meisten noch heute leben, einige aber sind entschlafen. ⁷Danach ist er gesehen worden von Jakobus, danach von allen Aposteln. ⁸Zuletzt von allen ist er auch von mir als einer unzeitigen Geburt gesehen worden. ⁹Denn ich bin der geringste unter den Aposteln, der ich nicht wert bin, dass ich ein Apostel heiße, weil ich die Gemeinde Gottes verfolgt habe ... ¹⁷Ist Christus aber nicht auferstanden, so ist euer Glaube nichtig ... ¹⁹Hoffen wir allein in diesem Leben auf Christus, so sind wir die elendsten unter allen Menschen ... ²⁰Nun aber ist Christus auferstanden von den Toten als Erstling unter denen, die entschlafen sind. ²¹Denn da durch einen Menschen der Tod gekommen ist, so kommt auch durch einen Menschen die Auferstehung der Toten. ²²Denn wie sie in Adam alle sterben, so werden sie in Christus alle lebendig gemacht werden. ²³Ein jeder aber in seiner Ordnung: als Erstling Christus; danach, wenn er kommen wird, die, die Christus angehören; ²⁴danach das Ende, wenn er das Reich Gott, dem Vater, übergeben wird, nachdem er alle Herrschaft und alle Macht und Gewalt vernichtet hat. ²⁵Denn er muss herrschen, bis Gott ihm »alle Feinde unter seine Füße legt« (Psalm 110,1). ²⁶Der letzte Feind, der vernichtet wird, ist der Tod.

Paulus geht es hier um ein Doppeltes: Zum einen möchte er den Christen in Korinth darlegen, dass Jesus Christus *wirklich* auferstanden ist, dass Jesus den Kampf gegen den Tod nicht verloren hat. Zum anderen geht es ihm dabei aber zugleich um die Folgen, die die Auferstehung Jesu für die Korinther selbst hat. So kann er sagen: *Weil* Jesus Christus auferstanden ist, dürfen auch wir auf unsere eigene Auferstehung hoffen. Jesus Christus ist sozusagen das Faustpfand, das wir haben, wenn es um unsere eigene Auferstehung geht. Was ihm widerfahren ist, widerfährt auch uns – ganz bestimmt! Deshalb auch legt Paulus so viel Wert auf die Verse 17 und 19.

Was macht Paulus so sicher, dass Jesus auferstanden ist?
Paulus selbst hatte eine Christusvision, d.h. er hat Jesus als Auferstandenen gesehen. Ferner sind die Berichte von der Auferstehung Jesu, die das Neue Testament gibt, zahlreich und zuverlässig. Alle Autoren des Neuen Testaments sind sich darin einig, dass Jesus auferstanden ist. Dies gilt auch dann, wenn die Berichte manchmal nicht ganz übereinstimmen.

Welche Folgen hat Jesu Auferstehung für uns? – Wie kann ich mir Auferstehung vorstellen?
Weil wir letztlich nicht wissen (können), was nach unserem Tod auf uns zukommt, sind wir wieder auf die Wirkmacht von Bildern angewiesen, die umschreiben, was Auferstehung ist. Ein zentrales Bild dafür findet sich im letzten Buch der Bibel, der »Offenbarung des Johannes« (Apokalypse): Das Bild der Neuschöpfung. Der Seher Johannes sieht und erlebt viel Leid und Elend, Christen werden verfolgt, aber er weiß auch: All das wird nicht das letzte Wort haben! Gott ist stärker als alle Zerstörung, stärker als die Macht des Todes. Dies »sieht« Johannes in Offenbarung 21,1–6. Damit erscheint aber zugleich die schreckliche Gegenwart in einem veränderten, hoffnungsvollem Licht: Gott wird abwischen alle Tränen und der Tod wird nicht mehr sein. Gott, der das Leben selbst ist, bewirkt, dass das Leben über den Tod, die Liebe über den Hass, die Zuversicht über die Verzweiflung siegen. Der Tod als letzter Feind Gottes und des Menschen ist besiegt, die Schöpfung Gottes ist an ihr Ziel gekommen und vollendet. Garant hierfür ist die Auferstehung Jesu – denn der Gott des Lebens ließ Jesus nicht in der Dunkelheit des Todes.

Aufgaben:
1. Blättere eine von dir mitgebrachte Zeitung durch und nimm die Meldungen von Leid, Krieg und Schrecken und Tod wahr.
2. Lies Offenbarung 21,1–6!
3. Versetze dich jetzt in die Situation des Sehers Johannes und formuliere Worte des Sieges des Lebens über den Tod, der Liebe über den Hass, der Zuversicht über die Verzweiflung, ohne dabei das jetzige Leid zu verharmlosen. Beginne deine eigenen ›Auferstehungsworte und -bilder‹ wie der Seher Johannes mit »Und ich sehe ...«
4. Beschreibe, wie in den drei Bildern jeweils Auferstehung verstanden wird bzw. wie sich die Künstler Auferstehung vorstellen.

Foto: Lothar Nahler

Auferstehung 2

Alfred Manessier © VG Bild-Kunst, Bonn 2004

Auferstehung 1

Auferstehung 3   Ausschnitt aus dem Isenheimer Altar von Mathias Grünewald

© Die Brücke e.V., Stuttgart

zu M 9: Der Tod vor dem Tod